国际法的渊源

(第二版)

[英] 休·舍伟(Hugh Thirlway) 著

张超汉 钱江涛 译

The Sources of International Law

(Second Edition)

知识产权出版社
全国百佳图书出版单位
—北京—

ⒸHugh Thirlway 2019

The Sources of International Law (Second Edition) was originally published in English in 2019. This translation is published by arrangement with Oxford University Press. Intellectual Property Publishing House Co., Ltd. is solely responsible for this translation from the original work and Oxford University Press shall have no liability for any errors, omissions or inaccuracies or ambiguities in such translation or for any losses caused by reliance thereon.

本书英文原版由牛津大学出版社于2019年出版。知识产权出版社有限责任公司对本书全权负责，牛津大学出版社对翻译中的任何错误、遗漏、不准确或含糊不清的内容，或因此造成的任何损失不承担责任。

图书在版编目（CIP）数据

国际法的渊源：第二版／（英）休·舍伟（Hugh Thirlway）著；张超汉，钱江涛译．—北京：知识产权出版社，2025.2
书名原文：The Sources of International Law（Second Edition）
ISBN 978-7-5130-9163-3

Ⅰ.①国… Ⅱ.①休…②张…③钱… Ⅲ.①国际法—研究 Ⅳ.①D99

中国国家版本馆CIP数据核字（2023）第250615号

策划编辑：唱学静	责任校对：潘凤越
责任编辑：秦金萍	责任印制：刘译文
封面设计：乾达文化	

国际法的渊源（第二版）

［英］休·舍伟（Hugh Thirlway） 著
张超汉 钱江涛 译

出版发行：知识产权出版社 有限责任公司	网　　址：http://www.ipph.cn
社　　址：北京市海淀区气象路50号院	邮　　编：100081
责编电话：010-82000860转8367	责编邮箱：1195021383@qq.com
发行电话：010-82000860转8101/8102	发行传真：010-82000893/82005070/82000270
印　　刷：天津嘉恒印务有限公司	经　　销：新华书店、各大网上书店及相关专业书店
开　　本：720mm×1000mm 1/16	印　　张：18.75
版　　次：2025年2月第1版	印　　次：2025年2月第1次印刷
字　　数：275千字	定　　价：98.00元
ISBN 978-7-5130-9163-3	
京权图字：01-2024-6355	

出版权专有　侵权必究
如有印装质量问题，本社负责调换。

本书受西北政法大学"一流学科"建设经费和陕西高校青年创新团队项目经费资助,系西北政法大学阐释党的二十大精神专项课题"中国特色涉外法治体系构建研究"(2022ZX01)、西北政法大学省部级科研机构项目"航空旅客个人信息保护法律规制研究"(SJJG202303)、陕西省教育厅重点科研计划项目(协同创新中心项目)"禁飞区设立的法律管控及中国因应研究"(22JY062)、辽宁省社会科学规划基金青年项目"一般国际法在海洋争端解决中的适用研究"(L24CFX002)的研究成果。

序　言 / PREFACE

本书作为新修订版,在原作出版五年后就得以问世,足以表明该主题仍在持续发展。本书并非旨在查明或发现新的法律渊源,而是认为国际法的渊源理论已经得到充分的发展,那些可能被认为是新的法律渊源的内容,经审查后,被发现是那些公认法律渊源的变体或衍生物。但这并不意味着从那些渊源中衍生出的法律本身是停滞的;相反,它不断地被要求适用于新问题或符合新要求,而这可能揭示了渊源理论的特定方面。

习惯国际法作为一个公认的渊源,尤其受到国际学者和法官们的注意。它是国际法委员会(International Law Commission, ILC)首选的参考形式,过去被简称为"习惯"。尽管国际关系中存在的主要多边条约和其他文件材料非常清晰(有些实际上是编纂的,如国际法委员会的报告和结论),但习惯仍然最受关注。这其中有两个原因:一是相较于条约法而言,习惯的概念和程序更为灵活,它在实践中,尤其是重要的司法判决中,被不断调整和反复审查;二是习惯是表明其自身如何运作或应该如何运作的新理论的最佳领域。如果对法律渊源的研究是完整的,那么对于上述原因或其中的部分原因,无论人们同意与否,即便不对其展开讨论,也都值得注意。

在这种情况下,自本书首次出版以来,需要考虑的一个发展是,国际法委员会已经完成了对"习惯国际法识别"的研究,它以16项结论的形式进行重述,并附有详细的评注(见第3章)。然而,除此之外,新的条约、司法判决和仲裁裁决也相继出现,而法律渊源的性质决定了无论它们是否被公

I

开，都已经成为大多数"习惯、条约和司法判例"的背景。这一新修订版的编写工作并不缺乏这些材料以作参考。

与上一版一样，本书提出的许多观点都得益于我与好友兼前同事、国际法院法律事务部官员克里斯蒂娜·霍斯（Cristina Hoss）博士的讨论。我要再次感谢国际法院图书馆在我研究过程中提供的帮助和支持，现任馆长是西里尔·埃默里（Cyril Emery）先生，他是朱莉安娜·兰格尔（Juliana Rangel）的继任者，我在上一版中曾感谢她的协助。我还要特别感谢图书馆副馆长阿图尔·布罗多维奇（Artur Brodowicz）先生，他不仅非常迅速地找到了我所需要的一切资料，而且在其他方面也不遗余力地提供了帮助。牛津大学出版社的工作人员以他们一贯的礼貌和效率指导了本书的修订及出版工作。

休·舍伟

2019 年 1 月 27 日写于海牙

拉丁短语汇总表

拉丁短语	中文含义
a fortiori	更何况
contra legem	法律抵触
erga omnes	对世义务
et hoc genus omne	诸如此类
ex aequo et bono	未履约之抗辩
inadimplementit non est adimplendum	对不守约者无须践约
infra legem	法律矫正
in statu nascendi	即将诞生,正在形成中的
acta jure gestionis	私法行为
jure imperii	主权行为
jus cogens	强行法
jus dispositivum	任意法
jus naturale	自然法
lex ferenda	应然法
lex lata	现行法
non liquet	法律不明
obiter dictum	附带意见
opinio juris sive necessitatis	法律必要确信

pacta sunt servanda	有约必守
pacta tertiis nec nocet nec prodest	合同不损害第三者利益
par in parem non habet imperium	平等者之间无管辖
praeter legem	法律补充
quod est absurdum	荒诞之事
ratio decidendi	判决依据，判决理由
res inter alios acta	条约不对第三人产生不利
res judicata	既判力
res judicata pro veritate habetur	定案即视为事实
ubi judex，ibi jus	有法官，斯有法
usque ad coelum	直到天堂
usus	惯例

案 例 表

INTERNATIONAL COURT OF JUSTICE
国际法院

Accordance with International Law of the Unilateral Declaration of Independence in respect of Kosovo [2010] ICJ Rep 403

科索沃单方面宣布独立是否符合国际法案,[2010] ICJ Rep 403

Activities of Nicaragua in the Border Area [2013] ICJ Rep 170

尼加拉瓜边境地区活动案,[2013] ICJ Rep 170

Aegean Sea Continental Shelf [1978] ICJ Rep 3

爱琴海大陆架案,[1978] ICJ Rep 3

Ahmadou Sadio Diallo (Compensation) [2012] ICJ Rep 324

艾哈迈杜·萨迪奥·迪亚洛案(赔偿),[2012] ICJ Rep 324

Anglo-Iranian Oil Co [1952] ICJ Rep 93

英伊石油公司案,[1952] ICJ Rep 93

Application of the Convention on the Prevention and Punishment of the Crime of Genocide (Bosnia and Herzegovina v Serbia and Montenegro) [2007 – II] ICJ Rep 27; [2007 – II] ICJ Rep 89

《防止及惩治灭绝种族罪公约》适用案(波黑诉塞尔维亚和黑山),[2007 – II] ICJ Rep 27; [2007 – II] ICJ Rep 89

Application of the Genocide Convention (Bosnia and Herzegovina v Federal Republic of Yugoslavia), Preliminary Objections [1996] ICJ Rep 595

I

《防止及惩治灭绝种族罪公约》适用案（波黑诉南斯拉夫联邦共和国），初步反对意见，[1996] ICJ Rep 595

Application of the Genocide Convention (Bosnia and Herzegovina v Federal Republic of Yugoslavia), [2007] ICJ Rep 43

《防止及惩治灭绝种族罪公约》适用案（波黑诉南斯拉夫联邦共和国），[2007] ICJ Rep 43

Application of the Genocide Convention (Croatia / Serbia) [2015 – Ⅰ] ICJ Rep 3

《防止及惩治灭绝种族罪公约》适用案（克罗地亚和塞尔维亚），[2015 – Ⅰ] ICJ Rep 3

Application of the Interim Accord of 13 September 1995 (Former Republic of Macedonia v Greece) [2011] ICJ Rep 644

1995年9月13日《临时协议》的适用案（前南斯拉夫的马其顿共和国诉希腊），[2011] ICJ Rep 644

Application of the Obligation to Arbitrate under Section 21 of the UN Headquarters Agreement [1988] ICJ Rep 12

联合国总部协定第21条仲裁义务适用案，[1988] ICJ Rep 12

Armed Activities on the Territory of the Congo (DRC v Rwanda) [2006] ICJ Rep 6

在刚果境内进行的武装活动案（刚果民主共和国诉卢旺达），[2006] ICJ Rep 6

Armed Activities on the Territory of the Congo (DRC v Uganda) [2005] ICJ Rep 168

在刚果境内进行的武装活动案（刚果民主共和国诉乌干达），[2005] ICJ Rep 168

Arrest Warrant of 11 April 2000 (DRC v Belgium) [2002] ICJ Rep 3 *

2000年4月11日逮捕令案（刚果民主共和国诉比利时），[2002] ICJ Rep 3

---

* 此处日期原为2000年4月13日，但经查证，此处应为2000年4月11日。——译者注

Asylum [1950] ICJ Rep 266

庇护权案，[1950] ICJ Rep 266

Avena and other Mexican Nationals [2004 - Ⅰ] ICJ Rep 61

阿韦纳和其他墨西哥国民案，[2004 - Ⅰ] ICJ Rep 61

Barcelona Traction Light & Power Co Ltd [1970] ICJ Rep 3

巴塞罗那电力公司案，[1970] ICJ Rep 3

Border and Transborder Armed Actions, Jurisdiction and Admissibility [1988] ICJ Rep 69

边境和跨境武装行动案，管辖权和可受理性判决，[1988] ICJ Rep 69

Certain Activities carried out by Nicaragua in the Border Area (Compensation) [2018] ICJ Rep 150

尼加拉瓜在边境地区开展某些活动案（赔偿），[2018] ICJ Rep 150

Certain Expenses of the United Nations [1962] ICJ Rep 151

联合国的某些费用案，[1962] ICJ Rep 151

Construction of a Road in Costa Rica [2013] ICJ Rep 170

哥斯达黎加修建公路案，[2013] ICJ Rep 170

Continental Shelf (Libya/Malta) [1985] ICJ Rep 13

大陆架案（利比亚和马耳他），[1985] ICJ Rep 13

Continental Shelf (Tunisia/Libyan Arab Jamahiriya) [1982] ICJ Rep 18

大陆架案（突尼斯和阿拉伯利比亚民众国），[1982] ICJ Rep 18

Corfu Channel, Merits [1949] ICJ Rep 4

科孚海峡案，实体判决，[1949] ICJ Rep 4

Delimitation of the Continental Shelf (Nicaragua / Colombia) [2016 - Ⅰ] ICJ Rep 125

大陆架划界案（尼加拉瓜和哥伦比亚），[2016 - Ⅰ] ICJ Rep 125

Delimitation of the Maritime Boundary in the Gulf of Maine (Canada v United States of America) [1984] ICJ Rep 165

缅因湾海洋划界案（加拿大诉美国），[1984] ICJ Rep 165

Diallo (Ahmadou Sadio Diallo) (Republic of Guinea v Democratic Republic of the Congo), Preliminary Objections [2007] ICJ Rep 582

迪亚洛（艾哈迈杜·萨迪奥·迪亚洛）案（几内亚共和国诉刚果民主共和国），初步反对意见，[2007] ICJ Rep 582

Dispute concerning Navigational and Related Rights between Costa Rica and Nicaragua [2009] ICJ Rep 213

哥斯达黎加与尼加拉瓜关于航行权和相关权利的争端案，[2009] ICJ Rep 213

Fisheries Jurisdiction (United Kingdom v Iceland), Merits [1974] ICJ Rep 3

渔业管辖权案（英国诉冰岛），实体判决，[1974] ICJ Rep 3

Fisheries [1951] ICJ Rep 116

渔业案，[1951] ICJ Rep 116

Frontier Dispute (Burkina Faso / Mali) [1986] ICJ Rep 554

边界争端案（布基纳法索和马里），[1986] ICJ Rep 554

Frontier Dispute (Burkina Faso / Niger) [2013] ICJ Rep 73

边界争端案（布基纳法索和尼日尔），[2013] ICJ Rep 73

Gabčikovo-Nagymaros Project [1997] ICJ Rep 83

加布奇科沃-大毛罗斯项目案，[1997] ICJ Rep 83 *

Haya de la Torre [1951] ICJ Rep 71

哈雅·德·拉·托雷案，[1951] ICJ Rep 71

Judgment No 2867 of ILO [2012] ICJ Rep 10

国际劳工组织第2867号判决，[2012] ICJ Rep 10

Jurisdictional Immunities of the State (Germany v Italy) [2012] ICJ Rep 99

国家管辖豁免案（德国诉意大利），[2012] ICJ Rep 99

LaGrand (Germany v United States of America) [2001] ICJ Rep 275

---

* 此处原为2001年，但结合后文，此处应为1997年。——译者注

拉格朗案（德国诉美国），[2001] ICJ Rep 275

Land and Maritime Boundary between Cameroon and Nigeria, Preliminary Objections [1998] ICJ Rep 275

喀麦隆和尼日利亚陆地海洋划界案，初步反对意见，[1998] ICJ Rep 275

Land, Island and Maritime Frontier Dispute [1992] ICJ Rep 351

陆地、岛屿和海洋边界争端案，[1992] ICJ Rep 351

Legal Consequences for States of the Continued Presence of South Africa in Namibia (South West Africa) notwithstanding Security Resolution 276 [1971] ICJ Rep 16

南非不顾安全理事会第276号决议继续留驻纳米比亚（西南非洲）对各国的法律后果案，[1971] ICJ Rep 16

Legal Consequences of the Construction of a Wall in the Occupied Palestinian Territory [2004] ICJ Rep 3

在巴勒斯坦被占领土上修建隔离墙的法律后果案，[2004] ICJ Rep 3

Legality of the Threat of Use of Nuclear Weapons [1996] ICJ Rep 226

威胁使用或使用核武器的合法性案，[1996] ICJ Rep 226

Legality of the Use of Force (Serbia and Montenegro v UK) [2004] ICJ Rep 1307

使用武力的合法性案（塞尔维亚和黑山诉英国），[2004] ICJ Rep 1307

Maritime Delimitation and Territorial Questions between Qatar and Bahrain, Jurisdiction and Admissibility [1994] ICJ Rep 112

卡塔尔和巴林海洋划界与领土问题案，管辖权和可受理性判决，[1994] ICJ Rep 112

Maritime Delimitation and Territorial Questions between Qatar and Bahrain, Merits [2001] ICJ Rep 40

卡塔尔和巴林海洋划界与领土问题案，实体判决，[2001] ICJ Rep 40

Maritime Delimitation between Peru and Chile [2014] ICJ Rep 3

秘鲁和智利海洋划界案，[2014] ICJ Rep 3

Maritime Delimitation in the Area between Greenland and JanMayen [1993] ICJ

V

Rep 38

格陵兰和扬马延海域划界案，[1993] ICJ Rep 38

Maritime Delimitation in the Caribbean Sea and the Pacific Ocean (Costa Rica v Nicaragua), Judgment of 2 February 2018

加勒比海和太平洋海洋划界案（哥斯达黎加诉尼加拉瓜），2018年2月2日作出判决

Maritime Delimitation in the Indian Ocean (Somalia v Kenya) [2018] ICJ Rep 3

印度洋海洋划界案（索马里诉肯尼亚），[2018] ICJ Rep 3

Military and Paramilitary Activities in and against Nicaragua (Nicaragua v United States) [1986] ICJ Rep 14

在尼加拉瓜境内和针对其的军事和准军事活动案（尼加拉瓜诉美国），[1986] ICJ Rep 14

Monetary Gold (Italy v France, United Kingdom and United States) [1954] ICJ Rep 2

货币黄金案（意大利诉法国、英国和美国），[1954] ICJ Rep 2

Northern Cameroons, Preliminary Objections [1963] ICJ Rep 15

北喀麦隆案，初步反对意见，[1963] ICJ Rep 15

North Sea Continental Shelf [1969] ICJ Rep 3

北海大陆架案，[1969] ICJ Rep 3

Nuclear Arms and Disarmament (Marshall Islands v United Kingdom) [2016] ICJ Rep 937

核武军备禁止案（马绍尔群岛诉英国），[2016] ICJ Rep 937

Nuclear Tests (Australia v France) [1974] ICJ Rep 253

核试验案（澳大利亚诉法国），[1974] ICJ Rep 253

Obligation to Negotiate Access to the Pacific Ocean (Bolivia v Chile) 1 October 2018

进入太平洋谈判义务案（玻利维亚诉智利），2018年10月1日

Oil Platforms, Judgment on Preliminary Objections [1996] ICJ Rep 803

石油平台案，关于初步反对意见的判决，[1996] ICJ Rep 803

Oil Platforms, Judgment on the Merits [2003] ICJ Rep 161

石油平台案，关于实体问题的判决，[2003] ICJ Rep 161

Pulp Mills on the River Uruguay [2010] ICJ Rep 14

乌拉圭河纸浆厂案，[2010] ICJ Rep 14

Questions of Mutual Assistance in Criminal Matters [2009] ICJ Rep 222

刑事事项互助问题案，[2009] ICJ Rep 222

Questions relating to the Obligation to Prosecute or Extradite [2012] ICJ Rep 422

关于或起诉或引渡的义务问题案，[2012] ICJ Rep 422

Reparation for Injuries Suffered in the Service of the United Nations [1949] ICJ Rep 178

执行联合国职务时遭受伤害赔偿案，[1949] ICJ Rep 178

Reservations to the Convention on the Prevention and Punishment of the Crime of Genocide [1951] ICJ Rep 15

《防止及惩治灭绝种族公约》保留案，[1951] ICJ Rep 15

Right of Passage over Indian Territory [1960] ICJ Rep 6

印度领土通行权案，[1960] ICJ Rep 6

Seizure and Detention of Certain Documents (Timor-Leste v Australia) [2014] ICJ Rep 153

没收和扣押某些文件案（东帝汶诉澳大利亚），[2014] ICJ Rep 153

South West Africa, Preliminary Objections [1962] ICJ Rep 319

西南非洲案，初步反对意见，[1962] ICJ Rep 319

South West Africa, Second Phase, Judgment [1966] ICJ Rep 6

西南非洲案，第二阶段，判决，[1966] ICJ Rep 6

Sovereign Rights and Maritime Spaces [2016 - I] ICJ Rep 19

侵犯主权权利和海洋空间案，[2016 - I] ICJ Rep 19

Temple of Preah Vihear (Interpretation) [2011] ICJ Rep 537

柏威夏寺案（解释），[2011] ICJ Rep 537

Territorial and Maritime Dispute between Nicaragua and Honduras in the Caribbean Sea [2007] ICJ Rep 659

尼加拉瓜和洪都拉斯在加勒比海的领土和海洋争端案，[2007] ICJ Rep 659

Territorial and Maritime Dispute (Nicaragua v Colombia) [2012] ICJ Rep 624

领土和海洋争端（尼加拉瓜诉哥伦比亚），[2012] ICJ Rep 624

Territorial Dispute (Burkina Faso/Niger) [2013] ICJ Rep, paras 41–59

领土争端案（布基纳法索和尼日尔），[2013] ICJ Rep, paras 41–59

Territorial Dispute (Libyan Arab Jamahariya/Chad) [1994] ICJ Rep 6

领土争端案（阿拉伯利比亚民众国和乍得），[1994] ICJ Rep 6

Trial of Pakistani Prisoners of War, Order of 15 December 1973 [1973] ICJ Rep 347

巴基斯坦战俘审判案，1973年12月15日命令，[1973] ICJ Rep 347

United States Diplomatic and Consular Staff in Tehran, Judgment [1980] ICJ Rep 3

美国驻德黑兰外交和领事人员案，判决，[1980] ICJ Rep 3

PERMANENT COURT OF INTERNATIONAL JUSTICE
国际常设法院

Diversion of Waters from the Meuse, PCIJ Series A/B No 70 (1937)

马斯河分流案，PCIJ Series A/B No 70 (1937)

Factory at Chorzów, PCIJ Series A, No 17 (1928)

霍茹夫工厂案，PCIJ Series A, No 17 (1928)

"Lotus", PCIJ Series A, No 10 (1927)

"荷花号"案，PCIJ Series A, No 10 (1927)

Wimbledon case, PCIJ Series A, No 1 (1925)

温布尔登案，PCIJ Series A, No 1 (1925)

HUMAN RIGHTS COURTS
人权法院

European Court of Human Rights

欧洲人权法院

Al-Jedda v United Kingdom, Application No 27021/08, Judgment of 7 July 2011, ECHR Reports (2011)

艾尔-吉达诉英国案,第 27021/08 号申诉,2011 年 7 月 7 日作出判决,ECHR Reports (2011)

Bellilos v Switzerland, ECHR (1988) Ser A No 132

伯利劳诉瑞士案,ECHR (1988) Ser A No 132

Gradinger v Austria, ECHR (1995) Ser A No 328 – C

格拉丁格诉奥地利案,ECHR (1995) Ser A No 328 – C

Loizidou v Turkey, ECHR (1995) Ser A No 130

洛伊齐杜诉土耳其案,ECHR (1995) Ser A No 130

Pla and Puncenau v Andorra (Application No 69498/01, 13 July 2004)

普拉和普恩森诺夫诉安道尔案(第 69498/01 号申诉,2004 年 7 月 13 日)

Inter-American Court of Human Rights

美洲人权法院

Benjamin et al v Trinidad and Tobago, Ser C No 81 (1 September 2001)

本杰明等人诉特立尼达和多巴哥案,Ser C No 81 (2001 年 9 月 1 日)

Constantine et v Trinidad and Tobago, Ser C No 82 (1 September 2001)

康斯坦丁等人诉特立尼达和多巴哥案,Ser C No 82 (2001 年 9 月 1 日)

INTERNATIONAL CRIMINAL TRIBUNALS
国际刑事法庭

International Criminal Court

国际刑事法院

Prosecutor v Omar Hassan Ahmed Al-Bashir, July 2017

检察官诉奥马尔·哈桑·艾哈迈德·巴希尔案，2017年7月

International Criminal Tribunal for the Former Yugoslavia
前南斯拉夫问题国际刑事法庭

Hadžihasanovic and Kabura, Case No IT – 01 – 47 – T, 15 March 2006

哈兹哈萨诺维奇和卡布拉案，案号为 IT – 01 – 47 – T，2006年3月15日

Prosecutor v Tadič, Decision on the Defence Motion for Interlocutory Appeal on Jurisdiction（2 October 1995）IT – 94 – 1 – T

检察官诉塔迪奇案，关于辩方就管辖权提出中间上诉的动议的裁决（1995年10月2日），IT – 94 – 1 – T

Special Court for Sierra Leone
塞拉利昂问题特别法庭

Charles Taylor, Appeals Chamber, Case No SCSL – 2003 – 01 – Ⅰ, Decision on Immunity from Jurisdiction, 31 May 2004

查尔斯·泰勒案，上诉分庭，案号为 SCSL – 2003 – 01 – Ⅰ，关于管辖豁免的裁决，2004年5月31日

OTHER
其他

US / Iran Claims Tribunal
美国/伊朗索赔法庭

Harza et al v Islamic Republic of Iran, Award No. 232 – 97 – 2

哈扎等人诉伊朗伊斯兰共和国案，裁决编号为 232 – 97 – 2

Arbitral Tribunals
仲裁庭

Abu Dhabi arbitration, 1951, 18 ILR 144

阿布扎比仲裁案，1951年，18 ILR 144

Advisory Opinion of the Arbitral Tribunal constituted in virtue of the Compromise signed at Rome on 30 June 1964（USA / Italy）, RSA xvi 100

根据1964年6月30日在罗马签署的妥协书组成的仲裁庭的咨询意见案（美国和意大利），RSA xvi 100

Amco Asia Co v Indonesia, ICSID, Award para. 267

阿姆科亚洲公司诉印度尼西亚案，国际投资争端解决中心，裁决书第267段

Arbitration Commission on Yugoslavia, Opinion No 3 of 4 July 1992

南斯拉夫问题仲裁委员会，1992年7月4日第3号意见

Argentina/Chile Boundary Dispute, 1966 UNRIAA xvi 109

阿根廷和智利边界争端案，1966 UNRIAA xvi 109

Bulama Island arbitration, J. B. Moore, History and Digest of the International Arbitrations to which the United States has been Party, together with appendices containing the treaties relating to such arbitrations and historical and legal notes (Washington: Government Printing Office, 1898)

布拉马岛仲裁案，J. B. 摩尔，《美国作为当事方的国际仲裁历史和摘要》，附录包括与这些仲裁相关的条约及历史和法律说明（华盛顿：政府印刷局，1898年）

Chaco case, UNRIAA iii 1819

查科案，UNRIAA iii 1819

Goldenberg & Sons v Germany, AD 4 (1927-8), No 369

戈尔登伯格父子诉德国案，AD 4 (1927-8), No 369

Hormones case (WTO Report of the Appellate Body: Australia—Measures Affecting Importation of Salmon, 6 November 1998, WT/DS18/AB/R)

荷尔蒙案（世界贸易组织上诉机构报告：澳大利亚——影响鲑鱼进口的措施，1998年11月6日，WT/DS18/AB/R）

Mondev International Ltd v USA (ICSID Award, 11 October 2002)

蒙德夫国际有限公司诉美国仲裁案（国际投资争端解决中心仲裁裁决，2002年10月11日）

Rainbow Warrior (New Zealand v France), France – New Zealand Arbitration

Tribunal, 82 ILR 500 (1990)

彩虹勇士号案（新西兰诉法国），法国－新西兰仲裁法庭，82 ILR 500 (1990)

Sarropoulos v Bulgarian State, AD 4 (1923–4), No 173

萨罗普洛斯诉保加利亚国案，AD 4 (1923–4), No 173

Texaco v Libya (1977) 53 ILR 422

德士古诉利比亚案，(1977) 53 ILR 422

US – Stainless Steel (Mexico) Appellate Body Report, 30 April 2008

美国—不锈钢案（墨西哥）上诉机构报告，2008年4月30日

NATIONAL
国家

Austria
奥地利

Holubek v Government of the United States of America, Supreme Court of Austria, Juristische Blätter (Wien), 84 (1962), 43; ILR, vol 40 p 73

霍卢贝克诉美国政府案，奥地利最高法院，引自 Juristische Blätter (Wien), 84 (1962), 43; ILR, 第40卷, 第73页

Belgium
比利时

Botelberghe v German State, 18 February 2000, Court of First Instance of Ghent

波特伯格诉德国案，2000年2月18日，根特初审法院

Canada
加拿大

Schreiber v Federal Republic of Germany [2002] Supreme Court of Canada, Supreme Court Reports (SCR), vol 3, p 269

施赖伯诉德意志联邦共和国案，[2002] 加拿大最高法院,《最高法院案例汇编》, 第3卷, 第269页

France
法国
SOS Attentat and Castelnau d'Esnault v Qadaffi, Head of State of the State of Libya, Court of Cassation, Criminal Chamber, 13 March 2000, No 1414

恐怖袭击受害者援助组织和卡斯特尔诺·德埃斯诺诉利比亚国家元首卡扎菲案,上诉法院,刑事庭,2000年3月13日,第1414号

Greece
希腊
Margellos v Federal Republic of Germany, Case No 6/ 2002, ILR, vol 129, p 529

马尔盖洛诉德意志联邦共和国案,案号为6/ 2002,ILR,第129卷,第529页

Ireland
爱尔兰
McElhinney v Williams, 15 December 1995, Irish Supreme Court, [1995] 3 Irish Reports 382; ILR, vol 104, p 69

麦克尔亨尼诉威廉姆斯案,1995年12月15日,爱尔兰最高法院,[1995] 3 Irish Reports 382; ILR,第104卷,第69页

Poland
波兰
Natoniewski v Federal Republic of Germany, Supreme Court, Polish YIL (2010), xxx 299

纳托涅夫斯基诉德意志联邦共和国案,最高法院,Polish YIL (2010), xxx 299

Slovenia
斯洛文尼亚
Constitutional Court, Case No Up –13/ 99, para 13

宪法法院,第Up –13/99号案,第13段

United Kingdom

英国

Freedom and Justice Party and Ors [2018] WLR (D) 460

自由与正义党及其他人案,[2018] WLR (D) 460

R v Bow Street Metropolitan Stipendiary, ex parte Pinochet Ugarte (No 3) [1999] UKHL 17; [2000] AC 147; [1999] 2 All ER 97

里贾纳诉鲍街市政临时治安法官,皮诺切特·乌盖特案(第3号),[1999] UKHL 17; [2000] AC 147; [1999] 2 All ER 97

United States

美国

Schooner Exchange v Mcfaddon, 11 US (7 Cranch) 116 (1812)

斯库诺交易号诉麦克法登案, 11 US (7 Cranch) 116 (1812)

国际法律文件表*

Arab Charter on Human Rights (22 May 2004)	《阿拉伯人权公约》 (2004年5月22日)
Cairo Declaration on Human Rights in Islam (1990)	《开罗伊斯兰人权宣言》 (1990年)
Charter of the United Nations (26 June 1945)	《联合国宪章》 (1945年6月26日)
Chicago Convention on Civil Aviation (7 December 1944)	《芝加哥民用航空公约》 (1944年12月7日)
Convention on Long-Range Transboundary Air Pollution (13 November 1979)	《长程越界空气污染公约》 (1979年11月13日)
Convention on the Elimination of all Forms of Discrimination against Women (18 December 1979)	《消除对妇女一切形式歧视公约》 (1979年12月18日)
Convention on the Prevention and Punishment of the Crime of Genocide (9 December 1948)	《防止及惩治灭绝种族罪公约》 (1948年12月9日)
Convention on the Settlement of Investment Disputes between States and Nationals of other States (18 March 1965)	《解决国家与他国国民间投资争端公约》 (1965年3月18日)

---

* 与原版相比,本版该表结合正文在内容和数量上有适当调整。

续表

Declaration by the Government of Egypt on the Suez Canal and the Arrangements for its Operation (24 April 1957)	《埃及政府关于苏伊士运河及其运营安排的声明》（1957年4月24日）
Declaration by the King of Jordan of waiving claims to the West Bank Territories ('Address to the Nation', 31 July 1988)	《约旦国王关于放弃对约旦河西岸领土主权的声明》（"致全国讲话"，1988年7月31日）
Declaration on Principles of International Law Concerning Friendly Relations and Cooperation among States in accordance with the Charter of the United Nations (24 October 1970)	《关于各国依联合国宪章建立友好关系及合作之国际法原则之宣言》（1970年10月24日）
Draft Articles on Responsibility of States for Internationally Wrongful Acts (12 November 2001)	《国家对国际不法行为的责任条款草案》（2001年11月12日）
European Convention for the Protection of Human Rights and Fundamental Freedoms (4 November 1950)	《欧洲保障人权和基本自由公约》（1950年11月4日）
European Convention on State Immunity (16 May 1972)	《欧洲国家豁免公约》（1972年5月16日）
General Act for the Pacific Settlement of International Disputes (26 September 1928)	《和平解决国际争端总议定书》（1928年9月26日）
General Agreement on Tariffs and Trade (30 October 1947)	《关税与贸易总协定》（1947年10月30日）
Geneva Convention on the Continental Shelf (29 April 1958)	《日内瓦大陆架公约》（1958年4月29日）

续表

Geneva Conventions (12 August 1949)	《日内瓦公约》* (1949年8月12日)
Hague Convention (II) with Respect to the Laws and Customs of War on Land (29 July 1899)	《海牙陆战法规和惯例第二公约》 (1899年7月29日)
Hague Convention (IV) Respecting the Law and Customs of War on Land (18 October 1907)	《海牙陆战法规和惯例第四公约》 (1907年10月18日)
Hague Convention (VIII) relative to the Laying of Automatic Submarine Contact Mines (18 October 1907)	《关于敷设自动触发水雷的海牙第八公约》 (1907年10月18日)
Havana Convention on Asylum (20 February 1928)	《哈瓦那庇护公约》 (1928年2月20日)
Interim Accord between Greece and the Former Yugoslavia Republic of Macedonia (13 September 1995)	《希腊与前南斯拉夫马其顿共和国之间的临时协议》 (1995年9月13日)
Montevideo Convention on Political Asylum (26 December 1933)	《蒙得维的亚政治庇护公约》 (1933年12月26日)
Policy of the United States With Respect to the Natural Resources of the Subsoil and Seabed of the Continental Shelf (Truman Proclamation) (28 September 1945)	《美国关于大陆架底土和海床自然资源政策宣言》(《杜鲁门宣言》) (1945年9月28日)
Rome Statute of the ICC (17 July 1998)	《国际刑事法院罗马规约》 (1998年7月17日)
Santiago Declaration (18 August 1962)	《圣地亚哥宣言》 (1952年8月18日)

---

* 即《1949年8月12日关于战时保护平民之日内瓦公约》。——译者注

续表

Security Council Resolution 1966 (Mechanism for International Criminal Tribunals) (22 December 2010)	《安全理事会第 1966 号决议》 (国际刑事法庭余留机制) (2010 年 12 月 22 日)
Statute of the International Court of Justice (26 June 1945)	《国际法院规约》 (1945 年 6 月 26 日)
Statute of the International Tribunal for Prosecution of Persons Responsible for Serious Violations of International Humanitarian Law in the Territory of the former Yugoslavia since 1991 (25 May 1993)	《起诉应对 1991 年以来前南斯拉夫境内所犯的严重违反国际人道主义法行为负责的人的国际法庭规约》 (1993 年 5 月 25 日)
Statute of the International Law Commission of the United Nations (21 November 1947)	《联合国国际法委员会章程》 (1947 年 11 月 21 日)
The 1977 Additional Protocols to Geneva Conventions (8 June 1977)	《日内瓦公约 1977 年附加议定书》 (1977 年 6 月 8 日)
Treaty of Amity, Economic Relations and Consular Rights (Iran/United States) (15 August 1955)	《友好、经济关系和领事权利条约》 (伊朗和美国) (1955 年 8 月 15 日)
Treaty of Peace between the Allied and Associated Powers and Germany (Treaty of Versailles) (28 June 1919)	《协约国和参战各国对德和约》 (《凡尔赛和约》) (1919 年 6 月 28 日)
Treaty on Principles Governing the Activities of States in the Exploration and Use of Outer Space, including the Moon and other Celestial Bodies (10 October 1967)	《关于各国探索和利用包括月球和其他天体在内外层空间活动的原则条约》 (1967 年 10 月 10 日)

续表

United Nations Convention Against Torture and Other Cruel, Inhuman or Degrading Treatment or Punishment (10 December 1984)	《联合国禁止酷刑和其他残忍、不人道或有辱人格的待遇或处罚公约》(1984年12月10日)
United Nations Convention on the Law of the Sea (10 December 1982)	《联合国海洋法公约》(1982年12月10日)
United Nations Declaration on the Elimination of All Forms of Intolerance and of Discrimination Based on Religion or Belief (25 November 1981)	《联合国消除基于宗教或信仰原因的一切形式的不容忍和歧视宣言》(1981年11月25日)
Universal Declaration of Human Rights (10 December 1948)	《世界人权宣言》(1948年12月10日)
United Nations Convention on Contracts for the International Sale of Goods (11 April 1980)	《联合国国际货物销售合同公约》(1980年4月11日)
Vienna Convention on the Law of Treaties (23 May 1969)	《维也纳条约法公约》(1969年5月23日)
Vienna Convention on Succession of States in Respect of Treaties (23 August 1978)	《关于国家在条约方面继承的维也纳公约》(1978年8月23日)

目 录 / CONTENTS

第 1 章　国际法的性质和渊源　　　　　　　　　　　　　　／ 001

　　1.1　引言 / 001

　　1.2　形式渊源和实质渊源 / 006

　　1.3　公认形式渊源的列举 / 008

　　1.4　渊源的性质及运用 / 013

　　1.5　谁的法律？国家主体与非国家主体 / 021

　　1.6　是否存在《国际法院规约》第 38 条以外的形式渊源 / 025

　　　　1.6.1　国家的单边行为 / 026

　　　　1.6.2　国际组织的决议 / 027

　　　　1.6.3　国家和跨国公司之间的协定 / 029

　　　　1.6.4　其他提议 / 030

　　1.7　作为对等或附加渊源的宗教法 / 032

　　1.8　渊源理论是否充分 / 035

第 2 章　作为法律渊源的条约和公约　　　　　　　　　　　／ 038

　　2.1　有约必守 / 038

　　2.2　条约法的限制：强行法和条约的相对效力 / 042

　　2.3　对条约义务的承诺 / 045

　　2.4　单边行为能否作为条约雏形 / 052

I

第3章 作为国际法渊源的习惯 / 061

3.1 引言 / 061

3.2 习惯的构成要素 / 065

    3.2.1 双要素还是单要素 / 065

    3.2.2 国家实践 / 072

    3.2.3 法律确信 / 086

    3.2.4 国际组织的作用 / 093

3.3 习惯法的变化 / 096

3.4 道德及类似原则和习惯法的相关性 / 099

3.5 习惯国际法规则的适用范围 / 101

    3.5.1 一般习惯法和"一贯反对者" / 101

    3.5.2 特别习惯法 / 105

第4章 作为法律渊源的一般法律原则 / 108

4.1 什么是"一般法律原则" / 108

4.2 衡平法的作用 / 121

4.3 一般法律原则和法律不明 / 128

第5章 辅助渊源 / 133

5.1 引言 / 133

5.2 司法判例 / 136

    5.2.1 国际法庭 / 136

    5.2.2 国内法院 / 142

5.3 公法学家学说 / 145

第 6 章　渊源间的互动或位阶　　　/ 150

6.1　条约和习惯法规定的同时和相同的义务 / 151
6.2　渊源的位阶 / 154

第 7 章　特殊法律渊源：强行法、对世义务与软法　　　/ 165

7.1　优先适用的规范及其渊源：强行法和对世义务 / 165
7.1.1　对世义务的渊源 / 169
7.1.2　强行法规范的渊源 / 177
7.2　软法 / 189

第 8 章　国际法的次级体系　　　/ 198

8.1　"自足制度"及其局限性 / 198
8.2　人权法 / 200
8.2.1　条约中的人权法和作为习惯的人权法 / 201
8.2.2　源于一般原则的人权 / 206
8.2.3　人权和伊斯兰教 / 207
8.3　人道主义法 / 210
8.3.1　条约和公约 / 210
8.3.2　习惯法抑或独立的法律渊源 / 211
8.4　世界贸易组织、国际投资争端解决中心：贸易与投资争端解决 / 216
8.5　国际环境问题 / 221
8.6　国际刑法 / 223

第 9 章　国际法渊源传统理论的替代方案　　　/ 227

9.1　公认渊源的不足或非相关性 / 234

9.2 道德原则的作用 / 237

9.3 习惯国际法理论的不足 / 239

第 10 章 小结 / 243

索　引 / 245

译后记 / 264

第 *1* 章　国际法的性质和渊源

1.1　引言

在与国际法相关的法律著作及国际法庭的裁决中，经常能看到"法律渊源"这一概念。大多数评述国际法性质的文章认为，有必要对"渊源"进行研究。❶ 虽然在这一体系的适用层面上，即在国家间的直接关系和谈判中，"渊源"的概念并不明显，但它仍然是主张任何法律权利以及应对违反国际法指控的基础。

从世界各国家和地区的现行法律体系来看，"渊源"使得国际法与众不同。尽管已经不可能再像过去那样，认为国际法不足以被冠以"法律"之名而只将其视为一种体系，❷ 但精通一种或多种国内法体系的法学学者很可能会因缺乏某些熟悉的标志以及存在某些不寻常的特征而感到困惑，"国际法渊源"的概念就是其中之一。在国际法的日常适用中，需要这样一个概念，而国内法律体系通常不需要援引，尽管"渊源"的概念确实存在。❸

---

❶　一个罕见的例子是 J. Trachtman, *The Future of International Law*: *Global Government* (Cambridge 2013)。

❷　参见 H. L. A. Hart, *The Concept of Law*, 2nd edn. (Oxford: Clarendon, 1994), 213ff。

❸　参见 Hart., *The Concept of Law*, 95ff. 无论是"渊源"这一术语，还是这个概念本身，都不是英美法系学者日常用语中熟悉的部分。在法国法律术语中，就国内法而言，"渊源"一词指的是"制定法律规则的程序"，但对国际法而言，其具有更广泛的含义，包括"产生规范的方式（一般规则，客观法）和产生特定权利和义务的方式（主观法）"。参见 M. Kohen, 'La pratique et la théorie des sources du droit international', in *Société française pour le droit international*, *Colloque de Genéve* (2004), 81 at 82. 表明这一点的另一种方式是指出，在国内法中，合同产生义务却不制定法律；而在国际法中，条约不仅是义务的渊源，还是法律的渊源。进一步参见第 2 章第 2.1 节。

即使在国际范围内对"法律"进行定义，也可能并非易事。但是，我们可以将其简单定义为：这是一套调整个人或实体（法律主体）间关系的规范体系，当法律主体遵守或不遵守这些规范时会产生某些后果，而这些后果与行为主体的意志无关。在某种意义上，行为主体可以选择遵守或拒绝遵守规范，因为该主体知晓其意图可能会带来的后果，但不能自由选择该行为是否会产生这些预先确定的结果。❹

国际法的内容和权威从何而来？基于国内法层面，这一问题的答案在多数情况下是很明显的，所以提之甚少。无论采取何种特定形式，立法机关都是法律和社会结构的一个基本要素。如果立法者已经作出规定，其结果是（除另有规定外）具有拘束力的法律，那么领土范围内的所有人都应该遵守这些制定法。因此，法律的主要"渊源"来自立法机关。然而，在一些法律体系中，可能还存在这样一套法律，它是由法院多年来的裁决所确立的，也就是通过适用"普通法"或"习惯法"而非由立法行为确定的，这也可以被视为法律的"渊源"。

在国际舞台上，并不存在任何不仅向国际社会所有成员开放，而且对每个成员都享有强制性和拘束力的管辖权的公共法院系统或终审法院。国际法院（International Court of Justice，ICJ）的管辖权仍是基于自愿的，即使对作为《国际法院规约》缔约方的联合国会员国也是如此。然而，存在大量且不断增长的双边和多边条约，规定任何一方都能够向国际法院或其他对争端解决具有管辖权的机构，提起与另一当事方的争端解决程序。虽然国际司法和仲裁解决争端的细节并非我们在此需要关心的问题，但争端解决机制的存在本身就极其重要。因为所有的法律最终都要经受"法院将如何裁判"［有法官，斯有法（ubi judex，ibi jus）］这一问题的考验，即使在国际

---

❹ 在此意义上，法律被认为具有"拘束力"，而这是另一个难以定义的概念，参见 Hart, *Concept of Law*, 216. 看待这个方面的另一种途径是基于"权威"的概念。参见 B. D. Lepard, *Customary International Law: A New Theory with Practical Applications*（Cambridge: Cambridge University Press, 2010），47ff. 关于"制裁"的概念，参见 H. Kelsen, *Allgemeines Staatslehre*, French trans.: *Théorie générale du droit et de l'État*（Paris: LGDJ; Brussels: Bruylant, 1997），11.

社会许多成员间发生争端的情况下，除非经当事人同意，否则也不存在司法审查和解决机制。法庭上的问题必须是"法律是什么"，而非"法律应该是什么"。❺

在国际层面，从广义上来说，虽然这样的立法者和最高法院并不存在，但法律是存在的，并且能够被创造或改变，这一现象可以通过识别某些"渊源"来表明。然而，"渊源"这一术语已经与"实证主义"（positivism）这一国际法学说❻紧密相连，并且在特定的国际文本中具有特殊地位。根据1920年《常设国际法院规约》（即国际公约）第38条规定设立了常设国际法院（Permanent Court of International Justice，PCIJ），并在1946年修订的《国际法院规约》中重新制定了与第38条规定几乎一致的条款。该规约文本为研究"渊源"的概念提供了一个便利的出发点，但这并不表明当前的工作必然充满实证主义精神。任何国际法学说都必须回答这样的问题：我们如何知道什么是法律，什么不是法律，以及这条规则或那条规则如何会具有这种法律地位？本书会在后文审查现代哲学对这一问题的处理，以及该处理是否或在多大程度上涉及"渊源"的概念。自1920年和1946年以来，《常设国际法院规约》和《国际法院规约》第38条规定都未被普遍视为国际法渊源的最终和唯一定义。事实上，我们必须考察一些争论或提议，以扩大或摒弃所列渊源，甚至是"渊源"概念本身。但是，当面对《国际法院规约》第38条所依据的或围绕该条款发展起来的法律思维结构时，这些问题才能得到最为透彻的理解。

同时，应当参考"元法律"（meta-law）这个新近发展起来的概念，其与"渊源"存在某种联系。这个概念主要是基于习惯的角度，而将其视为渊源

---

❺ 同样地，当国际法院确定萨尔瓦多和洪都拉斯之间的领土边界时，法院驳回了"萨尔瓦多由于人口压力，更加需要领土"以及"据称洪都拉斯享有优越自然资源"的主张。法院指出："问题不在于成为萨尔瓦多的殖民地省份是否需要广阔的边界，而在于这些边界实际上在哪里。"[1992] ICJ Rep 396，para. 58. 另见大陆架案（突尼斯和阿拉伯利比亚民众国），排除了影响两个大陆架之间边界位置的经济因素，[1982] ICJ Rep 77-8，paras. 106-7.

❻ 进一步解释，参见本章第4节。

的一种：

> 习惯中的"元法律"（或元习惯）可以被定义为与习惯的形成和识别相关的法律。换言之，它是与"规定'简单'及初阶的规范，以及产生习惯法的元规则［即国家实践与法律确信（opinion juris）］"相关的法律。❼

这一概念似乎并不局限于习惯，很可能存在某种与其他渊源相关的元法律，无论是单独还是与习惯一起作为群体：元原则。尽管同一学者认为"这种元元法律（meta-meta-law）的存在与否值得怀疑"。❽ 就目前而言，无论这个概念存在什么样的哲学价值，它都未起到任何帮助作用，本书也不会对其做进一步参考，因为这只是国际法学人长久以来对其学科领域的渊源进行定义时所用的一个名称而已。

确定法律规则的存在意味着对其拘束力的肯定，即将规则归因于公认渊源所存在的理由（raison d'être）。❾ 如果认为国际法的一个特征或概念（使用中性术语）不具有这种拘束力，那么可能存在以下几个原因。第一，这一概念可能源于一个存在常规实践的法律领域，但普遍认为它不涉及义务事项，典型示例就是外交关系中的礼节。第二，可能存在标准化的实践，形成了一种持续一致的期望，以便能够识别潜在的习惯，但这种实践要么不够普遍，要么没有足够明确的依据，或者没有明确的依据表明法律确信的存在，以至于（将在第3章解释）不存在任何法律规则。第三，从某种意义上来说，这个问题可能在于，某一概念的性质或者在其当下的发展阶段不具有拘束力，

---

❼ M. Fitzmaurice, 'History of Article 38 of the Statute of the ICJ', in Besson and J. d'Aspremont (eds.), *The Oxford Handbook of the Sources of International Law* (Oxford: Oxford University Press, 2017), 188, citing J. Kammerhofer, *Uncertainty in International Law: A Kelsenian Perspective* (Routledge, 2011).

❽ Fitzmaurice, previous note. 188.

❾ 达斯普勒蒙（d'Aspremont）试图区分"规则性"和"约束性"，即国际法渊源中"规则"的概念，84 BYIL (2013), 103, at 105；这是为了确定具有约束力的不一定是"规则"，但可能属于"社群主义约束"，84 BYIL (2013), 103, at 105. 这到底是真正的区别还是称谓的变化，需要由读者自行决定。参见 d'Aspremont, *International Law as Belief System* (Cambridge, 2018), 37–9.

以至于其根本不涉及可强制执行的权利与义务。[10] 可持续发展理念可能是目前最明显的例子。这是一个在法律论述甚至在公约文本中经常被提及的概念，但事实上其似乎不一定涉及某一种主张，即可以认为存在一种可持续发展的**权利**，或存在一种避免非可持续发展的**义务**。因此，只能够认为存在（*in esse*）或可能存在（*in posse*）着这样一种习惯。[11]

在科索沃单方面宣布独立是否符合国际法案（以下简称"科索沃案"）中，[12] 西玛（Simma）法官还建议，国际法律规则可能并不限于把行为划分为"禁止"、"允许"或"中立"，[13] 但可能存在"不禁止的程度"，即从"容忍"到"允许"再到"可取"。[14] 这似乎并未得到国际实践的证实；事实上，很难看出这种区分如何在实践中表现出来 [除了可能涉及强行法（*jus cogens*）的情况]。[15]

接下来的大部分讨论将主要涉及国家间的权利和义务，但这只是出于简便和清晰的目的，因为国际法上的主体还包括其他实体，比如在相关文献中被称为"非国家主体"（non-State actors）和"多重利益相关者"（multi-stakeholders），而这一点是得到认可和支持的。至少存在这样一个切实可行的假设，即管辖这些实体间关系的法律，只要不同于管辖国家间关系的法律，

---

[10] 参见国际法院在科索沃案中的意见，"一项与国际法所赋权利不一致的行为，完全有可能不违反国际法"，[2010] ICJ Rep 425-6，para.56，更多引用参见随后的脚注51。参照西玛法官的观点，"国际法在某一点上的中立性仅仅表明，在某些领域，国际法尚未加以规范，或者实际上永远不会加以规范"。（声明，[2010] ICJ Rep，481，para.9.）

[11] 从这个意义上来说，例如，V. Lowe, 'Sustainable Development and Unsustainable Arguments', in Boyle and Freestone（eds.）, *International Law and Sustainable Development*: *Past Achievements and Future Challenges*（OUP, 1999）; F. 弗朗乔尼（F. Francioni）明确地将这一概念排除在"能够为国家带来具体义务的国际法规范"之外, 'Revisiting Sustainable Development in Light of General Principles of Environmental Law', in M. Cremona et al.（eds.）, *Reflection on the Constitutionalisation of International Economic Eaw*: *Liber Amicorum for Ernst-Ulrich Pertersmann*（Leiden: Brill-Nijhoff, 2014）, 491. 关于一个被充分论证的相反观点，请参见V. Barral, *Le développement durable en droit international*: *essai sur les incidences juridiques d'une norme évolutive*（Larcier-Bruylant, 2016）, Ch.II.

[12] 咨询意见，参见 *Accordance with International Law of the Declaration of Independence in respect of Kosovo* [2010-II] ICJ Rep 403.

[13] 这些用语必须理解为非绝对的，根据具体情况，"被禁止的"（比如）可能意味着"侵犯特定的某个或某些国家的权利"，而不一定是侵犯国际社会的权利。

[14] [2010-II] ICJ Rep 480, para.8.

[15] 参见第7章的有关阐述。

就可以归于同样的传统渊源。❶ 对此,详见本章第5节。

最后,引言中应该说明"建立规则基础"的渊源。这些规则中的任何一种都可能不适用,或在特定情况下通过弃权、默认或时效(甚至是普通法中禁止反言的概念)等一种或多种要素以修改的形式适用。但本书并不对这些要素展开研究。因为它们独立于渊源学说,在此意义上,这些要素把规则作为一个"既定"的概念,进而再继续延伸或排除规则,并且基本不考虑产生规则的渊源。❶

1.2 形式渊源和实质渊源

一项既定规则的"渊源",既是该规则的历史基础,又是该规则的产生方式,更重要的是,它是对为何该规则具有拘束力且必须被遵守这一问题的回答。对于上述三种含义,通常可以通过规则的"形式渊源"和"实质渊源"这两个术语来理解,但不幸的是,不同的学者对其存在不同的认识。就本书的目的而言,这二者的区别在于:实质渊源通常以书面文件的形式对规则条款进行表述,而形式渊源则体现在赋予规则法律性质的法律要素方面。

需要注意的是,"渊源"一词的使用有时过于随意:

> 有时"渊源"一词用于表示国际法的基础,有时该词与法律的社会起源和其他形成"原因"相混淆,有时该词是立法机构的形式象征,而有时其又被用来代替法律依据的概念。❶

---

❶ 例如,需要注意世界贸易组织上诉机构在荷尔蒙案中对习惯国际法的依赖情况(WTO Report of the Appellate Body: Australia—Measures Affecting Importation of Salmon, 6 November 1998, WT/DS18/AB/R. para. 123);这在下述文章中亦有讨论: D. Pulkowski, 'Universal International Law's Grammar', in Fastenrath et al. (eds.), *From Bilateralism to Community Interest: Essays in Honour of Judge Bruno Simma* (OUP, 2011), 144–5.

❶ 另一种不同的观点,参见 A. 奥拉赫拉什维利(A. Orakhelashvili)关于本书第一版的书评,84 BYIL (2014), 355, 356.

❶ D. P. O'Connell, *International Law*, 2nd edn. (London: Stevens & Sons, 1970), 7.

对形式渊源和实质渊源进行区分，就是为了避免这种混淆。也许《奥本海国际法》（*Oppenheim's International Law*）最为明确地表达了这一区别，即形式渊源是"法律规则效力的来源"，实质渊源则"表明法律规则的实质性内容的出处……条约和习惯都是形式渊源。因此，举例来说，某一特定规则的形式渊源可能是习惯，尽管其实质渊源可能来自多年前缔结的一项双边条约，或来自某一国家的单方声明"。[19] 对国家实践中已经存在但定义不清的规则的学术表述，也有可能构成实质渊源，从而作为对该规则的最佳阐明与定义。当然，也可能会出现这样一种情况，即随后的国家实践可能与一项能够适用或有效的规则相符。但无论哪种情况，习惯总是规则的形式渊源，正如本章第3节将解释的那样。

如前所述，形式渊源与实质渊源之间的区分是传统的，但这两个术语的使用是为了对国际造法过程有更为现代化的看法。因此，有学者提出了这样一种区分，即实质渊源是指"国际法内容发展的所有道德或社会进程（如权力斗争、文化冲突和意识形态矛盾），而非确定其内容并经过修改而成为法律的形式进程（如立法活动）"。[20] 这种观点并不可取，因为无论传统的渊源学说是否有效，其术语都有一个既定的含义，同时需要重新思考或定义的对象是学说，而非术语本身。[21] 基于这一视角，由于不涉及对既定术语进行重新定义，所以一些学者在渊源背景下对谈判内容（*negotium*）与合意文本（*instrumentum*）进行区分，这似乎可以接受。这种区分通常（也许仅仅）与作为渊源的书面文件相关，比如条约。其中，规范即作为抽象实体的义务就

---

[19] 9th edn. by R. Jennings and A. Watts, *Oppenheim's International Law* (Oxford: Oxford University Press, 1992), 23 §8. 法国学者之间的区别可能会有所不同：参见 N. Q. Dinh, P. Daillier, and A. Pellet, *Droit international public*, 5th edn. (Paris: LGDJ, 1994), 111 §59, 使用"形式渊源"一词意在说明"国际标准的社会学基础以及政治、道德或经济基础，或多或少地由学说或法律主体阐明"; H. Thierry, 'L'évolution du droit international', 222 *Recueil des cours* (1990–III), 30.

[20] S. Besson, 'Theorizing the Sources of International Law', in S. Besson and J. Tasioulas (eds.), *The Philosophy of International Law* (Oxford: Oxford University Press, 2010), 163–85 at 170.

[21] 需要注意的是，这种观点也不反映实质渊源与形式渊源不相关的可能性，例如习惯法中的规则可以用条约中的术语加以界定。形式渊源不一定是实质渊源所提及的立法过程的终点。

是谈判内容,而阐明内容的书面文件就是合意文本;后者是载体,前者是内容。[22] 即便是起草得最清楚的文本也不能说明二者之间的复杂关系,因为条款必须经过阅读和解释才能被适用,特别是随着时间的推移,解释意义和(推定的)立法意图可能会产生分歧,但这个方面的问题无须在此探究。[23]

某一特定体系中的法律渊源是否仅仅是该体系中恰巧出现的法律渊源?或者是否有任何关于这种法律渊源应该是什么的基本原则?也许在这方面可以说的是,不同法律体系所承认的法律渊源之间存在广泛的相似性,即"有社会,斯有法"(ubi societas, ibi jus)。也就是说,社会本身的性质意味着某些法律原则或概念,而这些原则或概念被视为具有"规范性吸引力",这一特征会根据所审查的社会性质而有所调整。[24]

1.3 公认形式渊源的列举

在此之所以提及"公认的"形式渊源,是因为就适用国际法而言,实际上存在这样一项原则或基本规则,即国际法规则的创设只能援引或依赖这些公认的渊源。[25] 在此,必须提及《常设国际法院规约》和《国际法院规约》

---

[22] See J. d'Aspremont, *Formalism and the Sources of International Law* (Oxford: Oxford University Press, 2011), 174 – 5. 达斯普勒蒙强调,"内容和载体都有可能成为一个形式标志,以表明有关规范是不是一项国际法律规则"。详见第 6 章第 6.2 节,关于软法的区别。

[23] 可以参见如下文献中的非常广泛和权威的研究,即 I. Venzke, *How Interpretation Makes International Law: On Semantic Change and Normative Twists* (Oxford, 2012). 其中,引人注目的开篇语是"文本不能谈论——它们被谈论"(Texts cannot talk—they are talked about)。

[24] "在一个理想的世界中,法律的渊源……既有准确的描述(即它将反映实际发生的事情,因此在描述和预测方面都是准确的),也有规范性吸引力(即它将反映一些基于外部的规范性原则的概念,如程序性或实质性道德原则)。实践中,这两种观点之间往往关系紧张。" A. Roberts and S. Sivakumaran, in Evans, *International Law*, 5th edn. (OUP, 2018), Ch. 4, 109 – 10.

[25] 最近,达斯普勒蒙教授认为,采用这种观点的国际法学人是在自欺欺人,并且这种基于规则的体系面临着严峻的挑战,即需要一个"规则"来解释这些初始规则的权威性,然后再制定一个规则来解释高级规则的权威性,进而无休止下去。'The Idea of "Rules" in the Sources of International Law', 84 BYIL (2013), 103;具有同样效果的内容,可参见 *International Law as a Belief System* (Cambridge, 2018), 57. 有观点认为,这是一个微不足道的反对意见:在某种程度上,所有的监管体系都必须建立在某种协定与合宜的起点上,甚至是基于达斯普勒蒙教授认为的"社群主义约束(规则)"这一更为准确分析的体系。还可以参考上文提及的"元规则"。

第 38 条规定，其内容如下：

1. 法院对于陈诉各项争端，应依国际法裁判之，裁判时应适用：
(a) 不论普通还是特别国际协约，确立诉讼当事国明白承认之规条者；
(b) 国际习惯，作为通例之证明而经接受为法律者；
(c) 一般法律原则为文明各国所承认者；
(d) 在第 59 条规定之下，[26] 司法判例及各国权威最高之公法学家学说，作为确定法律原则之补助资料者。
2. 前项规定不妨碍法院经当事国同意本"公允及善良"（*ex aequo et bono*）原则裁判案件之权。

虽然上述条款在形式上仅仅指示某一特定国际主体应适用哪些规则，但第 38 条首句表明，法院的职能是"依国际法裁判"（这实际上是《国际法院规约》对《常设国际法院规约》的补充[27]），并且确认了第 38 条第 1 款 (a) 至 (d) 项的适用将引起国际法的适用。也就是说，当国际法无处可寻时，上述款项所指的内容实际上就是国际法。[28] 然而，这一表述是有限的，因为司法判例和学说仅仅是"辅助"渊源。本部分末尾处将讨论这一点内容。

沙哈布德恩（Shahabuddeen）法官在其《世界法院先例》（*Precedent in*

---

[26] 第 59 条规定："法院之裁判除对于当事国及本案外，无拘束力。"
[27] 就智利在旧金山会议上的提议进行补充，以便更清楚地说明法院作为一个国际司法机构的使命。援引这一文本是为了支持以下观点，即争端的存在是"法院行使其司法职能的首要条件"。参见核试验案，[1974] ICJ Rep 271, para. 57.
[28] 第 38 条通常被认为具有此种意义，例如《联合国海洋法公约》，参见本章脚注 21。尽管如此，还有一些学者认为"法律渊源不存在**数量限制**"，参见 Fastenrach, 'A political theory of law: escaping the aporia on the validity of legal arguments in international law', in Fastenrath et al. (eds), *From Bilateralism to Community Interest: Essays in Honour of Judge Bruno Simma* (OUP, 2011), 58, 63. 该作者指出，即使是国际法院，也将单方面声明视为法律渊源。对此，参见第 2 章第 2.4 节。

the World Court) 一书中提出了不同的观点：

> 第38条第1款（a）至（d）项并非详尽无遗地囊括了第36条第2款（b）项中提到的"国际法"。由于法院的职能是"依国际法裁判"，所以如果一项原则能够被证明构成了国际法的一部分，那么法院必须在适当情况下根据该原则进行裁判，而不论该原则是否属于第38条第1款（a）至（d）项的范围……根据这一观点，至少可以得出，法院可以尽其所能以其他方式查明国际法。[29]

由此可知，沙哈布德恩法官心目中的"其他方式"指的是国际法院早先的判决，他认为这些判决并不总是且必然局限于发挥其"确定法律原则之补助资料"作用。这一理论将在第5章第5.2.1节中加以论述。关于这一方面，我们只需注意一个被广为接受的观点，即第38条第1款如果并非国际法的现有唯一渊源，但至少详尽地罗列出了国际法院能够用于作出判决的唯一渊源，并且以上两种不同的分类实际上是相同的。

为了避免误解，应当强调的是，《常设国际法院规约》第38条的起草不是一种创设行为，而是一种记录行为，因为第38条本身并不是"渊源之源"（source of sources）。国际法是从国家间建立的关系（包括但不限于就习惯而言可归类为"国家实践"的内容）中确立并发展起来的，并且第38条反映了起草者所认为的已经存在的内容。如果不是因为在达斯普勒蒙教授于2018年出版的著作中出现了这样一种观点（即便只是作为反驳的目标），即公认的渊源"源自"第38条，那么这一点可能都不需要强调，但是对这一问题的探讨将留到后续章节中。[30] 每个渊源本身都需要一章来论述，但也有必要对每个渊源的性质及其运用方式进行概述，以及对它们之间的

---

[29] *Precedent in the World Court* (Cambridge: Cambridge University Press, 2007), 81.

[30] Ch. IX, sect. 1 (5) (ii), discussing d'Aspremont, *International Law as a Belief System* (Cambridge, 2018). 还请注意 S. Yee 将习惯作为一个渊源的观点：'Article 38 of the Statute and Applicable Law', Journal of International Dispute Settlement (2016), 472.

关系进行思考（详见第6章的讨论）。既然国际法院能够选择不同的渊源，也鉴于每个国家都是法律上的主体，所以国际法院会面临多种需要寻求适用法律的情形，这便产生了有关渊源间关系的问题——"渊源的位阶"（hierarchy of sources）。是否按照任何特定顺序查找渊源，或是如果在初步查找的渊源中找到了适当的规则，是否就此停止寻找能够适用的其他法律？是否存在任何排列顺序，即一个渊源中的规则是否优先于另一个渊源中的规则？国际社会或两个及以上国家，若通过条约表示接受，是否会对当时存在的更为一般的规则产生影响？这些问题也将在第6章进行更详细的讨论。

在不影响位阶问题的前提下，我们按照第38条规定的顺序简单地讨论一下国际法的渊源。

条约和公约无疑是国际关系中的一大特色，它们的关键作用在于将协商好的义务强加于缔约方，尽管并非每项条约的任一条款都能发挥这一功能。[31] 有些义务具有主动性——允许相关主体在某些情况下采取某些措施，而有些义务则具有限制性——禁止相关主体实施本来完全有权实施的某些行为。这些条约类似于私法中同样规定了义务的合同，这些义务通常不会被当事人视为"法律"，[32] 但这种语言上的差异性与国内法在本质上是由社会强加以及与中央决定的性质相关。条约的拘束力建立在"有约必守"（pacta sunt servanda）原则之上——一旦达成协定，就必须忠实执行。[33] 对此，我们不必

---

[31] 特别是杰拉尔德·菲茨莫里斯（Gerald Fitzmaurice）爵士认为，条约不应被视为法律渊源，而应仅仅被视为权利和义务的来源，因为条约不能（如同习惯一样）产生普遍有效和普遍适用的规范。参见 'Some Problems Regarding the Formal Sources of International Law', *Symbolae Verzijl* 1958. 虽然这种观点是正确的，但它不再被视为降低条约层级的理由，参见 M. Prost, 'Source Preferences and Scales of Values', in Besson and d'Aspremont (eds.), *The Oxford Handbook of the Sources of International Law* (Oxford: Oxford University Press, 2017), 640 at 651-2.

[32] 但是，《法国民法典》第1134条规定："依法成立的契约，对当事人具有相当于法律的效力。"

[33] 然而，即便使用实证主义的方法，它也不像通常认为的那样，暗示着国家只受其同意的法律约束。例如，Besson, 'Theorizing the Sources of International Law', 165. 习惯法理论的重要性在于，在没有明确接受的情况下确立承诺，同时为明确拒绝留有余地［关于"一贯反对者"（persistent objector），参见第3章第3.5节］。

关心这一原则本身在哪些方面符合一般国际法，因为如果一项关于未来能够做什么或不能够做什么的协定可以被自由地背离，那么这项协定便毫无存在的意义。

国际习惯在第38条中被描述为"作为通例之证明而经接受为法律者"。自《常设国际法院规约》生效以来，这一定义一直遭受挑战、质疑、嘲笑、支持和普遍争议，其充分性将在第3章进行论述。该定义尤为直接，符合各国法律体系的一般特征。至少在某些领域，处理影响一个以上法律主体利益的特定事项或问题的实践之所以成熟，是因为它对双方而言均有好处，或者至少都方便。而在随后的某个时刻，人们认识到（有关各方未必一致，但至少普遍认识到）这已成为处理该特定事项或问题的方法，以至于当身陷某一具体争端中的任何一方主张采取其他解决方法时，都有义务解释在这种或那种情况下采取其他方法的原因。最后，人们认识到这种实践具有拘束力，即任一当事方试图脱离这种实践的念想只有在得到其他有关行为主体的同意后才能实现。因此，对于国际习惯的理解应该是，一般实践所体现的规则被接受为法律。

一般法律原则作为预防手段也包括在内。在法学家咨询委员会（Advisory Commission of Jurists）讨论《常设国际法院规约》的最初草案期间，产生了一个问题，即国际条约和国际习惯是否能够回答国际法庭可能出现的每一个法律问题，如果不能，则应当如何解决。人们普遍认为，如果可能的话，应当避免新法院因适用法律无果而拒绝解决某一争端的情形——从技术上讲，这被称为法律不明（*non liquet*）裁决。而究竟可以援引哪些一般原则是有争议的，最初的设想是，当国家间争端在某种程度上与国内案件具有相似性时，便能援引发展于国内法律体系中的一项原则，但我们也必须考虑已经提出的更为广泛的意见。[34] 常设国际法院和国际法院的判例并未提供相关例证，既未表明这些原则，[35] 也未表示法律不明（认为在这一点上没有

---

[34] 参见第4章第4.1节。
[35] 除了在诉讼法领域，有关论述请参见第4章。

可适用的法律)。

司法判例和公法学家学说经过严格规定,仅仅能够作为"确定法律原则之补助资料"而被援引。这涉及上文提到的渊源位阶问题:即便是权威最高的公法学家学说,也不能凌驾于条约明确规定的或习惯法确立的规则之上。在另一种意义上,司法判例和公法学家学说也是"补助资料",它们通常不会自诩为最终渊源,而仅是媒介。无论是法官还是学者,都不会声称"因为我是这么表达的,所以这就是法律",他们都罗列了自认的由其他渊源所确立的内容,或者(就学者而言)可以被认为是应然法(*lex ferenda*)的内容——应该存在的法律。当然,矛盾之处在于,国际法院可能只求助于法官或学者,因为法院未能在其他渊源中找到足够权威的依据。这一点将在第 5 章进一步论述。

虽然这些渊源将在单独的章节中进行更详细的研究,但是此处的简要概述将为下文探讨一些更为广泛的问题奠定基础。

1.4 渊源的性质及运用

为了方便起见,在此可以采用在后文中可能需要重新审查的两个一般性假设。其一,最好从各项原则和规则建立自身体系(即基于渊源体系的角度)来理解国际法的存在及内容。[36] 其他一些最近的学说将在后续章节中加以论述。当然,这并非要低估它们潜在的重要性,而是本书的主要目的在于传达对传统学说的理解。其二,此处假定国际法所有分支的现有渊源都是相同的,即使每一具体渊源(条约、习惯、一般原则)实际上对该分支运作或影响的程度各不相同,或有时相当明显。在国际法历史的大部分时间里,这些假设都被广泛接受。然而,最近人们已经开始注意到国际法

---

[36] 这是《联合国宪章》的出发点,其序言宣布联合国各成员国人民决心"创造适当环境,俾克维持正义,尊重由**条约与国际法其他渊源**而起之义务"。

拓展或衍生领域的多样性，一些学者认为，国际法的这种"碎片化"㊲ 意味着传统的渊源学说已不再适用。对这一争论的全面探讨必须留在后面第 9 章进行讨论。

也许只有当一套法律体系需要变化和发展时，"渊源"的概念才能够自证其效。由条约确立的法律当然可以通过进一步的或补充的条约加以修改；在双边关系中，这通常不会造成问题，但是重新谈判一项多边公约则更为复杂，因为新的或修正的公约可能需要经过一系列的批准才能生效。相较而言，习惯法在这方面通常更为灵活和反应迅速。

某一法律主体（在我们所关注的范围内，指代国家）提出了一项先前从未提过的法律主张。对此，其他国家应当如何回应？并且当其作出回应时，其反应对于评估这一主张以及随后可能提出的类似主张的有效性具有何种意义？自 20 世纪中叶以来，海洋法的迅速发展表明，即使在一个像现代国际法这样已经达到相对较高发展阶段的体系中，仍然存在这样的问题。例如，在第二次世界大战结束之前，拥有海岸线的国家对其沿海水域或与之相关的水域可提出主张的性质和范围是相当明确的。随着海底开发技术水平的提升，以及在渔业资源竞争加剧的影响下，沿海国家开始提出越来越广泛的主张。这种权利主张的性质有足够的相似性或一致性，因此连续的实践足以促成习惯法的发展，这一进程在 1958 年于日内瓦通过的四项海洋法公约㊳中有所体

㊲ 请参见 J. Pauwelyn, *Conflict of Norms in Public International Law* (Cambridge: Cambridge University Press, 2001); A. do Amiral Júnior, 'El "dialogo" de las fuentes: fragmentación y coherencia en el derecho internacional contemporaneo', Revista Española de Derecho Internacional, 62/1 (2010), 61; M. Andenas & E Bjorge, *A Farewell to Fragmentation* (CUP, Cambridge, 2015). 还请注意联合国国际法委员会关于这一问题作出的报告，A/CN.4/L682（参见第 3 章）。康多雷利（Condorelli）非常清楚地指出，一些学者所强调的国际法碎片化在很大程度上（如果不是全部的话），可能实际归因于"观察力的分散"；国际法的扩展和多样化正日益导致其专业化，国际法学者往往把自己囿于其工作的各个部门，而忽视几乎所有其他部门。参见 'Customary International Law: The Yesterday, Today and Tomorrow of General International Law', in A. Cassese (ed.), *Realizing Utopia: The Future of International Law* (Oxford: Oxford University Press, 2012). 关于学者们对这一现象的责任的质疑观点，参见 J. d'Aspremont, 'Softness in International Law: A Self-Serving Quest for New Legal Materials', 5 EJIL (2008), 1075.

㊳ 即《日内瓦大陆架公约》《公海公约》《公海捕鱼和生物资源养护公约》《领海与毗连区公约》。

现。1982 年在蒙特哥湾（Montego Bay）通过的《联合国海洋法公约》的详细条款也同样反映或扩大了事态的进一步发展。国家利益的碰撞点，无论是字面上的还是事实上的，都是在一个沿海国与另一个沿海国的主张相对抗或重叠的情况下出现的：二者的界限在哪里？重要的是，虽然 1982 年《联合国海洋法公约》的谈判没有完全解决这一难题，但该公约成功地调和了国家间的利益，使得有关领海和大陆架的详细条款（以及诸如群岛国立场等棘手问题）得以通过。其所能采取的方法就是纳入一项关于划界的条款，但是该条款措辞含糊，几乎是一种难以实现的冗余的表述。❾

如前所述，"渊源"的概念主要与**法律实证主义**有关，其核心原则是国际法源自作为其主体的国家同意。❿ 这种同意必须在条约或国际习惯中加以考虑，前者的同意是直接且即时的，而后者揭示或体现了国际社会普遍尊重每个法律主体的要求。因此，条约和国际习惯是法律的两个主要渊源；虽然习惯法存在于学者的意见或国际（或实际上国内）法庭的裁决中，但这些本身并不是渊源。

看待实证主义或唯意志主义（voluntarist）方法的另一种途径是，认为在某一特定体系（这里是指国际法）内识别一项规范或有约束力的法律规则，是通过参照该规则产生的方式来实现的。⓫ 在国家法律体系（国际法学人称

---

❾ 《联合国海洋法公约》第 83 条第 1 款规定："海岸相向国或相邻国家间大陆架的界限，应在国际法院规约第三十八条所指国际法的基础上以协议划定，以便得到公平解决。"

❿ 对该方法予以特别清楚说明的，请参见 J. Salmon, 'Le droit international à l'épreuve au tournant du XXième siècle', 35 Cursos Euromediterráneos Bancaja de Derecho Internacional (2002). "这一理论的基本原则是，在一个主要由主权和平等国家组成的国际体系中，除了协调各国对规则内容的意愿并承认其具有法律拘束力外，没有其他方法可以制定对这些国家具有拘束力的法律规则。" 参见 G. Tunkin, *Festschrift für Stephan Verosta* (Berlin: Duncker & Humblot, 1980), 67–77 at 69. 该作者承认，这一理论实际上是从先前存在的资产阶级理论中提取出来的，但仍在努力区分这两者。另请参见本章正文及脚注 107。

⓫ 正如最近一位学者所言，"法律实证主义"是贴在"这样一种观点上的标签，即一项规范的法律地位，以及其在法律秩序或体系中的成员地位，仅仅是其社会渊源的问题，而**不考虑其价值**"。参见 D. Lefkowitz, 'Law as Necessarily Posited and the Challenge of Customary Law Creation', in Besson and d'Aspremont (eds.), *The Oxford Handbook of the Sources of International Law* (Oxford: Oxford University Press, 2017), 323 at 325. 其中，最后一句可以按照"不是基于其伦理说服力"的表述来重新措辞。另外，在此建议将题为"为什么是实证主义"的整个章节作为对该方法的正反论点的宝贵总结。

之为"国内"法律体系）的背景下，这是一个熟悉的甚至是无形的智力过程：如果某一国家议会通过立法颁布了一项法令，那么它就是国内体系的权威规范。无论它是一项健全的规则，还是一项善意或公正的规则，都是无关紧要的；立法机关可能会认为这种立法方式是适当的，因为它被认为是一项健全的规则，但其法律效力并不直接取决于这种内在品质。对于那些认为这是一项不公正或不适当规则的公民（如果存在）而言，这项规则仍然具有完全的法律效力和拘束力；并且如果情况发生变化，使得规则变得不那么适当，那么它在被废除之前，仍然是法律。[12]

造成这种情况的根本原因在于，国内法层面不如在国际法层面上那么明显。然而，对国内法律体系至少存在一种可能的解释（尽管这种解释在今天不像过去那样被广泛采用[13]），也就是包括法律制定过程在内的管理结构是由社会契约根据被管理者的协定而确定的。在此基础上，一个民主的国家法律体系可以被认为是唯意志主义的。同样地，根据国际法实证主义观点，受国际法管辖的国际社会成员的集体意志是它们受国际法约束的法律基础。[14]

在常设国际法院对荷花号案的判决中可以找到有关这方面的经典司法表述：

> 国际法支配着独立国家间的关系。因此，对各国具有拘束力的法律规则源于其自身的自由意志，这种自由意志体现在公约中，或体现在被广为接受的表达法律原则的惯例中，其目的在于规范这些共同存在的国

---

[12] 受相关国内法体系中关于因存续期到期而废止的规定的约束，如《美国爱国者法》中包含的"日落条款"，以及其他一些国家的立法中的类似规定。

[13] 在国际法背景下，对"19 世纪实证主义的僵化和狭隘"的严厉批评，参见 O'Connell, *International Law*, i. 20.

[14] 有反对观点认为："自我施加义务的概念本身就与义务的含义相矛盾，即它是一种强加的义务。"参见 A. Carty, 'Critical International Law: Recent Trends in the Theory of International Law', 1 EJIL (1991), 1 at 6, 其中关于评论肯尼迪（Kennedy）的《国际法结构》（*International Legal Structures*）的内容。然而，显而易见的是，法律体系中的行为主体（人）可以接受义务，即承诺自己的行为，但也可以不接受，使其可以自由地不受影响。

家间关系或实现共同目标。所以,不能推定国际法是对国家独立的限制。⑮

根据"国际立法"这一经典概念,公约和条约是公认的国际法渊源的观点毋庸置疑。如果两个国家缔结了一项条约,那么它们就应当在确定的情况下相互遵守某一特定的行为准则,它们彼此间的意愿也产生了随后的法律义务:这种义务是对各个国家行动自由的自我限制。⑯ 如果有关条约是多边条约,涉及众多缔约方,那么情况也同样如此。正如《联合国宪章》对联合国各会员国所规定的义务是一种在各会员国批准《联合国宪章》后而自由接受的条约义务。⑰ 即使文书的缔约方故意保留自己的行动自由,或者使用含糊的措辞(如承诺"尽最大努力"以实现某一特定目的),或者采用比条约拘束力更小的法律形式,这些都是所谓的"软法"类别,将在第7章第7.2节进行更详细的讨论。

国际习惯是国际法的第二个主要的公认渊源,它衍生于或归因于唯意志主义观点。我们可以看到,习惯国际法由两个要素结合而成:国家实践和被称为"法律必要确信"(opinio juris sive necessitatis)* 的心理要件,这是一种拉丁语表达,它是指某些事情是出于法律或必要性的考虑。⑱ 各国选择按照某些实践或习惯管辖与其他国家有关的事务,这些实践或习惯逐渐或有时很快成为既定的或公认的行为方式,以至于国家间最终默认偏离这些实践

---

⑮ PCIJ (ser. A), no. 10 (1927), 18. 关于这一原则与"法律不明"概念之间的关系,参见第4章第4.3节。这段话也被赋予了另一种解释,认为它并没有看上去那么深远,且其只是一段附带意见(obiter dictum),对法庭在案件中的论点并不重要。See H. Lauterpacht, *The Development of International Law by the International Court* (Cambridge: Cambridge University Press, 1996), 359 – 61; A. Pellet, 'Lotus: Que de sottises on profère en ton nom? Remarques sur le concept de souveraineté dans la jurisprudence de la Cour mondiale', *Mélanges en l'honneur de Jean-Pierre Puissochet* (Paris: Pedone, 2008), 215 – 30.

⑯ 因此,有观点认为,条约与其说是法律渊源,不如说是义务的渊源,参见第2章正文和脚注7。

⑰ 许多更为普遍的义务也是习惯法问题,但这是因为它们是在通过《联合国宪章》之前或是在《联合国宪章》的影响下发展起来的,而不是因为它们规定于《联合国宪章》之中。

* 拉丁文 opinio juris sive necessitatis,常缩写为 opinio juris,即法律确信。——译者注

⑱ 必要性考虑的确切作用难以确定,请进一步参见第3章第3.2.3节。

或习惯的行为不会自动产生效力，而是需要其他相关国家的同意。基于此，一项习惯法规则便得以确立，这不仅仅在于重复的行为，更多的是因为通过重复的行为，以及普遍或广泛地参与，以表示出那些受制于这一规则的相关主体的同意。

国际法学人认识到，具有特殊利益或受特殊情况影响的一个国家（或少数国家集团）可能从一开始就明确表示它或它们**不同意**受习惯规则的约束，在此情况下，国家将免于适用该新规则，这被称为"一贯反对者"。[19] 对这种可能性的认可，强调了习惯的协商一致的本质。

国际法律框架中的渊源为该体系的构成提供了法律规则。如果没有任何渊源能够被用以证明某项规则的存在，那么该项规则就不存在。因此，在每种情况下，都必须回答这样一个问题：应该寻找什么样的规则——允许的还是禁止的规则？如果一国的行动被质疑违反了国际法，那么质疑者是否必须参照既定渊源以表明存在一项国际法规则，并说明这些行动与之不符；或者受质疑的国家是否必须在类似的基础上表明存在一项积极授权这些行动的规则？或者这个问题的答案到底是取决于法律领域，还是有关规则的类型？处理这些问题的经典做法援引了常设国际法院关于荷花号案的判决。这种做法即使在当时的背景下也是有争议的，因为"不能推定国际法是对国家独立的限制"，而且在出现争议时，主张这种限制的当事方应确定这种限制源自某一公认渊源下的规则。[50]

然而，国际法院在关于科索沃案的咨询意见中进一步分析了细微差别。在这种情况下，联合国大会就科索沃独立宣言是否符合国际法的问题征求意见，国际法院指出：

---

[19] 进一步参见第 3 章第 3.5 节。

[50] 这通常被称为"荷花号推定"（the *Lotus* presumption）。然而，奥莱·斯皮尔曼（Ole Spiermann）在威胁使用或使用核武器的合法性案的咨询意见的评论中强有力地指出，常设国际法院适用的不是一个推定，而是一个"剩余原则"（residual principle），而且这一原则在没有其他规则的情况下也适用。关于区别的重要性，参见 '*Lotus* and the Double Structure of International Legal Argument', in Boisson de Chazournes and Sands（eds.）, *International Law, the International Court of Justice and Nuclear Weapons*（Cambridge: Cambridge University Press, 1999), 131.

对这个问题的答案，取决于适用的国际法是否禁止其独立。如果法院的结论是肯定的，那么它必须回答所提出的问题，即宣布科索沃的独立宣言不符合国际法。因此，法院被要求履行的任务就是确定科索沃独立宣言的通过是否违反了国际法。有人要求，法院就国际法是否赋予科索沃单方面宣布独立的积极权利，或者更进一步而言，就国际法是否普遍赋予位于一国境内的实体单方面脱离其主权国家的权利，采取立场。事实上，一项特定行为（如单方面宣布独立）完全有可能不违反国际法，甚至不一定是在行使国际法所赋予的权利。[51]

这似乎承认了法律上的"中立"行为的存在，但也似乎不可能将该判决解读为认定存在一项许可性规则。因为做一些被许可而不能被反对的事情，与行使一项权利并没有区别。

许可性规则的确存在，但在大多数情况下，这些规则与缺失的限制性规则相对应或与禁止干涉许可行为的限制性规则相对应。因此，拥有海岸线的国家可以对其沿海的水域和海床主张某些权利；[52] 这一点"反映"的是，法律禁止其他国家主张与沿海国不一致的权利。对此，有观点认为，即使原则上国家有权做国际法没有具体禁止的任何事情，但也有一个最终的限制，即"剩余权利并不能延伸到因其本质而不能构成权利的事项"，特别是在主张拥有并在必要时使用核武器权利的情况下。[53] 在此，可以简单指出，这一极端情况表明，主张国家行动自由的"荷花号原则"（the *Lotus* principle）不一定会产生混乱和带来灾难。

---

[51] ［2010］ICJ Rep 425 – 6，para. 56.

[52] 事实上，其中一些国家是根据其沿海地位由法律自动确定的，但对另一些国家来说，它们的主张和范围（在公认的最大限度内）是由国家的选择来决定的，尽管实际上每个国家都主张绝对的权利。

[53] 参见沙哈布德恩法官在威胁使用或使用核武器的合法性案中的反对意见，［1996 – I］ICJ Rep 392 ff. "这些行动可能摧毁人类和文明，从而结束国家存在的基础，进而结束国际社会中权利和义务存在的基础。"亦可参见荷花号案判决书第 396 页阐述的区别。

在更高的抽象层面上，我们可以认为，实际上只有两个基础能够建立一个法律规则体系。要么能够根据法律规则的起源来证明法律规则是通过有关法律体系所承认的法律制定方法中的一种方式而产生的，正如我们所看到的那样，它们最终是基于合意而产生的；要么法律规则必须根据其本身的是非曲直来确保司法正义，并在事实上确保司法正义（至少在可预见的情况下）。[53] 然而，在这一点上，讨论中出现了个人判断这一要素，并由此产生最终的争议：由谁来决定什么规则能够确保正义？在特定情况下，由谁来决定什么是正义？法律主体如果不同意某项规则并认为该规则不公正，那么这一主体是否可以免于履行该规则？众所周知，善意个体在法律要求或可能要求规范的事情上，会得出完全不同的结论。

回归国际法来看，这并不是认为除了唯意志论，其他哲学观无法为国际社会中法律规则的存在提供充分的基础，而是认为当今我们所拥有的国际法体系是一种历史产物。早期占主导地位的哲学观是**自然法**（*jus naturale*），而继承了自然法的实证主义观点至今几乎没有受到挑战，因为它与国际法的发展和变化相适应。第9章将简要讨论一些其他的理论学说。

然而，国际法公认的第三个渊源仍有待简要论述：《国际法院规约》第38条第1款（c）项所规定的文明国家公认的一般法律原则。与上述已经讨论过的两个渊源相比，这一渊源能够产生如此合格的法律，并非因其为"起源"，而是因其旨在实现正义的内在价值？这个问题将在第4章进行更详细的讨论；事实上，关于这项规定的公认范围已经取得了一些发展。此处规定并非泛指"一般法律原则"，而是指那些"为文明各国所承认者"，[54] 即仅仅或

---

[53] 不应忽视的是，有些法律规则的存在仅仅是因为社会需要通过某种规则来防止混乱，但实际使用的规则可能与其他规则一样"公正"。一个明显的例子是，关于使用道路的哪一侧作为确定交通方向的规则。另请参见一个类似的例子，E. A. Roberts, 'Traditional and Modern Approaches to International Law: A Reconciliation', 95 AJIL (2001), 757. 以及参见本书第4章关于该内容的讨论。

[54] 有观点反对"文明"一词［例如，阿穆恩（Ammoun）法官在北海大陆架案中的单独意见，[1969] ICJ Rep 133-5]，认为这意味着有一些"国家"会被视为是"不文明的"，但这种区别在最初起草时（1920年）确实有意义，其意图可能仅仅是定义所考虑的原则类型，而不是将个别国家归类为"文明国家"。对此，进一步参见第4章脚注8。

主要是国家认为适用于其国内体系而予以承认的那些原则，以及默认为适用于国际层面的原则。这里也存在一个实质性的合意要素。

无论一国是否接受渊源的传统概念，特别是接受习惯（包括国家实践）作为渊源，从各国在外交活动中主张的法律权利或接受的法律义务以及为其本身立场提供的理由中，都能够了解到很多内容。[50] 除了在特定争端中声称某项公约具有管辖权或者存在明确确立的习惯规则来支持所采取的立场，这种实践很少甚至从未阐明各国对"国际法是如何制定的"这一问题的理解。就有记录的情况而言，关于法律渊源传统概念的争论最为常见。虽然国际法庭特别是国际法院的裁决也可能采纳同样的观点，但这一事实涉及《国际法院规约》的要求，即法院应适用源自传统渊源的国际法。当然，司法和仲裁裁决的表述会对争端中的法律论证语言产生影响，并且至少在理论上，这些争端可能会得到司法裁决。

1.5 谁的法律？国家主体与非国家主体

传统的渊源学说是在威斯特伐利亚（Westphalian）国际法体系的背景下发展起来的。在该体系中，国家是国际法的唯一主体，多个国家在共同制定国际法的同时也受到国际法的拘束。[57] 然而，到1949年，国际法院在提及发展中的国际体系时指出："任何法律体系中的法律主体的性质或权利的范围不一定相同，其性质取决于社会需要。"[58] 关于联合国组织，国际法院得出的结论是，"该组织是一个国际成员"，并且是"一个国际法主体，能够享有国

---

[50] 甚至有一位敌视"传统"渊源概念的学者，即麦克温尼（McWhinney），他认为"事实上，今天的重点已经从旧的新实证主义者坚持认为的封闭的、先验的、正式的'渊源'类别转变为一种新现实主义者认为的'法律即事实'的观点。这种观点所探讨的是，有关各方是否通过明示或行为，将某一主张视为具有规范性和法律约束力"。参见 *The International Court of Justice and the Western Tradition of International Law*（Nijhoff, 1987），31. 这似乎是一个极端的唯意志主义观点。

[57] 有一些异常的例外情况，比如圣约翰骑士团（the Order of St John）。

[58] *Reparation for Injuries Suffered in the Service of the United Nations* [1949] ICJ Rep 178.

际权利并履行义务"⑤。因此，毫无疑问，国际法主体并不局限于国家，各种类型和规模的国际组织也享有国际法主体资格。随后，这一概念被公认为"非国家主体"；⑥ 这一类别丰富多样，有些甚至可能与真正的司法大相径庭，类别上具体包括国际组织、贸易协会、跨国公司，甚至还包括恐怖组织和跨国犯罪集团。⑥ 此外，个人也可以被认为是国际法的主体，尽管根据传统国际法，个人不被纳入这一主体范围。例如，只有在受害国民所属国籍国选择代表国家行使外交保护时，另一国对非该国国民的损害才需要进行赔偿，而该国对其本国国民的损害在法律上是没有意义的。⑫ 目前，自然人在多大程度上以何种方式成为国际法主体是一个正在研究中的问题，但个人在国际层面上已经不再是完全被忽视的了。⑬

非国家主体是否可以被界定为国际法的"主体"，无须在此探讨。⑭ 然而，早前有观点认为，各国过去通常会垄断拘束其相互关系的法律制定。如今，为了增强这些非国家主体的重要性，是否可以允许其参与国际法的制定呢？如果可以，我们对法律渊源的概念是否需要作出相应的调整？以非政府

---

⑤ *Reparation for Injuries*, 179.

⑥ 有观点认为，这一定义是"有意采用的，其目的在于强化这一假设，即国家不仅是核心行动者，而且是所有其他实体所围绕运转的不可或缺的关键角色"。参见 P. Alston, 'The "Not-A-Cat" Syndrome: Can the International Human Rights Regime Accommodate Non-State Actors?', in Alston (ed.), *Non-State Actors and Human Rights* (Oxford: Oxford University Press, 2005), 3.

⑥ 从这个意义上讲，可以参见 M. Wagner, 'Non-State Actors', in R. Wolfrum (ed.), *Max Planck Encyclopedia of Public International Law* (Oxford: Oxford University Press, 2012), vii. 742, para. 1; 有关不同类别的例子，参见 R. McCorquodale, 'Sources and the Subjects of International Law: A Plurality of Law-Making Participants', in Besson and d'Aspremont (eds.), *The Oxford Handbook of the Sources of International Law* (Oxford: Oxford University Press, 2017), 749, 758–60.

⑫ 一元论学者乔治·赛尔（Georges Scelle, 1878—1961年）的法哲学观认为，个人是国际公法的核心要素，国际公法只存在于个人，并且为个人而存在 [参见其作品，*Précis du droit des gens* (Paris: Dalloz-Sirey, 1932–4), and 'Régles générales du droit de la paix', 46 Recueil de cours (1933), 327].

⑬ 对国际法"合法性"的另一个反对意见是，国际法机构"未能足够认真地考虑非国家主体即个人或团体的合法利益，而且经常采取行动威胁他们的福利"。参见 A. Buchanan, 'Legitimacy of International Law', in Besson and Tasioulas (eds.), *The Philosophy of International Law* (Oxford: Oxford University Press, 2010), 86.

⑭ 国际法的"主动"主体和"被动"主体之间的区别经常被提出，人们普遍认为，个人至少处于后一种地位。

组织（non-governmental organizations，NGOs）为例，其受各国邀请参加若干法律编纂工作时，发挥了重要作用。例如，里约热内卢地球高峰会（the Rio Process and the Earth Summit）的召开，以及《国际刑事法院罗马规约》文本的起草和通过，在很大程度上都归功于非政府组织对筹备工作的参与。⑥1993—1994 年，向国际法院提出的关于就威胁使用或使用核武器的合法性案提供咨询意见的两项请求中，非政府组织发挥了非常积极的作用（一些组织赞成，而另一些组织对此表示谴责⑥）。然而，此类进程的结果，在第一个例子中体现为一项具有条约性质的文件，其对国家和其他国际法主体具有拘束力；在第二个例子中则体现为一项国际司法声明，在每一个案件中都完全符合《国际法院规约》第 38 条第 1 款（a）项的规定。

以下行为可能会引起对渊源学说的再思考，即非国家主体对国际社会活动的参与能够通过更直接的方式运作，而非凭借条约来表明它们参与准习惯的制定活动，甚至是参与一些不属于传统类别的立法性活动。这方面已经取得了进展：有观点坚定地认为，对于国际组织而言，问题已不再是现在被认为是理所应当的独立性和独立人格问题，而是责任问题。⑥ 至于习惯国际法的发展，一些学者认为非政府组织可能直接促进了实践和法律确信的确立，⑱ 但也认为其影响是有限的。不过，即便这种观点是正确的，它也并未质疑习惯能否作为一种渊源，而且并未暗示任何其他可能存在的

---

⑥ 例如，参见 P. Kirsch and J. T. Holmes, 'The Rome Conference on the International Criminal Court: The Negotiating Process', 93 AJIL（1999），2.

⑯ 参见奥达（Oda）和维拉曼特（Weeramantry）两位法官的意见，[1996 - I] ICJ Rep 335 - 6（Oda）and 438（Weeramantry）.

⑰ A. Reinisch, 'Sources of International Organizations' Law: Why Custom and General Principles are Crucial', in Besson and d'Aspremont（eds.），*The Oxford Handbook of the Sources of International Law*（Oxford: Oxford University Press, 2017），1005, 1012.

⑱ 例如，I. R. Gunning, 'Modernizing Customary International Law: the Challenge of Human Rights', 31 Virginia Journal of International Law（1991），211，227 - 34，cited in Lepard, *Customary International Law*, 186. 另外，布赖恩·D. 莱帕德（Brian D. Lepard）仍然认为："为了使习惯国际法保持其作为国际法的特征，必须关注各国的观点和国家实践——然而，必须承认这些观点和国家实践可以由非政府组织和非国家主体的方案和意见所塑造。"参见 'Concluding Reflections', in Lepard（ed.），*Reexamining Customary International Law*（Cambridge, 2017），389.

渊源。⑩ 特别是在国际人道主义法和国际刑法领域，非国家主体（特别是武装团体，甚至是个人）的作用，已经变得越来越重要了。⑪

联合国的国际法委员会是一个特例，根据《国际法委员会章程》，委员会负责提出"逐步发展国际法"的建议，并负责选择专题和提出编纂建议。⑫ 有观点经常指出，委员会本身在其工作中并未明确说明这一区别，但事实上，委员会本身就提议废除这一区别。⑬ 因此，委员会为用于编纂而对某一法律领域作出的说明可能会被纳入严格意义上尚未获得承认的规则（或至少仍处于灰色地带）。虽然委员会提出的建议通常会产生一项公约，进而在渊源方面获得条约基础，但其权威可能会让筹备工作（*travaux préparatoires*）同时获得一定的重视或地位。在关于适用《防止及惩治灭绝种族罪公约》的案件中，国际法院将《国际法委员会关于国家责任的条款草案》第 16 条理解为"反映了一项惯例规则"，⑭ 尽管有观点质疑国际法委员会本身是否这样认为。⑮ 不过，鉴于委员会成员的显赫地位，这可以被归类为第 38 条第 1 款（d）项下"权威最高之公法学家学说"的一个例子！

然而，更为普遍的是，增强非国家主体在国际法发展和运用过程中的作用，一度被宣称为迫在眉睫的⑯理想发展，尽管其在"全球化"背景下可能

---

⑩ 达斯普勒蒙在这方面的立场被其个人术语所模糊：他谈到了"产生法律查明的共同体语义学"的活动（*Formalism and the Sources of International Law*, 203–17 passim）。但对于现在的学者而言，他们很难理解其确切意义。

⑪ See S. R. Ratner, 'Sources of International Humanitarian Law: War crimes and the Limits of the Doctrine of Sources', in Besson and d'Aspremont (eds.), *The Oxford Handbook of the Sources of International Law* (Oxford: Oxford University Press, 2017), 912, 925.

⑫ Statute of the ILC, Arts. 16, 18.

⑬ *Report of the ILC*, 48th Session (1996), A/51/10, paras. 147 (a) and 156–9.

⑭ [2007–II] ICJ Rep 27, para. 420.

⑮ 然而，法院没有适用第 16 条，而是认为该条内容有助于解释《防止及惩治灭绝种族罪公约》第 3 条（e）项。

⑯ 但这可能存在一个弊端：一些有影响力的非国家主体有其自己的打算，且在任何意义上都不一定是仁慈的。参见 J. Gupta, 'The Role of Non-State Actors in International Environmental Affairs', Zeitschrift für ausländisches und öffentliches Recht und Völkerrecht (2003), 459–86, particularly 478ff.

会出现一些转机，但实际上其作用似乎并未增强。⑦ 无论如何，没有迹象表明存在一种新的法哲学能够使这些主体以一种暗示新的国际法渊源诞生的形式，或是以一种新的并非基于渊源的法律生产理论的形式作出贡献。

1.6 是否存在《国际法院规约》第38条以外的形式渊源

对于司法裁决的目的而言，《常设国际法院规约》第38条列举的形式渊源大概是完整的，或者是充分完整的。不论1920年是否如此，但从那时起，就已有观点开始质疑其他的国际法渊源是否可能并不存在。据推论，国际法院的权力受到《国际法院规约》的限制，可能不能完全依赖这些列举的形式渊源；但不应忽视的是，虽然诸如国际组织的决议没有被列入第38条，但这并不意味着国际法院不能在其推理中适用这些决议。然而，国际法院在其推理中适用国际组织的决议，必须是将该推理过程作为适用一个被指定的渊源进行分析。作为未被承认的渊源类别的候选项，相关文献中已经提到了一些可能性，但这里将采用在2000年发表的对该问题的全面研究，以作为一个可参考的起点。⑦

笔者列举了以下几种可能的渊源：国家的单边行为、国际组织的国际造法行为，以及国家和跨国公司之间的协定。在可能是国际法渊源的另一类别中，列举如下：①合意/协商一致；②国际标准；③把类推适用作为渊源；④国际法庭的裁决（这些已经在《国际法院规约》第38条第2款中被确认

---

⑦ See N. Bhuta, 'The Role International Actors Other Than States can Play in the New World Order', in A. Cassese (ed.), *Realizing Utopia: The Future of International Law* (Oxford: Oxford University Press, 2012), 61, and particularly 66–70. 正如 A. 卡塞斯 (A. Cassese) 在前述出版物中指出的那样，"大多数非国家主体只受国际规则的极小限制"，而且可以很好地将其置于国际规则的约束之下（第675–676页）。

⑦ S. Kratzsch, *Rechtsquellen des Völkerrechts außerhalb von Artikel 38 Absatz 1 IGH-Statut*, Inaugural dissertation (Tübingen; Köhler-Druck, Tübingen, 2000). 另一个有用的概述是佩莱 (Pellet) 作出的，参见 A. Zimmerman et al. (eds.), *The Statute of the International Court of Justice: A Commentary*, 2nd edn. (Oxford University Press, 2012), sub Art. 38 paras. 87–110.

为辅助渊源）；⑤自然法的某些部分。

1.6.1 国家的单边行为

国际法院在众所周知的核试验案中将一国的单边行为（即法国政府的声明）作为法律义务的依据，但在其判决中并未将这些行为与任何公认的法律渊源联系起来。[78] 因此，不能认为核试验案承认存在一项第 38 条列举范围之外的渊源。然而，这绝不是一个必要的结论。核试验案将结合国际法委员会于 2006 年通过的《适用于能够产生法律义务的国家的单方面声明的指导原则》（Guiding Principles Applicable to Unilateral Declarations of States Capable of Creating Legal Obligations）进行进一步讨论。[79] 选择探讨的内容将与第 38 条第 1 款（a）项的条约和公约有关，简单来说，其原因在于此处争论的焦点是其他国家是否接受，毕竟在国际关系层面上绝对不会引起任何回应的单边行为是不具有任何国际法意义的。法院不得不对这一明显的事实视而不见，其理由可能仅是司法便利。[80] 正如将进一步解释的那样，[81] 将国际层面上的单边行为视为某种目前尚不成熟但将由后续事件完成的条约，具有更好的法律意义。国际法委员会对这一义务渊源问题的研究是不明确的。[82]

2014 年，国际法院在秘鲁和智利海洋划界案的判决中，审议了关于海洋边界的政府行为，这些行为在形式上最初是单边的，但后续出现的问题是，这些行为综合起来是否具有拘束力，其实际上是否构成了当事方之间的协定。每个当事方都于 1947 年发表了一项声明，表明对海洋划界问题在一定程度上具有共同意见，但国际法院认为，这些声明的措辞"和它们的临时性质一

---

[78] 有关该案件的进一步详细叙述，请参见第 2 章第 2.4 节。

[79] See the *Report of the ILC*, 58th Session, A/61/10, pp. 369–81.

[80] 在这些案件中，法院谨慎地未要求申请方作出回应，大概是因为担心这样做会有所不利，这意味着这种偶然的做法涉及某些法律技巧，但有观点认为，这一事实并不损害此类行为准条约性质的原则。对此，请进一步参见第 2 章中的论述。

[81] 参见第 2 章第 2.4 节。

[82] 除非在研究标题中通过使用"制定"（creating）一词来有所暗示，对此，请进一步参见第 2 章第 2.4 节。

样,排除了它们作为反映当事方合意的解释……"❸ 另外,1952 年的《圣地亚哥宣言》从最初就类似于由智利、厄瓜多尔和秘鲁在某国际会议上签署的一项条约。秘鲁起初认为这不是一项条约,但是三个缔约方在适当的时候将其作为一项条约予以批准并在联合国登记,进而使法院认为这是一项条约。❽

1.6.2 国际组织的决议

如果国际组织或其内部作出的具有拘束力的决议不涉及行使条约赋予的(最终或直接的)权力,那么这种可能性当然是一个微妙且高度相关的问题。但是,如果国际组织制定的条约中规定了已确定机构作出的某些决议对成员方具有拘束力,那么这些决议的拘束力就是协商一致的,无论某一特别决议对一个还是多个成员方来说是多么不受欢迎。❺ 鉴于《联合国宪章》赋予了安全理事会作出对成员方具有拘束力的决议的权力,那么该问题就最为具体地表现为联合国大会的决议。我们在这里关心的不是有关国际组织内部运作的决议(比如预算的通过),而是关于声称要制定或影响一般国际法的决议。这些决议以及其他国际组织内类似机构的决议是否可以作为法律渊源?如果可以,它们在什么情况下可以作为法律渊源?在有些情况下,这些决议能够获得此种地位,似乎是实现某种普遍认为可取的目的的一种方式。例如,联合国大会多次谴责南非政权和西南非洲(即纳米比亚)在战后时期的立场。然而,试图在此基础上将大会决议上升至"法律渊源"的地位是不可取的,因为如前所述,渊源学说定义法律的根据是其起源,而非其必要性。❻ 当然,

---

❸ [2014] ICJ Rep 23, para. 43.
❽ [2014] ICJ Rep 24, para. 47.
❺ 因此,安全理事会实施制裁是受影响国家"同意"的,参见 Pellet in Zimmerman et al. (eds.), *The Statute of the ICJ*, sub Art. 38, para. 99. "根据条约授权所做的行为"从条约中获得效力,即使其并不赋予该行为"条约性质"。参见斯宾德(Spender)和菲茨莫里斯两位法官的联合反对意见,*South West Africa* [1962] ICJ Rep 490-1.
❻ 参见本章第 20 页及之后和脚注 54。

国际法院也确实在南非不顾安全理事会第 276 号决议继续留驻纳米比亚（西南非洲）对各国的法律后果案（以下简称"纳米比亚案"）的咨询意见中指出，"不能因为大会原则上享有建议权，就禁止其在职权范围内对具体案件作出可行性决议"。[87] 这有时被解读为承认联合国大会拥有一般决定权，但正如佩莱明确表示的那样，[88] 问题的关键在于，大会代表联合国作为国际联盟（League of Nations）在监督西南非洲委任统治方面的继任者，以另一方（南非）持续违反规定为由行使了终止其委任统治的权力。这不是一种准立法权，而是一般法律义务所赋予的权力；所引述的这句话只是表明这种权力没有被排除，因为作为一项受《联合国宪章》约束的事项，大会只享有建议权。该决定对南非和所有其他可能有关的国家具有拘束力，它们不是作为联合国的成员国，而是作为国际法主体必须尊重另一国际法主体适当履行的法律行为（acte juridique）。

事实的确如此，在某种意义上，一个国际组织的机构作出的不具有固有拘束力的决议可能通过有关国家的接受而获得效力。例如，阿尔巴尼亚因接受安全理事会关于科孚海峡案[89]的建议而确立了管辖权，但这只是协商一致原则在实践中的一个例子，并未推进对实质性问题的讨论。

简言之，如果一个国际组织的组织条约（或另一个类似位阶的条约）赋予作出对成员方具有拘束力决议的权力，且该决议的通过符合授权文件规定的所有限制或程序，那么该国际组织机构的决议可以有效地成为法律。这些决议可以在多大程度上偏离或优先于其他现有的法律权利和义务而依旧保留对强行法的考虑，或在多大程度上可能偏离习惯规则或权利，取决于它们所依据的基本法。与其他条约权利或义务的任何冲突都由有关条约的规定加以

---

[87] [1971] ICJ Rep 50, para. 105.

[88] Pellet, in Zimmerman et al. (eds.), *The Statute of the ICJ*, sub Art. 38, para. 103. 在同样意义上，参见 R. Higgins, *Problems and Process: International Law and How We Use It* (Oxford: Clarendon, 1994), 26–7.

[89] See *Corfu Channel* [1947–8] ICJ Rep 26. 引自佩莱（参见前注）。

规范，就联合国而言，这意味着《联合国宪章》和以《联合国宪章》为依据的行为优先（第103条*）。❾⓿ 除此之外，这样的决议不能被视为一个独立的立法形式，并因此成为我们所称的一项"渊源"。❾❶ 另外，联合国大会或诸如人权机构作出的这类决议对习惯法具有相当重要的意义，这方面的问题将在专门讨论习惯的第3章加以论述（见第3.2.4节）。

1.6.3 国家和跨国公司之间的协定

克拉茨奇（Kratzsch）在其著作《国际法渊源》❾❷中提到，国家和跨国公司之间的协定可以构成国际法渊源的最后一类文书，即它们可以成为《国际法院规约》第38条列举范围之外的国际法渊源。此处所考虑的协定显然是经济合作与发展组织（OECD）在1976年6月21日宣言中提到的那些。❾❸ 似乎可以确定，这类跨国公司在某些方面确实具有一定程度的国际法律人格；❾❹ 但是，这对于此处被认为能够视作渊源的协定是否重要尚不确定。1952年，国际法院在英伊石油公司案中拒绝将该公司的特许权合同视为英国和伊朗之间的条约，以实现伊朗在接受管辖权的声明中使用"条约和公约"一词的目的。❾❺ 几乎可以肯定的是，国际法院如今仍将作出同样的裁决。此外，就本书

---

* 《联合国宪章》第103条规定："联合国会员国在本宪章下之义务与其依任何其他国际协定所负之义务有冲突时，其在本宪章下之义务应居优先。"——译者注

❾⓿ 关于对安全理事会权力的限制，存在合法性争论，因为这些权力的使用可能与其他规范相冲突，但这些规范不必在此讨论。有关进一步讨论，请参见 A. Boyle and C. Chinkin, *The Making of International Law* (Oxford: Oxford University Press, 2007), 114 and 229–33.

❾❶ 在这个意义上，可参见国际法协会习惯法形成委员会关于制定习惯法的报告，在本书第3章第3.2.4节引文"28.……在某些情况下……"，其大意是"作为一项一般规则，'大会决议'本身并不制定新的国际法规则"。

❾❷ Kratzsch, *Rechtsquellen des Völkerrechts*.

❾❸ Kratzsch, *Rechtsquellen des Völkerrechts*, 120–1；事实上，该宣言并没有给出正式的定义，而是提到了"在多个国家设立的公司或其他实体，它们之间的联系使它们可以以各种方式协调其运作"，参见 *OECD Guidelines for Multinational Enterprises*, I. Concepts and Principles, para. 4.

❾❹ 例如，在国际投资争端解决中心范围内解决争端，可参见1965年《解决国家与他国国民间投资争端公约》第25条规定。

❾❺ *Anglo-Iranian Oil Co.* [1952] ICJ Rep 111–12.

目的而言，或许可以充分认为，这类协定无疑是一项义务的渊源（回顾前面已经提及的一项区别[96]），并且在这种程度上属于有约必守原则的范围，但仅适用于当事方。对于缔约方而言，这是否可以被称为国际法的渊源似乎只是一个术语问题，而不会产生进一步的影响。[97]

1.6.4 其他提议

转向上述研究中不太明显的候选项："类推"，其作为一种法律推理方法已经得到了广泛的认可，但很难将其作为一类渊源。"类推"本身并不包含任何原则或规则，它就像一个透镜，可以透过它观察法律的其他领域，所以它只是一种导向，而非渊源。[98] 关于司法判决和仲裁裁决，可以将《国际法院规约》第 38 条第 1 款（d）项解读为仅指国内法院的裁决（尽管这与对第 59 条的保留相冲突），并且无条件地将国际法庭的裁决视为渊源。除了已经讨论的内容，此处还需要补充的是，后续的国际裁决通常没有被给予"渊源"这一地位，该问题将在第 5 章进一步论述。[99] 最后，关于"自然法"，这也许只是《国际法院规约》第 38 条第 1 款（c）项所承认的"一般法律原则"的同义词，并将在第 4 章中讨论。

另一个提及的候选项是"历史"，在一项前沿研究中，其被定义为"对反映社会群体演变的一系列事件与现实之间关系的认知"，同时也是"对这些事件与现实的文学分析"。[100] 有观点认为，这是与《国际法院规约》第 38

---

[96] 可进一步参见第 2 章正文及其脚注 7。也可参见 Pellet in Zimmerman et al. (eds.), *The Statute of the ICJ*, sub Art. 38, paras. 84-6.

[97] 另一个在商事仲裁中具有实际意义并广为人知的问题是，协定的某些"国际化"是否能保护非国家合作伙伴免受国家作为主权国家的行为（如新的立法）损害协议的履行；但这超出了目前的研究范围。

[98] See H. Thirlway, 'Concepts, Principles, Rules and Analogies: International and Municipal Legal Reasoning', 294 Recueil des cours (2002), 267 at 287.

[99] 参见第 5 章第 5.2.1 节。

[100] R. Kolb, 'Legal History as a Source of International Law: From Classical to Modern International Law', in Besson and d'Aspremont, *The Oxford Handbook of the Sources of International Law* (Oxford: Oxford University Press, 2017), 279, 281.

条第 1 款（d）项提到的司法判例和公法学家学说相同意义上的"渊源"，即"确定法律原则之补助资料"。这将"补助"一词拓展至极限，因为司法判例和公法学家学说不仅意指"发生的事情"，而且它们为法律规定或多或少地提供了一些清晰且可靠的认识。

目前公认的渊源体系也常常被批评不完整，却并未对可识别的"新"的渊源提出一个具体的建议。这很可能是因为存在过量的国际"法律"文件，而这些文件或多或少地规范或指导国家行为，其不仅有公约，还包括决议、声明、示范法典、裁决、建议等，但是很难找到一个可以囊括这一切的术语。正是在这一背景下，马蒂亚斯·戈德曼（Matthias Goldmann）提出了"行使国际公共权力的标准文件"的概念，这一概念将在第 9 章中进一步论述。

如前所述，基于理论层面，这些内容的法律权威的最终依据似乎是"条约和公约"，即《国际法院规约》第 38 条第 1 款（a）项的内容，因为它们构成了不同程度的"授权立法"：条约授权理事机构采取立法行动，该机构决定授权某一委员会执行立法任务，而后该委员会通过条约，并根据条约在下一层级作出裁决，最后该裁决授权发出通知……[101]追溯这样一个文件的最终条约渊源往往是一项艰巨的任务，但为了使最终的文本具有"法律"效力，这种做法仍具有可行性。这个问题在欧洲共同体法律（European Community law）的领域中最为常见，因为其承认这方面的"实证法"原则。[102]只有通过这种"宪法化"（constitutionalization）的方式，人们才能为符合第 38 条要求的这类文件找到坚实的基础。[103]

然而，这可能并非全部的内容。也有观点指出，在某些情况下，可能存在政府机构的立法。还有观点认为，即使是在不具有拘束力的文件所确立的制

---

[101] 一个极端的例子是，缔结税收条约的国家可能会被默认为不仅纳入了经济合作与发展组织编写的示范公约，还纳入了经济合作与发展组织发表的评注。参见 S. Douma and F. Engelen (eds.), *The Legal Status of the OECD Commentaries* (Amsterdam: IBFD, 2008).

[102] See A. von Bogdandy, 'General Principles of International Public Authority', 9 German Law Journal (2008), 1934–5.

[103] Bogdandy, 'General Principles of International Public Authority', 1936.

度下，也可能会出现通过机构"惯例"来限制国家自主权（state autonomy）的趋势，这意味着"政府官员、国际公务员和私人主体有可能通过重复的互动建立共同的规范，这一进程可能导致各自的机构与国家政府的意愿和利益在更大程度上发生分离"。[104]

1.7 作为对等或附加渊源的宗教法

正如我们已经观察到的，国际法的统一性和普遍性意味着，除非能够表明相反的情况，否则国际法的所有子体系或专门领域都将在《国际法院规约》第38条规定的既定渊源的基础上运作。这种普遍性还意味着，一个国家单独的法律、政治或宗教制度原则上不影响其对一般国际法的接受和遵守。众所周知，在国际层面上，一国不得依赖其国内法的规定来规避其国际义务。[105] 虽然一国的国内法院可以适用（或根据国内法有义务适用）明显不符合一般国际法的国内法条款，[106] 但这种情况可能会对其他国家的利益产生有害影响并进而引发国家责任——如前所述，对于这一问题，国内法条款并不能提供任何辩护。

然而，某一国家内部存在的某一特定哲学或宗教可被视为具有法律上不容置疑的地位，以至于该国不愿接受上述原则，并设法规定当其所承担的国际法义务与其制定的有关哲学或宗教的规定之间产生冲突时，允许后者优先。

---

[104] J. Friedrich, 'Legal Challenges of Non-Binding Instruments: The Case of the FAO Code of Conduct for Responsible Fisheries', 9 German Law Journal (2008), 1541; see also T. Piiparinen, 'Law versus Bureaucratic Culture: The Case of the ICC and the Transcendence of Instrumental Rationality', in J Klabbers and T. Piiparinen (eds.), *Normative Pluralism in International Law: Exploring Global Governance* (Cambridge: Cambridge University Press, 2013).

[105] 国际法院称之为"国际法的基本原则，即国际法优先于国内法"，参见联合国总部协定第21条仲裁义务适用案，[1988] ICJ Rep 34, para. 57.

[106] 如果有人认为习惯法正在发生变化，而一个或多个国家的法院似乎领先于这一趋势，特别是如果有关国家的宪法规定在国内直接适用国际法，这可能会造成复杂的情况。参见意大利在国家管辖豁免案中关于国家豁免法的立场，以及G. 卡塔尔迪（G. Cataldi）在欧洲国际法学会（ESIL）时事通讯（2013年1月）中发表的反思性文章：《国际法院在有关意大利国内秩序的国家管辖豁免案的裁决的执行：基本人权和国际义务之间应该如何保持平衡？》。

第 1 章　国际法的性质和渊源

　　随着天主教教义对道德和法律概念的影响力逐渐减弱，可以说至少半个世纪以来，国际法已经不受任何宗教因素的影响了——其已经被"世俗化"了。[105] 然而，一种在超国家或国际层面上运作的法律体系提出了有关伊斯兰法的问题，这一问题不容易通过上述原则的适用加以解决。这一体系的本质是超国家的，至少对所有认可伊斯兰教的国家都是如此，其运作也是超国家的，正在被相当多的主权国家所采纳和适用。[106] 这也不仅仅是一个信仰或道德问题，因为伊斯兰法是一个法律体系。[107] 当将伊斯兰法的某些方面与人权法的特定规范相比较时，其与一般国际法产生冲突的可能性就变得明显起来，至少秉持传统西方自由主义的法学人是这样理解的。[108] 但是，伊斯兰国家不愿意接受一般国际法适用于其他法律事项，因此也不愿意受到国际法院的任何干预。[109] 伊斯兰法的主张也难以归类为地方或区域习惯法的一种形式。

　　该问题将在第 8 章第 8.2 节中进行更详细的审查。此处之所以提及这一点，是因为可以看到伊斯兰国家对伊斯兰法的干预。就其根据主要人权所承担的义务的争议而言，这一点体现得更为明显，因为伊斯兰国家声称这些义务（对所有国家而言）也存在于习惯法中，它们主张存在一种法律渊源，其不仅能够对传统渊源进行补充，而且在某种意义上能够凌驾于传统渊源之上。

---

[105]　例如，参见 Guggenheim, 'Principes de droit international public', 80 Recueil des cours (1952–I), 32; J. Salmon, 'Le droit international a á l'épreuve au tournant du XXIème siecle', Cursos Euromediterráneos Bancaj de Derecho Internacional (2002), 153–6.

[106]　目前存在 43 个以信仰伊斯兰教为主的国家，其中 23 个国家宣布伊斯兰教为国教。参见 N. A. Shah, 'The Use of Force under Islamic Law', 24 EJIL (2013), 343 at 363.

[107]　目前存在两个术语用以指代伊斯兰法：Shari'ah，意指"要遵循的道路"；Fiqh，意指"理解"，一个用于伊斯兰法**方法**的术语。为简单起见，这里将使用 Shari'ah，且不加以区分。参见 M. A. Baderin, *International Human Rights and Islamic Law* (Oxford: Oxford University Press, 2003), 33.

[108]　一个微妙的问题是，伊斯兰国家和其他国家所理解的战争法之间是否存在分歧，参见 Mahmoudi, 'Islamic Approach to International Law', in Wolfrum (ed.), *Max Planck Encyclopedia*, vi. 390–4, paras. 21–43. 其表明过去可能存在这种情况，但现在已经不复存在了。对此问题，参见 Shah, 'The Use of Force under Islamic Law', 343. 另一观点，参见 A. F. Marx and N. K. Modizzadek, 'Ambivalent Universalism? *Jus ad Bellum* in Modern Islamic Legal Discourse', 24 EJIL (2013), 367.

[109]　有关深入研究，请参见 E. Powell, 'The International Court of Justice and Islamic Law States: Territory and Diplomatic Immunity', in K. J. Alter et al. (eds.), *International Court Authority* (OUP, 2018), 277ff, 其提供了一个非常有用的"伊斯兰法国家"的列举。

033

正如将要解释的那样,特别是在伊斯兰国家之间,正在努力对棘手的问题(宗教自由与妇女权利)达成一致,但涉及原则问题的潜在争端仍然存在,尽管出于管辖权的原因,此类争端不太可能需要司法或权威解决。

最极端的情形可能是,认为伊斯兰国家不能受到与伊斯兰法相违背的国际法律义务的约束;事实上,某些伊斯兰国家的宪法就是如此。[12] 这是否等同于明确存在另一项国际法渊源?如果一个由宪法所承认的伊斯兰国家成为某项公约(如人权公约)的缔约方,而该公约规定了与伊斯兰教义不相符的要求,那么该国国内法院可能会认为履行该公约的义务是违宪的。[13] 就条约义务而言,这一问题最初能够通过接受适当的保留而避免,而且正如将要解释的那样,这一点已经做到了。然而,如果有观点认为这种保留因违反有关公约的目的和宗旨而无效,那么这一问题将出现在第二阶段。在最极端的情形下,它可能是欧洲人权法院审理的洛伊齐杜诉土耳其案和伯利劳诉瑞士案的判例在这方面的延伸,即法院可以对一项无效保留进行简单的分割,使公约缔约方不受其保留的保护。[14] 这类判例现在并不受欢迎,有观点指出,对这样一个敏感和棘手的问题作出保留时,不应遵循这类判例。

然而,假设主张一个伊斯兰国家只允许男子实行一夫多妻制违反了人权法的习惯规则,而该国又宣称把伊斯兰法置于首要地位,那么在不破坏公认渊源学说的情况下,有何依据可以支持这一主张呢?此时,很容易联想到《国际法院规约》第38条第1款(c)项的"一般法律原则",这些原则通常被认为包括适用于国内体系的原则。但是,正如第4章所解释的那样,当它们转移至国际层面时,就会经历国际化,而且大体上是以国家取代个别法律主体并以类推的方式运作。因此,许多国家的国内法律体系被纳入伊斯兰法,这一事实在国际层面上并不具有法律意义。

---

[12] 进一步参见第8章第8.2.3节。
[13] See Shah, 'The Use of Force under Islamic Law', 343 at 363–4.
[14] 参见第2章正文及其脚注32。

1.8 渊源理论是否充分

目前，对传统渊源学说的一个主要批评是，它不再能够解释或规范构成国际法的大量准立法活动，而各国如今必须在其日常关系和活动中考虑这些活动。对"国际机构行使公共权力所依据的文件"进行分类，并按照具有拘束力的权威程度递减排列，将包括："国际条约、定期条约修正案、对个别案件作出的具有拘束力的裁决或通过国内承认有可能成为具有拘束力的裁决"；"各类软法文件，即不具有拘束力的法律文件"，具体包括"产品标准或行为守则"；"包含最重要的旨在促进协商的不具有拘束力的文件，或软私法文本"；以及"缺乏义务性要素，但对受影响的政策领域具有高度法律或政治影响的非法律文件"，具体包括"关于执行及遵守情况的报告"等。[15] 当然，在前述援引的研究报告中，戈德曼提出的"行使国际公共权力的标准文件"的概念是非常值得推荐的，因为所有上述文件种类都可以有序且一致地纳入其中，但它并不涉及对渊源概念的重新思考（正如所引文章的标题，可能会让人产生这样的假设）。这是一篇关于宪法思想的文章，并不一定涉及放弃那些被认为是基础的内容。[16]

事实上，许多现代国际法理论并未对传统上认为是渊源的概念进行解读，即为什么国际法对国际主体（主要是国家）具有拘束力，以及它与国家在传统上拥有的"主权"有何关系？这个问题的回答可能存在两个答案：一是诉诸主权之外标准的"外部"理由，其主要是一种道德的或神圣的法令性质，但也可能是基于历史的必然性；二是主权具有自我限制性的"内部"理由，即接受主权意味着主权实体明示或默示遵守其同意事项范围以内的限制。[17]

---

[15] M. Goldmann, 'Inside Relative Normativity: From Sources to Standard Instruments for the Exercise of International Public Authority', German Law Journal (2008), 1866–908.

[16] 进一步参见第9章第9.1.3节。

[17] 正是在这个意义上，现在的著者才能理解 M. 科斯肯涅米（M. Koskenniemi）的观点。M. Koskenniemi, 'International Legal Theory and Doctrine', in Wolfrum (ed.), *Max Planck Encyclopedia*, v. 979–80, para. 15.

第一个理由的问题在于，它即使不意味着神灵的存在和本质，也意味着对相关伦理原则存在某种程度的共同承认，而这种共同承认难以实现，或者说它是一种与道德背景差异并行的法律碎片化。

当今，关于国际法的一些学术研究避开或搁置了这个问题，比如集中在一个更具社会学意义的方法上：不是提问为什么国家受国际法的约束，而是提问各国如何看待自己受到的约束，以及它们计划如何能够更好地创立一个令人满意的体系，以整合和协调它们之间相互冲突的利益。这些计划至多有一定的不现实性，因为目前的体系尽管存在各种缺陷，但其既是一个现有的事实，也是变革的唯一手段，并且这些计划可能会招致对国际社会缺乏现实性或适当性的指控。[118] 这类研究的特点将在第9章加以简要说明。

有观点指出，国际法的"碎片化"这一明显的现象，即出现越来越多的国际法专门领域，让人愈加怀疑传统的法律渊源概念是否足以涵盖现代国际法的所有种类，由此主张对这些领域适用的规则与"主流"国际法所适用的规则应当不同。[119] 国际法委员会的国际法"碎片化"研究小组已经对这一现象进行了深入的研究。[120] 这些特殊规则中是否存在基于条约、习惯和一般法律原则的传统三位一体之外的一个或多个渊源？该研究小组没有直接回答这个问题，而是指出"大多数新制度似乎都存在一个共同点，那就是它们宣称受到条约法的拘束，并被其实践者理解为受到条约法的保护"。[121] 因此，该研究小组采用了《维也纳条约法公约》这一概念框架来回答这个问题。其确实考虑了个别特别制度之间是否存在某种相互排斥的问题，即是否可以认为每个特别制度都是独立的，以至于"一个人权机构无权适用世界贸易组织的协

---

[118] 有些人可能还记得一个传统的故事：一个人发现了一种神奇的疗法，却无法发现相应的疾病。

[119] "碎片化"一词的含义确实值得商榷，因为普通法的主体范围内可能存在一种专门化，而非与其他部分散开的"碎片"。

[120] *Fragmentation of International Law: Difficulties Arising from the Diversification and Expansion of International Law*, Report of the Study Group, A/CN.4/L682. 进一步参见第8章的脚注5。

[121] *Fragmentation of International Law*, 15, para. 17.

议"这一观点并未得到承认。[122] 然而,该研究小组似乎认为不值得审议关于特别制度是否可能从非传统渊源中获得某些规则的任何争论。[123]

为此,第 8 章将更仔细地研究一些国际法的次级体系,其中还将注意到一些"特别制度"的概念。

---

[122] *Fragmentation of International Law*, 28 - 9, paras. 44 - 5, and 91ff., paras. 172ff.

[123] 在这方面需要注意的是,在像环境法这样最新的国际法领域中,新颖之处不在于出现一个新的"渊源",而是传统的第 38 条所列渊源之间出现复杂的相互作用(包括未提及但潜在的软法)。参见第 8 章第 8.5 节,以及如下出版物中所收录的重要文章:Catherine Redgwell and Jutta Brunée in Besson and d'Aspremont(eds.),*The Oxford Handbook of the Sources of International Law*(Oxford: Oxford University Press, 2017),939 and 960.

第 2 章 作为法律渊源的条约和公约

2.1 有约必守

无论对国际法渊源传统理论的相关实证主义观点有何疑义，当援引国家同意作为法律制定的最终依据时，毫无疑问，其中的"同意"源自《国际法院规约》第 38 条所提及的第一种渊源的法律基础，即"不论普通还是特别国际协约，确立诉讼当事国明白承认之规条者"。条约的意义和效力体现在有约必守原则中。缔结一项具有拘束力的协定的全部意义在于，每一个缔约方都能够依赖另一个缔约方履行条约，即使这种履行可能为另一个缔约方带来麻烦。因此，条约是对两个或两个以上国家❶可能产生具有拘束力的规则的最明显的方式之一，也是一个公认的形式法律渊源。1969 年《维也纳条约法公约》在很大程度上是对现有一般法的编纂，正如国际法院在许多案件中所指出的那样，❷ 该公约第 26 条规定了有约必守原则，即"凡有效之条约对其各当事国有拘束力，必须由各该国善意履行"。❸

然而，这一原则本身的确切地位是什么呢？其是否如人们所指出的那样，

---

❶ 关于在某些方面与缔结条约平行的程序所应承担的单方义务的可能性，参见本章第 2.4 节。
❷ 例如，参见《防止及惩治灭绝种族罪公约》适用案（波黑诉塞尔维亚和黑山），[2007 - I] ICJ Rep, 109 - 10, para. 160. 领土争端案（阿拉伯利比亚民众诉乍得），[1994] ICJ Rep, 21 - 2, para. 41. 刑事事项互助问题案，[2009] ICJ Rep 222, paras. 123, 124; 229, para. 145; 232, para. 153. 乌拉圭河纸浆厂案，[2010] ICJ Rep 46, para. 65; 67, para. 145. 关于或起诉或引渡的义务问题案（比利时诉塞内加尔），[2012] ICJ Rep 457, 460, paras. 100, 113.
❸ 条约只对已商定具有拘束力的内容具有拘束力。因此，一项包含或甚至完全包含具有宽泛定义的承诺或自愿因素的条约并不违背这一原则，参见第 7 章有关"软法"的讨论。

仅仅是一项习惯法原则？❹ 这似乎意味着可以通过条约而放弃这一原则，但条约的拘束力本身就以有约必守原则为基础。有学者指出，这是一项强行法［强制性规范（peremptory norm）］原则，即其本身不能因协定而减损，并凌驾于任何与之相悖的法律规则之上。❺ 当然，关于条约冲突的问题，可以适用诸如后法优于先法的原则。但一般而言，由于强行法的本质在于它构成了有约必守原则的例外，因此不应简单地把有约必守原则与强行法的关系视为适用后法优于先法原则的例子。有约必守原则是当时被各国所承认的一般法律原则之一吗？或是《国际法院规约》第 38 条提及的作为法院适用的法律渊源吗？这一类渊源可能包含的内容将在第 3 章加以讨论，但是如果所列渊源之一的依据是另一个渊源，而这两个渊源又被列为同一层级，就会显得很奇怪。❻ 显而易见的事实是：

> 有约必守原则并不需要在其他任何规则中加以说明。它不会也不可能成为其自身之外的内容。这一原则不依赖于同意，因为它本身就存在于同意之外。既不存在一项"条约不能或不必遵守"的规则，因为这样条约就不再是条约了，也不存在一项"条约必须互相遵守和条约无须互相遵守"的规则，因为在条约这个术语中，必须遵守的概念是固有且必要的。❼

---

❹ A. T. Guzman, *How International Law Works: A Rational Choice Theory* (Oxford University Press, 2008), 204 – 5; B. Chimni, 'Customary International Law: A Third World Perspective', 112 AJIL (2018), 1. A. T. 古兹曼（A. T. Guzman）指出，虽然《维也纳条约法公约》声明了这一点，但"各国还是希望彼此遵守这一规则，即使它们像美国一样并非公约的缔约方"，它"因此符合我对习惯国际法的定义"。古兹曼对习惯国际法的定义具有个人主义色彩；在传统意义上，习惯法被视为可以通过条约而背离（强行法除外），如果有约必守原则可以如此背离，那么要么存在一个不可分割的循环，要么该原则变得毫无意义。更多内容请参见第 7 章第 7.1.1 节。

❺ See P. Fois, 'I valori fondamentali del "nuovo" diritto internazionale e il principio *pacta sunt servanda*', Rivista di diritto internazionale (2010), 15.

❻ 另见第 7 章关于第 38 条对法律渊源的列举与指定为强行法的法律规则之间关系的讨论。

❼ G. G. Fitzmaurice, 'Some Problems Regarding the Formal Sources of International Law', in *Symbolae Verzijl* (The Hague: Nijhoff, 1958), 164. 对含义进行批判性的解释，参见 H. Thirlway, *International Customary Law and Codification* (Leiden: Sijthoff, 1972), 37 – 8. 虽然菲茨莫里斯没有赋予规则这样的地位，但这种方法类似于凯尔森（Kelsen）的观点，他提出的基本规范是所有其他基本规范的基础，也是法律主体对其所属社会的法律假设。

持上述观点的学者还认为，条约最好被理解为一种**义务**的渊源，在这个问题上，唯一的**法律**规则是有约必守这一基本原则。❽ 当然，也可以这么说，双边关税条约中对各种商品设定关税和税率的规定，看起来并不像是"法律"。在一项仅阐明各方共同愿望、指导方针与原则，却根本没有规定任何绝对规则或要求的条约中，其与"法律"的相似之处更少。这种类型的文件一般属于所谓的"软法"范畴，而且一些学者认为这根本不是法律，这个问题将在第 7 章加以探讨，并将介绍各类软法的内涵。

另一种极端的情况是，现代法律中所谓"造法性条约"的例子越来越多：为缔约方规定整个制度的多边公约，如人道主义法领域的《日内瓦公约》、《防止及惩治灭绝种族罪公约》或《维也纳条约法公约》。但是，每种情况下的原则都是相同的：缔约方接受对某些行为的承诺，而如若条约不存在，那么缔约方在法律上就不会被要求如此行为。缔约方的确可能因条约而变更或不予考虑一般国际法强加给所有国家的规则，尽管这种变更或不予考虑只在缔约方之间有效，并且这种权力将受强行法的限制。❾ 因此，基于逻辑与方便的考虑，条约被视为一种传统的法律渊源。

一项条约，特别是多边条约，作为法律的直接渊源，可以要求进一步制定文件（例如影响条约执行的条例），这些文件的形式渊源当然是条约。条约还能够规定设立机关或其他国际机构，如联合国安全理事会和联合国大会，这类"宪法性条约"（constitutional treaty）可赋予这些机构作出裁决或发布管理文件的权力。只要这些文件或裁决的内容是国际法的一部分，那么它们的渊源依然是最初的多边条约。如果它们具有法律拘束力，那么这种拘束力

---

❽ Fitzmaurice, 'Some Problems Regarding the Formal Sources of International Law'；在同样意义上，参见 I. Brownlie, *Principles of Public International Law*, 7th edn. (Oxford: Oxford University Press, 2008), 513；区分那些创造法律义务的条约，"其被遵守与否（并不）终止条约义务"；"一个为了共同完成单一事务的条约并不具有立法性，因为实现其目标将终止义务"。不同观点，另见 M. Mendelson, 'Are Treaties Merely a Source of Obligation?', in W. E. Butler (ed), *Perestroika and International Law* (Dordrecht: Nijhoff, 1990).

❾ 更多讨论，参见第 7 章第 7.1 节。

最终也是条约所赋予的效力；如果它们不具有法律拘束力，那么它们可能是"软法"（见第7章讨论），但也仍是以原条约为基础。即使不具有拘束力，它们也可能以下文将讨论的方式影响或促进习惯法的形成。

原则上，所谓"国际立法"的渊源有时只是一项基本的多边条约，任一加入该条约的缔约方都同意该条约所规定的每一项合法使用造法性权力的行为；虽然这种行为看似签署了一张空白支票，但这种情况恰好符合实证主义的渊源理论。然而，在国际舞台上，各种组织、分支机构、机关、下属机关、委员会等大量涌现，各种决议、裁决、指示、条例、原则、指导方针以及类似或显而易见的造法性文件层出不穷，以至于个别政府可能无法分辨何时同意制定法律；对任何观察者而言，这种模式看起来更像是立法活动，而非一项条约所体现的意见一致和知情同意的产物。

研究渊源所产生的问题是，就这些国际机构的组成部分及其大量的立法或准立法材料而言，将初始的法律权威归因于"现行条约或公约"是否已不再现实；如果是这样，那么还有什么其他途径能够找到渊源。一些学者将过去20年间国际法的发展视为"宪法化"，并将其定义为"从基于一些组织原则（如国家主权、协商一致、不使用武力）的国际秩序演变为承认并创造性地利用宪政主义原则和价值观的国际法律秩序"。[10] 但仍然存在的问题是，这些原则和价值观是通过何种程序被纳入国际法律体系的？持上述观点的学者还认为，"强行法可以作为宪法性法律而运作，因为它们确立了基于实质要素的规范等级"，而强行法对普通法的"压倒性影响"实际上类似于成文宪法在（国内）法律秩序中享有的至高无上的地位。[11] 当然，这使我们又回到

---

[10] A. Peters, 'Are We Moving towards Constitutionalization of the World Community?', in A. Cassese (ed.), *Realizing Utopia: The Future of International Law* (Oxford: Oxford University Press, 2012), 119. See also J. Klabbers, A. Peters, and G. Ulfstein, *The Constitutionalization of International Law* (Oxford: Oxford University Press, 2009); A. Fischer-Lescano, 'Die Emergenz der Globalfassung', 63 Zeitschrift für ausländisches öffentliches Recht und Völkerrecht (2003), 717–60.

[11] A. Peters, 'Are We Moving towards Constitutionalization?', 123. 不过，该文作者承认，原则上强行法规范的这种压倒性影响是"值得怀疑和具有争议的"。

强行法本身的渊源问题上。

如前所述,《维也纳条约法公约》仅适用于国家间缔结的条约和公约;如果我们根据《常设国际法院规约》或《国际法院规约》第38条中的定义来指导我们对国际法渊源的研究,那么应当注意的是,条约应被界定为"被争议国家所承认的规则"。[12] 然而,许多协定是一个或多个国家与一个或多个不具有国际法地位的实体缔结的:这些协定是否也构成国际法的渊源?前文引用的第38条的措辞并未明确说明为何产生争端的两个国家不能共同承认某一项由非国家实体作为缔约方的文本的效力。原则上,条约就是条约,因此无论其缔约方的主体性质如何,承认该条约的当事方都必须尊重和遵守该条约。当常设国际法院在温布尔登案中宣布"参与国际事务的权力是国家主权的一项属性"时,[13] 并不意味着这种权力不能由国家以外的其他主体行使。[14]《维也纳条约法公约》本身不适用于这种情形,但习惯法可以如此。故而,很难表明,非《维也纳条约法公约》(因此也是习惯法)缔约方[15]间的条约处理方式与非国家主体缔约方间的条约处理方式之间存在何种差异。

2.2 条约法的限制:强行法和条约的相对效力

在此基础上,任何由两个或两个以上国家组成的集团,或在某种程度上由其他实体组成的集团,都可以制定"法律"。那么,对于这种权力是否存在限制?其中一个明显的限制是"法律"只为那些接受义务的主要当

---

[12] "争议"一词将这一术语的范围限定在出庭的当事方,而这些当事方是国家(第34条第1款)。
[13] *PCIJ Series A*, *No. 1*, 25.
[14] 在此意义上,参见 T. Grant, 'Who can make treaties? Other subjects of international law', in D. B. Hollis (ed.), *The Oxford Guide to Treaties* (Oxford: Oxford University Press, 2012), 125.
[15] 最近的例子,可参见索马里和肯尼亚(均不是《维也纳条约法公约》的缔约方)在印度洋海洋划界案中的谅解备忘录。*Maritime Delimitation in the India Ocean* [2018] ICJ Rep 3, particularly p. 21, para. 42.

事方制定，这就是稍后即将讨论的条约的相对效力原则。❶ 但是，人们已经认识到，即便效力如此有限，仍然存在一国能够任意立法的法律领域，而这种立法行为并不适当。更确切地说，有些国际法原则或规则极为重要，其原因在于即使得到其他受影响或可能受影响的国家的同意，也不能免于遵守这些原则或规则，更不能为不遵守的行为开脱。这类原则或规则被称为"强制性规范"，属于强行法的范畴，同时也区别于任意法（*jus dispositivum*），后者是指在两个或两个以上国家间的关系中，经有关各方简单同意即可予以排除或改变的法律。国际法的大部分内容都属于任意法这一类别。《维也纳条约法公约》第53条提出了关于"强制性规范"的经典定义：

> 条约在缔结时与一般国际法强制规律抵触者无效。就适用本公约而言，一般国际法强制规律指国家之国际社会全体接受并公认为不许损抑且仅有以后具有同等性质之一般国际法规律始得更改之规律。

然而，强行法这一类别的内容和这一概念的运作情况一样，都是一个备受争议的问题。在本书第7章，我们将具体讨论强行法规则是源于《国际法院规约》第38条的一般法律渊源还是以其他方式存在的问题。

如果条约缔约方承诺履行条约中商定的义务是明确的，那么同样可以肯定的是，非条约缔约方的国家不必承担这种义务。条约不对第三人产生不利或者利益原则❶（*res inter alios acta nec nocet nec prodest*）与有约必守原则一样有效，事实上其可以被视为有约必守原则的必然结果。正如《维也纳条约法公约》第34条所表达的观点："条约非经第三国同意，不为该国创设义务或权利。"而《维也纳条约法公约》本身就是一项条约，其编纂的条款，甚至那些存在于编纂之前的习惯法条款，本身也仅作为条约法适用于已批准该公约

---

❶ 进一步参见第7章。
❶ "第三方之间的交易不会产生任何利益，也不会强加任何义务。"

的国家，但同样的规则同时仍为一般原则。[18]

这一原则有且仅有两个明显的例外。其一，条约规定的义务是（或成为）一般习惯法义务的情况（有待进一步讨论）。在这种情况下，非缔约方可能受到同样的实质性义务的约束，但这是一个习惯法问题，而非条约效力的问题。如前所述，这实际上是《维也纳条约法公约》本身的情况，其条款多次被国际法院适用，理由是这些条款规定了作为习惯法适用于所有国家的规则，并同时适用于非《维也纳条约法公约》的缔约方。[19]

其二，非条约缔约方有可能接受条约规定的义务或者从条约中获益，其条件是所有条约缔约方以及其他国家主体均同意。实际上，这就是一项新缔结的条约，将原条约或其中某些明确规定的范围扩大至第三国的情形。[20] 因此，一项双边条约可以对第三国规定义务，或为第三国创设或意图创设权利。但是，根据同意原则，创设一项权利所需要的同意与实施一项义务所需要的同意一样多。然而，《维也纳条约法公约》进一步提出，当批准给予第三国权利或利益时，"该第三国倘无相反之表示，应推定其表示同意，但条约另有规定者不在此限"。[21]

条约的相对效力原则在实践中通常不会引发问题，因为许多条约的职能仅在于处理与缔约方利益相关的事项，因此对第三国即便存在潜在影响，也是有限的。然而，该原则确实具有重要性的一个例子是沿海国可以主张对海域划界的权利，即对其领海、大陆架和专属经济区的划定。在诸如加勒比海等由许多国家包围的海域中，缔结一项多边条约无疑是确定每个国家享有权

---

[18] R. 科尔布（R. Kolb）进行的一项更为一般性的研究得出结论，认为适用于条约解释的司法原则和规则是所有条约的标准，并不因条约的主题事项而有所不同。参见 R. Kolb, 'Is there a subject-matter ontology in interpretation of international legal norms?', in E. Madenas and E. Bjorge, *Farewell to Fragmentation: Reassurance and Convergence in International Law* (Cambridge: Cambridge University Press, 2015), 473–85.

[19] 最近的例子，参见国际法院在侵犯主权权利和海洋空间案中的判决，[2016 – I] ICJ Rep 19, para. 15.

[20] 参见《维也纳条约法公约》第35条和第36条。

[21] 参见《维也纳条约法公约》第36条第1款。

利的最理想的方法,但是该区域内的所有沿海国不太可能都加入该项条约。不同国家间的双边条约可能会产生明显的重叠;然而,根据条约不对第三人产生不利原则,在法律上不会存在这种重叠,但不同国家(甚至是集团)之间对法律现状可能持有两种或两种以上相互冲突的意见。❷ 这种双边划界也可能被司法判例所影响,如国际法院对尼加拉瓜和洪都拉斯之间案件的判决。❷ 这也是尼加拉瓜和哥伦比亚之间案件的诉讼程序在后续发展中需要考虑的一个因素。❷ 如同条约一样,司法判决或仲裁裁决也符合不对第三人产生不利的原则,因此它们对非缔约方不具有效力(这将在第 5 章进一步论述)。正如在海洋划界方面,司法判决或仲裁裁决的效力低于双边条约。❷

2.3 对条约义务的承诺

《国际法院规约》第 37 条提及"现行条约或公约"*,由此从逻辑上足以排除尚未生效或对缔约方已经不再具有拘束力的条约。一国受条约所规定义务约束的一般方式是成为该条约的缔约方。❷ 有观点认为,如果条约是"造法性"类型的多边公约,那么一国可以仅仅通过简单的行为表示其接受适用该公约制度。在北海大陆架案中,国际法院驳回了丹麦和荷兰的主张,即已签署但尚未批准 1958 年《日内瓦大陆架公约》的德国"通过行为、公开声明、公告以及其他方式……单方面承担了该公约的义务"。❷ 虽然法院根据案

---

❷ 早期例子,可参见 1969 年国际法院在北海大陆架案判决 [1969] ICJ Rep 15 中,地图 2 所示的相互冲突的北海双边划界,[1969] ICJ Rep 15。

❷ 尼加拉瓜和洪都拉斯在加勒比海的领域和海洋争端案,[2007 - Ⅱ] ICJ Rep 659。

❷ See ICJ Press Release 2013/21 (17 September 2013)。

❷ 尽管对法院本身来说,双边条约似乎具有更高的地位。更多探讨,参见第 5 章。

* 此处原文写为第 38 条,但经查证,此处应为《国际法院规约》第 37 条,法条原文为"Whenever a treaty or convention in force"。——译者注

❷ 这可能涉及导致批准的国内法律程序,这个问题在此并不重要;但请注意国际法院在其对领土争端案(布基纳法索和尼日尔)的判决中对临时局势的评论,[2013] ICJ Rep, paras. 41 - 59;以及使批准或仅仅签署成为充分条件的可能性,参见印度洋海洋划界案(索马里诉肯尼亚),[2018] ICJ Rep 3, at 23 - 4, paras. 47 - 9。

❷ *North Sea Continental Shelf* [1969] ICJ Rep 25, para. 27。

件事实驳回了这一主张,但并未绝对排除这一过程发生的任何可能性。❷⓼

　　一项条约的某项条款能否在一对特定国家之间"生效"的问题在于,审查各个国家是否属于该条约的缔约方,❷⓽ 即它们是否已经签署❸⓪和批准了该条约。一个新的国家可以在国家继承的基础上受其前身缔结的某些条约的约束,而无须正式加入该条约。1978 年《关于国家在条约方面继承的维也纳公约》于 1996 年 11 月 6 日生效,❸⓵ 其主要目的在于处理刚刚摆脱殖民统治的国家的问题,其条款在一定程度上反映出当前的习惯法具有模糊性,❸⓶ 特别是因为最近出现的新国家大多不属于殖民统治范畴。❸⓷ 在人权条约这一特殊领域,有观点认为,这种条约所产生的义务不受国家继承的影响,而国家实践也证明了这一观点。❸⓸

　　保留的可能性使得问题愈加复杂。某一缔约方在签署或批准条约时,可以提出保留;这相当于单方面修改条约的一项或多项条款,这也是保留国的目的所在。《维也纳条约法公约》规定了保留的性质和效力:

---

❷⓼ 然而,法院明确表示,首先,"国家只有非常明确、一致的行为准则",才可能产生所建议的效果;其次,不允许一国"在宣布愿意受条约约束,或在表明接受公约制度的行为的基础上",主张条约规定的权利或利益(*North Sea Continental Shelf* [1969] ICJ Rep 25, para. 28)。这种区分的基础当然是初始缔约方的同意问题:可以推定它们不反对其他国家接受公约的义务,但如果其他国家要享受公约规定的利益,则必须得到初始缔约方的积极同意,正如《维也纳条约法公约》所要求的那样。国际法院在北海大陆架案中也提出了这一点。

❷⓽ 对于该特殊问题,可参见 1995 年 9 月 13 日签署的《希腊与前南斯拉夫马其顿共和国之间的临时协议》(ILM 1995, p. 1497),其中没有提及任何一方的名字;对此解释,可参见 A. Aust, *Modern Treaty Law and Practice*, 2nd edn. (Cambridge: Cambridge University Press, 2000), 332 n. 1.

❸⓪ 尽管《维也纳条约法公约》没有将此作为一项要求,而且一些相当于条约的文件也只是草签而已。See A. Aust, *Modern Treaty Law and Practice*, 24.

❸⓵ UN Treaty Series vol. 1946, p. 3.

❸⓶ The 1978 *Restatement (Third) of the Foreign Relations of the United States*, §210 (3), Reporter's Note 4. 其中,认为继承国不受其前身条约的约束。另外,南斯拉夫问题仲裁委员会认为,国家继承"受《维也纳条约法公约》(特别是该公约)所体现的国际法原则的管辖":Opinion no. 9, 92 ILR 203.

❸⓷ See P. Pazartsis, 'State Succession to Multilateral Treaties: Recent Developments', 3 Austrian Review of International and European Law (1998), 397.

❸⓸ M. T. Kamminga, 'State Succession in Respect of Human Rights Treaties', 7 EJIL (1996), 469–84; 更谨慎一些的观点,可参见 M. N. Shaw, 'State Succession Revisited', 5 Finnish YIL (1994), 34 at 84.

1. 一国对另一当事国成立之保留：

（a）对保留国而言，其与该另一当事国之关系上照保留之范围修改保留所关涉及条约规定；及

（b）对该另一当事国而言，其与保留国之关系上照同一范围修改此等规定。

2. 此项保留在条约其他当事国相互间不修改条约之规定。[35]

一个缔约方的保留若要对另一个缔约方"成立"，则另一个缔约方必须在接到保留通知后 12 个月内明确接受保留，或未对该国的保留提出反对意见。[36]

对双边条约的保留并不常见，因为双方之间的所有问题都将在条约谈判过程中得到解决，条约文本代表了双方都愿意接受的内容。[37] 然而，就多边条约而言，不同国家之间实际上可能存在若干平行运作的制度，这取决于特定国家在多大程度上通过保留排除条约的某些条款，以及其他缔约方接受（或更确切地说，不反对）保留的程度。因此，一个单一的形式渊源——也就是条约——可能涉及其内容的若干不同版本，即实质渊源，这取决于正在协商其关系的两个国家的一致性。

保留意味着条约规定的权利和义务的变化，当然这也是保留的作用。当各国试图加入人权领域的多边公约并提出保留时，引发了人们的关注，因为这些公约所保护的权利的实质是得到普遍和完整的承认。这里应该提及联合国人权事务委员会试图对此事作出的规范，以及欧洲人权法院的两项判决所

---

[35] 一般认为，这一文本代表了有关这一问题的习惯法。人们曾一度普遍认为，"除非所有缔约方毫无例外地接受保留，否则任何保留都是无效的，就像在谈判期间提出保留一样"。例如，国际法院对《防止及惩治灭绝种族罪公约》保留案所发表的咨询意见（［1951］ICJ Rep 21）。国际法院在该咨询意见中否定了这一观点，这为国际法委员会和其他地方的发展铺平了道路，从而使《维也纳条约法公约》所持立场得到普遍承认。

[36] 参见《维也纳条约法公约》第 20 条规定（在适当情况下，12 个月期限可从潜在反对国同意受条约约束之日起计算）。

[37] 事实上，问题并非如此简单。参见 A. Aust, *Modern Treaty Law and Practice*, 106–7.

047

引起的争议。

欧洲人权法院在这些案件中所作的判决难以符合条约基本法,但这一立场得到了联合国人权事务委员会的一些支持。具体问题在于如何判定对一项多边公约保留的有效性,或者更确切地说,如何判定保留的无效性影响。关于这一点的既定规则,最终来自国际法院在1951年对《防止及惩治灭绝种族罪公约》保留案所发表的咨询意见。❸ 如果反对另一个缔约方对公约作出的保留,更何况如果这种保留因违反公约本身而无效,那么其结果就取决于"同意使条约义务生效"的原则。在一国或多国反对保留或不允许保留的情况下,保留方根本不会成为公约的缔约方(因此只能援引公约)。如果公约旨在促进人权这一具有价值的目标,那么各国最大限度地参与显然是可取的。根据同意原则,在这种情况下,似乎不可能坚持认为无效的保留毫无意义,以及保留方能够以同样的条件成为公约缔约方,就像它从未提出过可反对的保留一样。

然而,这正是欧洲人权法院于1988年在伯利劳诉瑞士案中所作的判决,❾ 该法院于1995年在洛伊齐杜诉土耳其案中也作出了相同的判决。❿ 1994年,联合国人权事务委员会表达了同样的观点,⓫ 而美洲人权法院近来也遵循了同样的推理。⓬ 联合国人权事务委员会的意见简明扼要地表示:

> 鉴于人权条约的特殊性质,有关主体必须参照法律原则,客观地确定保留是否符合公约的目标和宗旨,而委员会尤其适合执行这项任务。一项不可接受的保留的一般后果并不会导致公约对保留方完全无效。相

---

❸ *Reservations to the Convention on the Prevention and Punishment of the Crime of Genocide* [1951] ICJ Rep 15.

❾ ECHR (1988) Ser. A no. 132.

❿ ECHR (1995) Ser. A no. 310. 另见格拉丁格诉奥地利案,ECHR (1995) Ser. A no. 328 – C.

⓫ 参见《关于批准或加入〈公约〉或其〈任择议定书〉时提出的保留意见及根据〈公约〉第41条作出的有关声明的第24号一般性意见》。

⓬ 本杰明等人诉特立尼达和多巴哥案,IACHR Ser. C no. 81(2001年9月1日);康斯坦丁等人诉特立尼达和多巴哥案,Ser. C no. 82(2001年9月1日)。

反，这种保留将是可分割的，因为公约将对保留方有效，而不受益于保留本身。

这一判决的唯一理由似乎是"人权条约的特殊性质"，这显然使其"目的和宗旨"类似强行法，即若试图退出，后果自负！[13]

尽管作出这些判决的机构具有权威性，但是这些判决也必须被视为完全错误吗？还是必须将它们视为国际法一般规则在适用于人权具体情况时与适用于所有其他领域的规则产生偏离的例子？[14] 让我们明确这个问题与本研究的相关性。人权法庭或联合国人权事务委员会似乎不会基于除公认的法律渊源之外的其他渊源来起草法律。事实上，它们主张至少条约法的某些规则（即与条约效力有关的规则）在适当情况下存在例外；在对人权条约的保留方面，这种例外是合理的。这不过是在传统渊源的有效法律基础上的一定程度的变异。

1997 年，国际法委员会审议了"对包括人权条约在内的规范性多边条约保留"的问题。其"初步结论"措辞巧妙，承认根据这类条约设立的监督机构有权"就国家保留的可接受性等问题作出评论并提出建议"。[15] 然而，其随后明确表示，"在保留不可接受的情况下，保留方有责任采取行动"，[16] 即国际法委员会不赞成"可分割性"（severability）的主张。

但问题的关键不仅仅在于条约适用的细节。主张一国可能受到某一项该国并未同意且明确表示反对的公约的约束，并不容易与条约作为法律渊源的基本概念相协调，因为只有同意才能产生义务，而不同意意味着义务不存在。

---

[13] 有意思的是，将这种做法与《维也纳条约法公约》第 53 条（关于与强制性规范相抵触的条约）进行比较。

[14] 从这个意义上来讲，可参见 B. Conforti, 'The Specificity of Human Rights and International Law', in U. Fastenrath et al. (eds.), *From Bilateralism to Community Interest: Essays in Honour of Judge Bruno Simma* (Oxford: Oxford University Press, 2011), 433 at 434–6.

[15] *Yearbook of the ILC* (1997), ii. 57, para. 5.

[16] *Yearbook of the ILC* (1997), ii. 57, para. 10. 这种行动可能包括"国家修改其保留以消除不可接受性，或撤回其保留，或**放弃成为条约缔约方**"。

那么从何处能够得出这个特殊的伯利劳规则呢？尽管欧洲人权法院和联合国人权事务委员会并未提出这些疑问，但它们无疑会作出以下回应：国际社会希望确保对人的尊严至关重要的规则，从而最大限度地参与旨在实现这一目标的各项公约。[17] 欧洲人权法院在洛伊齐杜诉土耳其案的判决中指出，"必须铭记公约作为保护个人及其使命的欧洲公共秩序文件的特殊性质，如《欧洲人权公约》第19条所述，'确保缔约方履行本公约所规定的应当承担的义务'"。[18] 公约的特殊性质决定了可以合理地援引其"目标和宗旨"以支持对其条文的特定解释；但是，某一国家是否属于公约缔约方的问题并不取决于该公约的条款（尽管这些条款可能相关，例如规定了加入公约的程序），而是取决于一般国际法。[19] 简言之，争论的焦点不仅在于习惯法，而且还包括条约法，为此制定法律的过程必须以某种方式有所"迂回"以满足人权思想的要求：在不同情况下，人们对这种做法的合法性可能存在不同的看法。

然而，2011年国际法委员会编写了《关于条约保留的实践指南》，其中第4条第5款第3项阐述了以下立场：

> 1. 无效保留方相对于条约的地位取决于提出保留的国家或国际组织表达的意图，取决于它是否打算在不受益于保留的情况下受条约约束，或者它是否认为不受条约约束。
>
> 2. 除非无效保留的提出者表达了相反的意向，或者这种意向以其他方式得到确立，否则它将被视为不受益于保留的缔约方或组织。

---

[17] 顺便指出，一些学者的观点自相矛盾：一方面，声称国际公约的内容符合习惯法，因此无论如何对所有主体均具有拘束力；另一方面，却试图主张加入在此基础上并未增加新义务的公约。

[18] *Loizidou v. Turkey*（40/1993/435/514），para. 93.

[19] 从这个意义上来讲，可参见 Pellet and Müller, 'Reservations to Human Rights Treaties: Not an Absolute Evil...', in Fastenrath et al. (eds.), *From Bilateralism to Community Interest*, 521 at 525. 在洛伊齐杜诉土耳其案的判决中，有一个奇怪的论点，即土耳其交存载有保留的声明，不仅冒着可能被判定无效的风险，而且"现在不应试图将这种风险的法律后果强加给公约机构"（第91段）。这一论点假定其结论，即所面临的风险是保留将被宣布无效和**可分割**。

这似乎表示，除其他外，尊重一般的渊源学说是一种可接受的解决方式。

只要条约未被有效终止（当然条约本身另有规定除外），那么条约对缔约方施加的义务原则上仍然具有拘束力。这种终止当然必须是经协商一致的，或者通过条约本身规定单方面或以其他方式终止，或者因缔约方处于某个阶段而决定终止条约。一项被遗忘的条约可能会因所谓的废弃或过时而失效，但在这方面几乎没有实践可循。国际法院针对1928年《和平解决国际争端总议定书》已多次提及这一问题，但该文件在1949年修订版取代和补充之前并没有得到有效执行。1928年《和平解决国际争端总议定书》是由国际法院审理案件时的一个当事方提出的，以作为国际法院在连续三起案件中享有管辖权的依据，但在每起案件中，国际法院都能够以其他初步理由处理案件，因此不必冒险就该议定书是否已不再有效的问题作出裁决。[50]国际法委员会在审查条约法时认为，在这种情况下，条约缔约方的行为可被视为放弃条约的共同意图。[51]除了前述提到的保留的复杂性，当然还存在一种可能性，即作为缔约方的国家可能不复存在，[52]如德意志民主共和国，但在这种罕见的情况下，一般都会为继承作出安排，以确保条约承诺的连续性，而不是确保那些只适用于已消亡缔约方的承诺的连续性。如果没有这种安排，1978年《关于国家在条约方面继承的维也纳公约》中关于全部或部分继承的规定也可酌情通过类推或作为习惯法适用。[53]

如果条约规定的某些义务取决于缔约方的单独接受，那么这种接受在一般条约关系中就创建了一种独立的特别制度；这当然可以终止，或根据

---

[50] 在核试验案中，法院作出了有争议的判决，即基于法国单边承诺停止大气层试验，这些主张不再有任何依据。在巴基斯坦战俘审判案中，双方达成协议，将该案件从名单中删除，参见［1973］ICJ Rep 347. 在爱琴海大陆架案中，法院裁定，一方在加入该议定书时所作的保留将使该案不受法院管辖，因此"关于该议定书是不是当下仍然生效的公约的裁决，对本案的管辖权而言不再重要"，参见［1978］ICJ Rep 17, para. 40.

[51] *Yearbook of the ILC* (1966), ii. 237.

[52] 与英国出版物相比，期刊的订阅条款起草得很优雅："订阅意味着该期刊将被发送给订阅者，直至三本期刊之一到期为止。"

[53] 参见1978年《关于国家在条约方面继承的维也纳公约》第34条规定。

条约的条款和条约本身的有关规定被单独废止。《国际法院规约》第36条第2款就是这方面的一个典型例子，根据该条款，缔约方可以发表声明，承认法院对一般法律争端或属于一个或多个具体类别的法律争端具有强制性管辖权。这项条款的效果是形成一个承认这种强制管辖权的缔约方的"内部圈子"；它们之间的关系及其权利和义务本身是所有缔约方之间现有关系的补充，同时也包括那些尚未作出这种声明的缔约方。但是，与保留的情况一样，接受的条件也不尽相同，这导致整个条约体系内存在多种独立的制度。❺ 原则上，这种声明可以在不影响条约缔约方地位的情况下，加以修正或被撤回。

2.4　单边行为能否作为条约雏形

在此，不妨讨论前文提及的看似构成《国际法院规约》第38条第1款尚未涉及的另一种国际法渊源的问题：单边行为。某些类别的国家单边行为具有法律效力，其原因在于国际法规则将具体结果归结于这些行为的实施。例如，批准条约的行为是单方面的，但它产生受条约约束的效果；提出抗议的行为是单方面的，但具有排除默许的效果，或者在国际实践中甚至能够阻碍习惯的形成。这些情形不存在具体分析的问题，但现在人们认识到，在某些情况下，一国的具体法律行为可能会导致并非由法律事先决定的具体法律结果。❺ 这里可以援引秘鲁和智利海洋划界案作为例证，该案涉及几个缔约方的单边行为——该行为几乎可被视为一项条约，其在嗣后也被所有缔约方承认为一项"真正的"条约。❺ 在此，应当注意的是那些在形式和实质上都

---

❺　See Zimmermann et al. (eds.), *The Statute of the International Court of Justice*, 2nd edn. (Oxford: Oxford University Press, 2012), 676ff., paras. 68ff.; H. Thirlway, *The Law and Procedure of the International Court of Justice: 50 Years of Jurisprudence* (Oxford: Oxford University Press, 2013), i. 777ff.

❺　See H. Thirlway, 'Concepts, Principles, Rules and Analogies: International and Municipal Legal Reasoning', 294 Recueil des cours (2002), 334ff.

❺　*Maritime Delimitation between Peru and Chile* [2014] ICJ Rep 3, 在第1章已有论述，详见第26页。

是纯粹的且仍在继续进行的单边行为。如果将这种单边行为纳入第38条的列举范围，那么它可能是作为"条约和公约"的一个分支，或类似于这些条约和公约的一种特殊情况。如果一个国家对特定的未来行为作出承诺，而非拒绝履行对缔约方的承诺，并据此采取行动，那么是否可以认为存在一项协定，即一项看起来是单方面的协定？虽然这项协定是由某一当事方私下订立的，但它能否与公开的双边条约具有相同的效力？然而，这一领域（非常有限）的司法权威并不完全符合上述做法。

将单边行为纳入渊源范畴，进而（在缺乏可归属渊源的情况下）将其作为一个可能的法律渊源，实际上这仅仅是基于国际法院在两个核试验案中的判决，这两个案件（在有关方面）是相同的，[57] 并且在后续的判决中也提及这两个案件，但并未进一步发展其中的论证。[58] 国际法委员会随后对这一问题进行了深入研究，并于2006年通过了一套指导原则，[59] 这些原则当然不具有拘束力，因为其只有在纳入一项公约后才具有拘束力，但其措辞显然受到核试验案判决的启发。因此，在审查国际法委员会的原则之前，应当详细回顾这些判决内容。

澳大利亚和新西兰分别对法国提起诉讼，指控法国在穆鲁罗瓦（Mururoa）环礁上方大气层进行的核试验导致放射性物质在其领土上泄漏。其适用的主要法律依据是1928年《和平解决国际争端总议定书》。澳新两国向法院提出的最棘手的问题是，有关管辖权和案件实质方面的问题。《和平解决国际争端总议定书》显然仍然有效，但作为管辖依据其几乎被遗忘，这可能就是为何法国在根据《国际法院规约》的任选性条款接受管辖权时附加了一项排除"与国防有关的活动"的保留，却并未在接受《和平解决国际争

---

[57] 对该案例进行长期讨论，并将论点归类为"硬"（hard）或"软"（soft）。See D. Kennedy, 'The Sources of International Law', 2 Am UJILP (1987), 45 – 57.

[58] 边界争端案（布基纳法索和马里），[1986] ICJ Rep 573, para. 39. 在刚果境内进行的武装活动案（刚果民共和国诉卢旺达），[2006] ICJ Rep 26 – 9, paras. 45 – 55.

[59] 参见关于这一问题的工作组报告（UN document A/CN. 4/L/703），以及随后的国际法委员会报告（*Report of the ILC* A/61/10, 2006）；联合国大会在2006年12月4日第61/34号决议中记录了这些原则。

端总议定书》时附加任何类似的排除性保留。❻⓪ 法国认为《和平解决国际争端总议定书》已经过时,❻❶ 不再适合作为管辖权依据,这一论点有一定的说服力;但是,国际法院如果驳回法国的论点并主张享有管辖权,将使法院面临大气层核试验合法性这一极具争议的问题。甚至在 22 年后,当国际法院被要求就以威胁使用或使用核武器的合法性案发表咨询意见时,法院实际上仍然认为关于这一问题的法律适用仍未解决;如果不能认定使用核武器是非法的,那么试验核武器大概也是合法的。❻❷ 然而,1974 年出现了强烈的反对核武器的舆论浪潮,至少国际法院很可能被卷入这场政治风暴。

因此,当法国政府单方面声明不再在大气层进行任何试验,而只在地下进行试验时,对于国际法院而言,这似乎是摆脱困境的一种途径。这项声明是在国际法院诉讼程序之外作出的,法国并未参与该程序,而且是在两个申诉方明确其申诉主张后作出的;这些案件并未撤回,但申诉方也没有采取进一步行动,诸如告知法院它们可能选择的做法,即它们既未向法院告知法国的让步没有产生任何影响,也未向法院告知它们坚持其原本的主张。❻❸ 如果说,法国承担了今后不再在大气层进行试验这一具有拘束力的法律义务(即使法国原则上继续主张其进行此类试验的权利),而且这项义务是对两个申诉方作出的承诺,那么可以表明诉讼已经实现其目的,因此不再需要法院作出进一步的判决。

但是,是否存在这样一种具有拘束力的法律义务呢?如果法国改变政策是在与申诉方谈判的过程中发生的,特别是如果申诉方公开表示这一改变符

---

❻⓪ 这大概是因为《和平解决国际争端总议定书》被忽视了,或者更可能是基于严格的原因,即只有通过退出和重新加入该议定书,才能做到这一点,而且在退出生效之前还有 6 个月时间,在此期间,任何一个注意到法国行动可能性的国家都能够提起诉讼!

❻❶ 关于条约可能因过时而失效的讨论,参见本章第 2.3 节、第 2.4 节正文和脚注 43。

❻❷ 当然,如果测试对另一国的领土产生了有害影响,情况是否如此,则是另一回事。

❻❸ 澳大利亚副总检察长在辩论接近尾声时,请求国际法院指出澳大利亚在案件可受理性问题上是否存在任何没有提及的方面。参见 *ICJ Pleadings*, *Nuclear Tests*, i. 472. 关于法院的无益回应,参见 i. 514.

合其意愿并满足其要求,那么即使在没有正式中止诉讼的情况下,[64] 也可以表明不存在任何争议。[65] 然而,澳大利亚和新西兰的官方态度——至少在程序上——仍然不为人知,因为国际法院并未采取任何行动要求其表明态度。国际法院很可能怀疑,在判决作出后,申诉方对这种咨询的答复可能会是它们认为法国的声明不足以满足其要求。

国际法院根据以下调查结果作出判决,大意是任何争议都已不复存在。

> 众所周知,通过单边行为作出的关于法律或事实情况的声明可能具有产生法律义务的效力。这类声明可能而且往往是非常具体的。如果作出声明的国家意图按照声明的规定接受约束,则该意图使声明具有法律承诺的性质,从而在法律上要求该国遵循与声明相一致的行为准则。这种声明如果是公开作出的,并有受约束的意图,那么即便其不是在国际谈判的背景下作出,也具有拘束力。在这种情况下,不需要任何交换条件,也不需要事后接受声明,甚至不需要其他国家的任何答复或回应,声明即可生效。因为这样的要求不符合国家作出声明时所依据的法律行为的单边性质。[66]

该判决以多数票通过,四名持不同意见的法官提出了强有力的联合异议。[67] 然而,只有德·卡斯特罗(de Castro)一位法官对上述原则问题表示怀疑,并提出了一项简单的且未被接受的意向声明是否可能引起法律义务的问题;

---

[64] 《国际法院规则》(ICJ Rules of Court)第88条(协议中止)和第89条(单方面中止)对此作了规定。

[65] 一项已经被多个案件有效利用,却从未被国际法院所接受的主张,参见 H. Thirlway, 'Quelques observations sur le concept de dispute (différend, contestation) dans la jurisprudence de la C. I. J.', in *Liber Amicorum Raymond Ranjeva* (Paris: Pedone, 2013). 另见 *Frontier Dispute* (Burkina Faso/Niger) [2013] ICJ Rep, paras. 46 – 8.

[66] [1974] ICJ Rep 267, para. 42; 372, para. 46.

[67] Judges Onyeama, Dillard, Jiménez de Aréchaga, and Waldock: [1974] ICJ Rep 312 and 494. 然而,前述法官没有选择对引用原则的声明发表评论,因为他们提出反对意见的依据是,即使法国政府作出的声明原则上是正确的,也并不意味着申请方已经获得了它们所要求的一切。特别是持不同意见的法官并不认同法院要求停止试验的判决,要求法院作出的声明也不过是达到这一目的的一种手段。

他指出，虽然"表示将来实施或不实施某一行为的意图与设想作为法律义务渊源的承诺之间不存在区别……但事实上，并非每一项意向声明都是承诺。引起道德义务的承诺（即使在宣誓或信守诺言的情况下）与对承诺人具有法律拘束力的承诺之间存在区别。由于这种区别在国内法中最为显著，所以在国际法中必须给予更多的重视"。[68]

卡斯特罗法官批驳了法院"不需要任何条件来交换承诺，以使其具有拘束力"的观点，并指出至少在国内法中，除了少数特殊情况，承诺具有法律拘束力，因为"法律通常要求受益人应对承诺人有交换条件（a quid por quo）"。在法院审理的案件中，没有遇到过这种情况。

因此，除了卡斯特罗法官的意见，所引述的调查结果没有得到其他具体异议，但是鉴于联合异议的观点，这并不意味着法院所有法官都认为该调查结果是正确的。最初宣称这一单边行为理论"得到充分承认"是一种巧妙的掩饰，因为似乎没有任何明确的先例可以证明，一项具有拘束力的义务在未得到受益人某种承认或接受的情况下就得以确立，而这正是具体情况下所缺乏的。

国际法院本身或其他国际法庭在随后的案件中也没有遵循这一判例，鉴于作出该判决所依据的事实极不寻常，这也许并不奇怪。[69] 之后，有人试图在边界争端案（布基纳法索和马里）中采用具有拘束力的单边行为的概念；当确定边界的工作交由调解委员会时，有观点引述了马里国家元首的表达：马里政府将接受通过这种方式而划定的边界，即使这条边界穿过马里首都！国际法院毫不犹豫地否定了这种说法，因为这只是把一个风趣的**玩笑**提升到

---

[68] [1974] ICJ Rep 373–4.
[69] 然而，故事还有一部分发生在1995年。当时，法国宣布有意在南太平洋进行进一步的核试验，于是新西兰于1995年重返法院。虽然这些试验不是大气层试验，但新西兰认为，1974年的判决实际上适用于造成任何后果的所有试验。这些判决包含了一个独特的条款，其规定"如果本判决的依据受到影响"，那么申诉方可以重返法院，这意味着如果法国违背其已经作出的承诺，那么就会发生这种情况。经过一些程序上的纠缠，国际法院驳回了新西兰的请求，理由是1974年的判决"专门处理大气层核试验问题"，因此该判决的依据并未受到影响。[1995] ICJ Rep 306, para. 63.

承诺的高度。❼ 在刚果境内进行的武装活动案（刚果民主共和国诉卢旺达）中，❼ 有人主张，卢旺达司法部长模糊地表示有意撤回对人权公约的保留，就相当于撤回了卢旺达对《防止及惩治灭绝种族罪公约》的保留，国际法院在该案判决中还简要地提到了其对核试验案的声明。不出所料，这一主张被国际法院驳回，其不必考虑单边声明的法律效力这一问题，因为众所周知，对多边公约提出和撤回保留必然是条约法所承认的单边行为，其法律效力取决于其他缔约方的反应。

国际法委员会于1996年开始审议这一问题显然是可取的，因为正如委员会所指出的那样，"各国必须能够合理地确定其单边行为是否以及在多大程度上对它们具有国际性的法律拘束力"。❼ 国际法委员会将已指出的"在框架内并根据国际法明确授权作出的单边行为"排除在审议范围之外，将"确定领海范围的法律或对条约作出的保留"作为例证，❼ 并肯定了它们的效力。这些单边行为对渊源问题也无关紧要，因为每一种渊源都有一个确定的依据。国际法委员会注意到（核试验案判决中内含的）困难，即"在实践中，往往难以确定一国的单边行为所产生的法律效力是该国所期待的后果，还是取决于其行为在国际法其他主体中引起的期望"。❼ 国际法委员会确定并严格遵循核试验案判决的关键原则是：

---

❼ 参见 [1986] ICJ Rep 573–4, paras. 39–40；以及相关讨论：Thirlway, *The Law and Procedure of the International Court of Justice*, i. 18–19.

❼ *Armed Activities on the Territory of the Congo* (*New Application*, 2002), DRC v. Rwanda [2006] ICJ Rep 28, para. 50.

❼ ILC, *Report of the Working Group on Unilateral Acts of States*, A/CN. 4/L. 703, Introductory Note, para. 2. 这对在国际法和国内法之间关系上采取一元论做法的国家来说，尤其重要 [包括法国，参见 E. Decaux, 'Déclarations et conventions en droit international', Cahiers du Conseil constitutionnel 21 (January 2007), 1]: 如果一项条约在不需要立法干预的情况下，在国内法领域具有法律效力，而单边声明是为此目的的条约，那么它同样具有直接的内部效力。

❼ ILC Working Group Report, para. 3.

❼ ILC Working Group Report, 4th recital.

公开作出并表明受约束意愿的声明可能具有产生法律义务的效果。在符合这些条件的情况下，此类声明的拘束力以善意为基础；有关国家可以考虑并依赖这些声明，同时这些国家有权要求这些义务得以遵守。[75]

这些条件在另一套原则中得以详细说明：它们涉及实际情况、声明方的能力、撤回等。国际法委员会及其工作小组在确定其委任事项方面遇到了一些困难，因为这些事项（最终经协商一致通过[76]）并不包括对单边行为作为国际法的一个可能的独立渊源地位进行评估。[77] 在这方面，国际法委员会的原则似乎并未比最初的核试验案的判决更好地处理这个问题。

关键点在于一项声明的撤回：如果声明本身在任何接受之前或独立于任何接受之外，就产生了一项义务，这是否意味着不能撤回该声明？在核试验案中，国际法院将此定性为声明方的意图问题：法国的声明"不能被解释为是在默示依赖任意复议权（arbitrary power of reconsideration）的情况下作出的"。[78] 国际法委员会接受了"任意"一词的使用，并将这一规则表述为"对发表声明的国家产生法律义务的单边声明不得被任意撤回"，并解释了可能认为与某一撤回的"任意性"相关的内容，即声明的条款或嗣后事件（接受国对声明的依赖，或"情况的根本变化"）。[79] 然而，这并未进一步探讨这样一项声明是以何种方式和基础"产生了法律义务"的问题；接受国依赖声明的相关性支持这样一种观点，即我们在此讨论的是一项不完整的契约（或条约），而非某种单边事项。

言归正传，如果1974年对这些案件的判决以及反映这些判决的国际法委

---

[75] ILC Working Group Report, Principle 1.
[76] See A/CN. L/646.
[77] 这一点并没有被完全忽视：在2006年的辩论中，一些成员认为，最应当重点审查的单边行为是符合国际法渊源的自主行为，而非源于习惯法渊源的行为。A/60/10, 137, para. 316.
[78] [1974] ICJ Rep 270, para. 51; 475, para. 53.
[79] ILC Working Group Report, Principle 10.

员会的原则准确地反映了国际法的现状,[80] 那么是否涉及承认《国际法院规约》第38条以外的国际法渊源？法院并未在其表述中表明自己的立场，但它强调了法国的法律义务，并谨慎地排除了任何协定的要素，而该要素可能证明这一义务在本质上以条约为基础。是否可以认为，存在一种习惯法规则，即单边承诺，不涉及相对方或交换同意，就可根据其条款产生法律义务？这种看似虚伪的解释，让人不禁想到了"奥卡姆剃刀定律"（Occam's razor）；有观点认为，没有人会争论遵守条约的义务源于一项习惯规则，因为有约必守本身就是一项习惯法规则。但也有必要在各国的国家实践和法律确信中为这一规则寻找一些支持。有观点指出，国际投资法领域存在这样的实践，即"国家在**国家投资立法**框架内作出单边承诺的实践"对"国际投资法渊源理论具有相当大的挑战性"。[81] 然而，这一提议将在后续的讨论中结合渊源学说与该法律领域的一般关系加以论述。[82]

如果核试验案的判决不被视为一种异常现象或一种逃避政法（politico-legal）难题的司法手段，那么或许就必须将其视为基于某种类似有约必守原则的内容。关于T. 弗兰克（T. Franck）的观点，有很多地方值得讨论：

> 诚如国际法院所言，意图必须被检验。但是，不能仅仅根据发言方的主观状态来确定意图，还必须考虑聆听者的主观状态。国家政策的发言人——诚如法国总统以"法国国家行为"的庄严口吻发言一样——必须被视为有意承担其言论的自然后果，就像法律上假定行为者有意承担其行为的自然后果一样。如果一个国家通过所谓代理人发言，并且声明明确承诺该国今后的行为方针，那么就不必询问该国是否打算接受约束，

---

[80] 这绝非被普遍接受的，参见已经被引用的卡斯特罗法官的意见，以及 J. Salmon, 'Le droit international à l'epreuve au tournant du XXième siècle', Cours EuroMéditeranéeens Bancaja (2002), vi. 37 at 70: 'Le raisonnement de la Cour n'est convaincant ni en droit, ni en fait.'

[81] M. M. Mbengue, 'National Legislation and Unilateral Acts of States', in T. Gazzini and E. de Brabandere, *International Investment Law: The Sources of Rights and Obligations* (Leiden: Nijhoff, 2012), 183 at 185 (italics original; fn. omitted).

[82] 参见第8章第8.4节。

而仅需要回答利益攸关的国家是否可以合理地假定该声明构成承诺。[83]

笔者在 1989 年对这些判决进行了详细的研究后得出结论，认为：

> 可以说，核试验案的判决为国际法体系中"单边承诺"概念的发展作出了贡献，这是一项纯粹单方面承担的具有强制执行效力的法律义务。使用"善意"（good faith）概念作为这种发展的依托也许是不幸的，因为在此起作用的是一个更为基本的原则，其与有约必守原则的哲学基础相联系。此外，为了将单边义务的原则适用于案件中特别明确的事实，法院不得不以一种大胆而又宽泛的措辞来阐明这项原则——排除任何接受单边承诺的必要性，或排除任何类型的双向关系，又或排除大陆法意义上的任何起因。[84]

换言之，正如菲茨莫里斯所强调的那样，一份条约或协定必须被遵守，但这并不意味着所有必须被遵守的内容都要被定义为条约。[85]

由于这些判决似乎开辟了法理上的可能性，但后续并未开展司法探讨，也没有（就目前所知）依赖于国际实践，[86] 所以这也许可以充分解释判决在法律渊源结构中的地位，而无须假定另一种与公认渊源并列的其他渊源。

---

[83] T. Franck, 'World Made Law: The Decision of the ICJ in the Nuclear Tests Cases', 69 AJIL (1975), 612, 616–17.

[84] H. Thirlway, 'The Law and Procedure of the International Court of Justice, 1960–1989', BYIL (1989), 16–17: reproduced in *The Law and Procedure of the Internal Court of Justice*, i. 16–17.

[85] 前文所引菲茨莫里斯（本章脚注 7）对法律渊源和义务渊源所做的区分也应牢记。很难将一项重大的多边公约（例如《联合国海洋法公约》）视为立法行为以外的其他内容；但一国的单边行为只会对该国产生义务，即使可能是针对几个国家或"国际社会"而言的（ILC Report, Principle 6）。

[86] 国际法委员会确实追踪了一些公认的具有法律效力的国际单边声明，但围绕这些声明的情况似乎并没有进一步阐明这种效力的基础：《美国关于大陆架底土和海床自然资源政策宣言》（杜鲁门公告 2667 号，1945 年 9 月 28 日发布）；《埃及政府关于苏伊士运河及其运营安排的声明》（1957 年 4 月 24 日发布）；《约旦国王关于放弃对约旦河西岸领土主权的声明》（1988 年 7 月 31 日发布）；《瑞士关于联合国工作人员特权和豁免的声明》。

第3章 作为国际法渊源的习惯

3.1 引言

习惯或条约是否可以被称为最古老的国际法形式，是存在争议的。一般而言，在人类社会中，相当于法律的习惯可以追溯到史前社会，那时它实际上可能是唯一的法律形式。❶ 与本书研究更相关的是，这样一个早期社会与其他类似群体之间的关系可能通过某种形式的协议而确定，但不可能通过书面文书的形式来确定。❷ 如前所述，人类社会的一个普遍特点可能是，为规范日常关系而发展的许多实践在无形中获得了一种不可替代的地位，即这种实践由一直以来都在实施转变为不得不实施。至少可以肯定的是，在各种文明史上，习惯在确定相互接受的权利和义务方面发挥了核心作用。在国际领域，如同在国内法律体系中一样，首先这是一种法律发展形式，其结果往往不如一个富有远见的立法者所制定的规则那样"井然有序"；❸ 其次，决定结果的仅仅是那

---

❶ 不过，需要注意的是，"史前社会的人们明白，一种做法可能会在社区中被遵循，但仍然没有上升到具有拘束力和强制性的习惯的高度"。参见 D. J. Biederman, *Custom as a Source of Law* (Cambridge: Cambridge University Press, 2010), 12. 如今，国际法学人也面临同样的困境。因为古印度（约公元前 200 年）存在一部习惯战争法，参见 N. Singh, 'Human Rights in India', in *International Law at the Time of its Codification* (*Mélanges Ago*) (Milan: Giuffrè, 1987), i. 527ff.

❷ 参见"史前社会的习惯"的通常处理方式, in Biederman, *Custom as a Source of Law*, 3ff.

❸ 在此，霍姆斯（Holmes）法官的著名格言具有相关性："法律的生命不在于逻辑，而在于经验。"参见 *The Common Law* (London: Macmillan, 1881), 1. 他继续补充道："法律体现了一个国家历经数个世纪的发展历程，不能把它当作只包含数学书中的公理和推论来处理。"参见国际法委员会特别报告员的意见："习惯国际法作为法律渊源，从本质上否定了确切的规定。" Fifth Report of the Special Rapporteur on Identification of Customary International Law, A/CN4/717, para. 20.

些参与习惯的实体的利益,以及那些单独的利益(稍后将对此详述)。❹

因此,在将习惯作为法律规则的一个渊源时,国际法并未偏离国内法律体系中的主流模式。❺ 从历史来看,在国际层面上,一旦自然法的权威——上帝赋予的权威或由独立君主组成的国际社会的性质所强加的权威——被削弱,那么法律义务便会从人为创设的合法预期中产生。然而,这一进程的确切性质和运作总是模糊不清。

一种方法是将所有习惯视为一种默示协定(tacit agreement):国家在特定情况下以某些方式相互行事,这些方式被认为是可接受的,因此默许其首先是作为未来行为的指南,然后逐渐成为法律上确定未来行为的指南。❻ 这种分析的困难在于,如果协定构成习惯法,那么没有协定就意味着有理由豁免习惯法。在此基础上,某一特定规则将只对那些参与制定并表示同意该规则的国家具有拘束力。但是,人们普遍认识到除本章第 3.5 节*所述的两项例外情况,习惯国际法规则对所有国家都具有拘束力,而不论该国是否参与了该规则产生的国家实践。这个问题在新国家出现时发生:在第二次世界大战之后的去殖民化阶段,新独立的国家试图辩称,就习惯国际法规则而言,它们能够独立,❼ 并主张可以选择接受和拒绝哪些既定的法律规则。这一观

---

❹ 参见下文第 79-80 页。

❺ 习惯国际法的许多困难和争辩可以与 13—14 世纪欧洲的法律争论紧密并行。参见 E. Kadens and E. A. Young, 'How Customary is Customary International Law?', 54 William & Mary LR (2013), 885-920. 甚至有一个提议,预示了郑斌(Bin Cheng)(参见本章脚注 65)的想法,认为其提出了一种"即时习惯"的概念(Kadens and Young, 'How Customary?', 891)! 另见 R.-J. Dupuy, 'Coutume sage et coutume sauvage', in *Mélanges offerts à Charles Rousseau* (Paris: Pedone, 1974), 75ff.

❻ 关于国际专门领域的类似情况,参见 1980 年《联合国国际货物销售合同公约》第 9 条。根据该条规定,此类合同的当事人不仅受其约定的惯例的约束,而且受"当事人各方知道或理应知道的惯例的约束,以及在国际贸易中广为人知并经常得到有关特定贸易所涉类型的合同当事人遵守的惯例的约束"。

* 本书作者沿用了本书第一版中的第 3.5 节和第 3.6 节的内容,但是作者将旧版这两部分内容合并至新版第 3.5 节中。——译者注

❼ 参见阿穆恩法官在巴塞罗那电力公司案中的不同意见,[1970] ICJ Rep 329-30. 共产主义时期,俄罗斯也提出了类似的主张,即确立一种与西方资本主义不同的社会主义国际法。参见 G. Tunkin, 'Remarks on the Juridical Nature of Customary Norms of International Law', 49 Cal. LR (1961), 419 at 428.

点并未得到其他国家的接受,后来被其拥护者悄悄抛弃。人们也许意识到,这可能是一把双刃剑,因为大多数一般习惯规则都是这样的,当一国在今天的一项争端中拒绝接受其中一项规则,那么可能在明天的另一项争端中因对其有利而又重新需要接受并援引该规则。

当然,习惯的认定是一个自然的过程,即一种特定的做法从因其便利性或因被视为"公平"和适当而被遵循,发展到其被视为"总是在践行",并由此成为习惯或者法律所要求的内容。

显而易见的问题是,确定何时能够达到这一阶段,何时才能期望习惯所处社会中的所有参与者(也许包括一些出于某种原因而未能参与其中的主体)遵守这一习惯,即使对这些特定的参与者或其中之一而言,该习惯是不受欢迎的。

习惯作为任何社会的法律渊源,都会带来一些哲学问题,而 J. 菲尼斯(J. Finnis) 很好地表达了这一点,[8] "在没有被任何有权制定该规则的人制定,甚至在尚未获得授权以制定该规则的情况下,一项权威性的规则是如何产生的(即开始规范一个社区)";为了研究这个问题,他把国际社会作为最可能出现该问题的背景。[9] 他在分析中谨慎地作出了一些界定,下文的简明摘要可能稍显不合理,但也许能够说明其原创性。其关键之处在于确定国际社会对元原则的基本采用。主观要素(法律确信[10])包含国家接受的两种信念:在相关法律领域中,最好存在"一些确定的、共同的和稳定的行为模式和相应的权威性规则",以及存在一种特定的模式,"它是(或将是,如果普遍采用和默许的话)"适用于该目的的。除了这些信念,各国从经验层面指出,首先,"人们普遍赞同和默许这种可取的行为模式";其次,法律确信

---

[8] J. Finnis, *Natural Law and Natural Rights* (Oxford: Clarendon, 1980).

[9] Finnis, *Natural Law*, 238–45. 然而,请注意路易斯·亨金 (Louis Henkin) 的有效区分:习惯法不是制定出来的,也不是创造出来的,而是通过实践积累的结果;它"不是源于国家的同意,而是源于制度体系的同意"。参见 L. Henkin, 'International Law: Politics, Values and Functions', 216 Recueil des cours (1989–IV), 54.

[10] 这里参考了菲尼斯所理解的这个概念,该术语的一般意义将在本章第3.2.2节中探讨。

（如前面定义所述）"得到了各国的广泛认同"。为了使这些要素综合构成习惯规则或对其的承认，并为了使法律确信（如定义所述）所包含的信念不至于毫无根据，或者正如菲尼斯所言，"一项不合逻辑的推论"（a complete non-sequitur）必须承认存在一项被各国接受的元原则：

> 习惯规则的出现和对其的承认（通过对某种实践和相应的法律确信给予某种程度的同意或默许，足以形成一种规范，并使即便没有该实践或法律确信的当事方也能承认该规范）是解决国际社会互动或协调问题的一种可取或适当的方法。⑪

菲尼斯总结道，"习惯的一般性权威取决于国际社会已经将习惯形成作为一种适当的规则创建方法"。⑫

如前所述，习惯法与源自条约的法律之间的一个重要区别是，原则上习惯法无一例外地适用于所有国家，而条约法本身仅适用于特定条约的缔约方。在争端中，以条约法规则为依据的国家必须确定争端的另一方受条约约束；然而，如果主张以一般习惯法为依据，原则上应确定该规则存在于习惯法中，而无须表明另一方明确接受该规则或参与产生该规则的国家实践。⑬ 此处有两个例外。其一，原则上，一国如果不接受一项正在成为标准国际惯例的规则，那么该国可以明确表示反对这项规则，基于这种情况，如果这项规则之后确实成为一项法规，那么该国将不仅不受该规则的拘束，还拥有**一贯反对者**的法律地位（参见第 3.5.1 节）。其二，除了一般习惯法，还存在**特殊习惯法**或**地方习惯法**规则（或国际法委员会使用的最新术语"**特别习惯法**"）。这些规则只适用于特定的国家集团，当一项主张是基于这种所谓的习惯时，

---

⑪ Finnis, *Natural Law*, 243.
⑫ Finnis, *Natural Law*, 243–4.
⑬ 如果争端是通过仲裁或司法解决的，那么理论上甚至没有必要确定该规则的存在；根据法官知法（*jura novit curia*）原则，不需要证明一般法律规则。然而，实践中，诉讼方确实需要努力证明其主张所依据的法律规则的存在。

有必要证明被告方已通过表明法律确信的适当国家实践，将该习惯接受为对其具有拘束力的习惯（参见第3.5.2节）。⓮

3.2 习惯的构成要素

3.2.1 双要素还是单要素

本书第一版提及了国际法委员会当时正在进行的关于"习惯国际法的识别"工作。这项工作现已完成，形成了16个措辞严谨的"结论"。⓯ 作为一份实用且具有内在权威性的参考文件，这些结论取代了本书第一版提及的国际法协会（International Law Association，ILA）设立的委员会在2000年的总结报告中关于"习惯（一般）国际法的形成"的内容。⓰ 然而，如今看来，该协会的委员会提出的一些意见仍有利于国际法委员会后续的工作。

因此，在某种程度上，这一主题可以说是已经被"法典化"了，但是不应从字面意义上理解这一术语。国际法委员会根据联合国大会的提议，将其决议作为法律声明的载体，并且把法律声明附在决议之后，提请各国和所有可能被要求确定习惯国际法规则的国家注意。⓱《联合国宪章》并未赋予这一决议拘束力，该决议也不具有任何法律效力，其本身甚至不具有习惯法或习惯要素之一的地位。在尼加拉瓜境内和针对其的军事和准军事活动案（尼加拉瓜诉美国）中，国际法院认为，习惯的一个基本要素是"法律确信，尽管

⓮ 在国际法委员会的最后结论16中，将其处理为"无论是区域性、地方性，还是其他性"；国际法协会的一个委员会的报告（参见本章内容及脚注19）（根据其授权）未涉及该问题。

⓯ 甚至在最终通过之前，国内法院的判例已经受到了这些影响。参见英国上诉法院对自由与正义党及其他人案的判决，[2018] WLR (D) 460, para. 18.

⓰ 国际法协会虽然不具有国际法委员会那样的官方地位，但其成员身份，特别是该委员会的成员身份，使报告具有《国际法院规约》第38条所设想的"各国权威最高之公法学家学说"的分量。

⓱ 国际法委员会建议的全部细节，参见国际法委员会第3444次会议（2018年8月6日）通过的决议，以及联合国大会于2018年12月20日通过的第A/RES/73/203号决议。

065

表达得十分谨慎,但可以从法官的态度中推断出**各国**对大会某些决议**的态度**"[18]。因此,如果关于习惯的"法典"在将来得到普遍认同,那么"法典"本身就能获得习惯的效力,但那个时刻还未到来。

国际法委员会的结论在其评注中得到了详细说明,并且可以结合国际法委员会先前报告中的评论同时阅读。此处并非完全照搬国际法委员会的结论,而是以更一般的方式讨论结论中的实质内容,同时酌情参考结论和辅助报告。[19]

国际法中关于承认具有拘束力的习惯的传统标准在国际法委员会的结论中得到认可,这些标准在所谓的"双要素理论"中有所阐述。该理论要求应存在足够的实践(即存在足够的与所谓习惯相一致的行为的例子),[20] 并且这种实践应当附有传统上称为法律确信或法律必要确信的依据来予以支持。[21] 根据其在法律上的适用性,将该术语充分译为英文所需的单词比简洁的拉丁语本身要多得多:它意味着"所涉及的内容是(或可能应该是)法律或必要性所要求的观点(或信念)"。某一实践可能具有延续性,甚至经历了一个相当长的时期,但在任何方面都无迹象表明有义务。外交关系中涉及的礼节就是一个常见的例子,[22] 在这种缺乏法律确信的情况下,以及在另一国选择在特定情形中采取不同做法的情况下,一国不能突然坚持要求遵循该

---

[18] [1986] ICJ Rep 14, at 99 – 100, para. 188.

[19] 这些结论载于联合国文件 A/CN./L.908 and A/RES/73/203.

[20] 在本章第 3.2.3 节中将进一步讨论产生习惯的法律确信的性质。但仍然模糊的一点是,如果一个国际组织参与一种可能产生习惯的实践,如果这种实践被认为是相关的,那么是否必须同样受到法律确信的启发,如果是这样,这种实践可能采取什么形式。国际法委员会的结论将产生习惯的实践限于国家(结论 4 第 3 项),但将某些可能的影响归因于国际组织的决议(结论 12)。联合国教科文组织法律顾问 A. A. 尤瑟夫(A. A. Yusuf)在 2003 年关于国际实践和人权问题的日内瓦座谈会(巴黎:佩多内,2004 年)上提出了这个问题,但并没有作出回答。他指出,更重要的是,这种实践应符合该组织的章程。一个类似的问题是,未被普遍承认为国家实体的实践。为了评估这种实践的普遍性,是否应该排除"南奥塞梯"(South Ossetia)或"阿布哈兹"(Abkhazia)所参与的有关实践?

[21] I. Brownlie, *Principles of Public International Law*, 8th edn. (Oxford University Press, 2008). I. 布朗利(I. Brownlie)教授使用了"法律确信**和**必要性"(*opinio juris et necessitatis*)这一表达方式,因此是"和"而非"或",但尚不清楚这是否意在表明这种信念必须体现实践既是一个法律问题,又在某种程度上是必要的。注意对必要性考虑可能产生的影响的讨论,在本章后文及脚注 114、115。

[22] 参见北海大陆架案,[1969] ICJ Rep 44, para. 77, 引用见本章下文及脚注 104。

习惯。[23] 对于这种情况，是否可以采用"单要素理论"同样或更好地进行定义，众多研究表明应当将这两种情形视为同一现实的两个方面。[24] 既然国际法委员会和国际法院都支持"双要素理论"，那么我们就可以把它的对立面搁置一边。[25]

实践和法律确信二者之间关系的经典定义可以在国际法院对北海大陆架案的判决中找到；国际法院讨论了一项条约条款可能产生习惯法规则的程序，但这种分析一般适用于习惯的产生：

> 有关行为不仅必须构成一种既定实践，而且必须是这样的或以这样的方式进行以证明一种信念，即这种实践是由于存在要求这种行为的法律规则而使其具有强制性。这种信念的必要性，即主观要素的存在，隐含在法律确信的概念中。[26]

对于事实上是否需要这一原则声明以支持法院在本案中作出的判决，存在一些争议，因为如果不需要的话，该声明在原则上只能作为一项附带意见。[27] 然而，它被广泛引用以表明这一经典观点（无论是支持这一观点的人，还是反对者），法院也引用了这一声明，并在随后的判决中遵循同样的论证，因此其权威性是无可争议的。

---

[23] "被公认为法律的一般实践（法律确信）应区别于单纯的实践或习惯"，参见国际法委员会的结论 9 第 2 项。

[24] 一个经典的研究是 P. Haggenmacher, 'La doctrine des deux éléments du droit coutumier dans la pratique de la cour international', RGDIP (1986), 5. 该研究由 B. K. 施拉姆（B. K. Schramm）以"法律小说"的名义予以重新确认和认可，参见 B. K. Schramm, *La fiction juridique et le juge: contribution à une autre herméneutique de la Cour international de justice* (Bruylant, 2018)。

[25] 前南斯拉夫问题国际刑事法庭还赞同下述案件中的"双要素"观点，参见哈兹哈萨诺维奇和卡布拉案，案号为 IT-01-47-T，2006 年 3 月 15 日。

[26] 参见北海大陆架案，[1969] ICJ Rep 3, para. 77. 另见大陆架案（利比亚和马耳他），[1985] ICJ Rep 13, para. 27；在尼加拉瓜境内和针对其的军事和准军事活动案（尼加拉瓜诉美国），[1986] ICJ Rep 14, paras. 183 and 207。

[27] 特别参见 Haggenmacher (n. 23 above) at 101ff., para. 45; and Thirlway in *Max Planck Encyclopedia of International Procedural Law*, s.v. 'Obiter dictum' (in press).

这两个构成要素显然为不同的观点留下了很大的空间，而且整个定义有时被批评为循环的。例如，出现的明显问题有：足够的实践有多少？实践的广泛程度是多少？哪些是相关的实践，哪些又不是？如何表现出充分的法律确信？虽然国际法委员会现在已经为这些问题的答案提供了许多指导和权威方向，但这些问题仍将继续存在。当然，最直接的依据是各国实际上做了什么，以及其自身表明其这样做或不这样做的理由。在国际关系的历史进程中，在许多问题上，这种实践本身就是确信的依据，其积累程度如此之高，以至于没有人严重怀疑诸多习惯规则的存在。它们通常被记录和定义在学术著作、司法判决或仲裁裁决中，而且根据《国际法院规约》第38条第1款（d）项规定，这种形式恰恰是国际法的辅助渊源。㉘ 近现代以来，越来越多地使用多边公约来确定国际上公认的法律，这意味着这些公约可能表明存在习惯规则，而习惯规则本身对非相关公约缔约方也具有拘束力。然而，不参与可能意味着反对该规则，所以这时也是一个微妙的问题。正如国际法院在一项附带意见中所表示的那样，其认为应在随后的裁决中重复这一内容：

> 尽管多边公约在记录和确定源自习惯的规则方面，或在制定这些规则方面，都可能发挥了重要作用，但不言自明的是，习惯国际法的实质内容仍应主要在国家实践和法律确信中寻找。㉙

可以肯定的是，无论是就所有国家都必须证明其同意而言，还是就存在证据表明所有国家都持有确信，即认为这是一项具有拘束力的习惯而言，所有国家间的一致同意并非一项要求。国际法委员会在结论8中认为，"相关实践必须具有一般性，这意味着它必须足够广泛且具有代表性……"

正是由于习惯法表面结构（或缺失这一结构）的普遍"凌乱"（untidiness）

㉘ 进一步参见第5章的相关内容。
㉙ 大陆架案（利比亚和马耳他），[1985] ICJ Rep B，para. 27，引用于国家管辖豁免案（德国诉意大利，希腊介入），[2012] ICJ Rep 122 – 3 para. 55.

激发了一些分析，这些分析旨在以新的、更严格的分析取代传统的渊源体系，或以更严格的方式重新考虑传统的体系；其中一些内容将在第9章加以概述。这里可以注意到，如果出现了一种体系（很难说"已经被设计好"），它使争议问题能够根据各国通常所采取的做法或是在相互要求彼此采取做法的基础上进行辩论和解决，那么这种体系就未必能够经得起逻辑推敲。当学者（分析者）提出"习惯国际法是如何运作的"这一问题时，其实际上是指"一个习惯国际法体系如何运作或是在什么理论基础上运作？"然而，实践者（以及法官）会提问："习惯法在这个问题上表明了什么？"——当然，可能还有推论，"如果有的话"！

还有一个问题的答案并非很清楚：当试图通过调查相关国家（可能还有国际组织）的实践来确定一项一般习惯法规则的存在时，哪些主体的实践和法律确信会与调查有关？这绝非一个权威性层面的问题，而是与国内法院的调查结果是否相关或者在国家层面上确定参与者实践和确信的问题。[30] 举一个明显的例子，在确立海洋划界立法方面，没有海岸线的国家显然不能参与划界实践，而习惯法规则很有可能在这一实践中形成；这是否意味着它们对这一问题没有或不能有意见？由于难以想象在什么情况下两个相向或相邻国家选择划界的方法会影响到一个内陆邻国的利益，因此这一点似乎纯属假设。然而，如果将一些国家排除在创造习惯的实践之外并不是基于这类实践的性质，那么这个问题就更加实际。

国际法委员会结论中采用的"法律确信"的定义向实践参与者提供了启示：它要求"所涉实践必须具有法律权利或义务意识"（结论9第1项）。这就把潜在的法律确信拥有者的定义与从事实践的主体的定义联系起来，由此似乎可以推断，无论出于何种原因未能参加实践的国家不能就此事项发表相关意见。然而，这意味着实践的行为可能会影响到那些本身不能实施这种行为的国家，所以国际法委员会在国际法院就在尼加拉瓜境内和针对其的军事

---

[30] 参见上文已经提到的未被普遍承认为国家实体的问题，比如阿布哈兹。

和准军事活动案作出判决后,解释道,"采取有关行动的国家和能够对这种行动作出回应的国家"[31] 应被视为法律确信的参与者。

当国际法院被要求就威胁使用或使用核武器的合法性案发表咨询意见时,国际法院必须考虑是否存在任何禁止使用核武器的习惯法规则,或在某些情况下明确授权使用核武器的习惯法规则。国际法院的结论是,到目前为止,还不存在"明确禁止使用核武器的习惯法规则",[32] 而且可能(言下之意)也不存在明确授权使用核武器的规则。[33] 在得出这一结论时,国际法院考虑了国际惯例和可能存在的法律确信。但是谁的法律确信值得考虑呢?世界上大多数国家都不拥有核武器,因此它们既不能选择使用核武器,也不能有意避免使用核武器。绝大多数国家很可能强烈地认为,使用核武器是非法的,或应该是非法的,[34] 但是这些观点是否比内陆国家对于海洋划界规则的观点更具分量?这些观点能否将这些国家归入对该政策"有能力作出回应"的类别?

国际法院的结论在这一点上并不具体,但其通过具有启发性的措辞表达了这一点。在注意到威慑的实践后,法院继续补充道:"此外,国际社会成员在过去 50 年不诉诸核武器是否构成法律确信表达的问题上存在严重分歧。在这种情况下,法院认为自己无法认定存在这种法律确信。"[35] 奇怪的是,国际法院在此并未对"这种实践是否表明存在法律确信"这一问题作出回答,而是提出并回答了"国际社会成员是否认为存在法律确信"的问题。这将习惯中的主观要素从一个层面提升至另一个层面;更重要的是,这意味着法律确信与国家实践的分离,从这个意义上来说,非核武器拥有国的意见即使不是作为法律确信,也应作为确认存在法律确信的一种确信。与这种确信有关

---

[31] [1986] ICJ Rep 14 at 109 and the ILC Report on the Work of the Seventieth Session, A/73/10, Commentary on Conclusion 3, para. 7.

[32] [1996-I] ICJ Rep, p. 255, para. 73.

[33] 关于这一点,参照西玛法官在科索沃案中已经提及的观点。

[34] 在奥达法官的不同意见中,有一张有核国家和无核国家对联合国大会关于核裁军问题的决议的表决表。*Legality of the Threat or Use of Nuclear Weapons* [1996-I] ICJ Rep 366-7.

[35] *Legality of the Threat or Use of Nuclear Weapons* [1996] ICJ Rep 254, para. 67.

的实践，大概是反对或支持核国家拥有核武器的自由；事实上，国际法院审查联合国大会决议的原因在于，这些决议"在某些情况下，可以为确定存在一项规则或出现法律确信提供重要依据"。㊱

如此是否已经足够？无论出于何种原因被禁止参加相关实践的某一国家，在"数人头"问题上是否仍能发表相关意见？就海洋划界立法而言，内陆国参加了连续举行的海洋法会议，并未被禁止就近海划界问题发表意见，但这些意见作为确定关于这一问题的习惯法规则的法律确信是否具有关联性？这两种情况之间存在明显的区别，即实际使用核武器将很可能对许多非核"俱乐部"成员国家产生极其严重的影响，而这些国家很可能在使用核武器的冲突中保持中立。㊲ 这也是所谓"法律确信"的性质问题：联合国大会中的反核国家明确指出，国际法**应该**禁止核武器；但是，反核国家是否能够确信，已经拥有核武器的国家**也会如此**？㊳

无论引用的段落（前文及脚注 32）中所表达做法的实质内容如何，它似乎与审查有核国家**不作为**的重要性并不一致。国际法院似乎不愿意支持这样一个简单的论点，即不使用核武器这一消极的实践并不支持法律确信，因为它远不能明显归因于"使用核武器具有非法性"的信念，它构成了所谓的"模糊的不作为"（ambiguous omission）。

㊱ *Legality of the Threat or Use of Nuclear Weapons* ［1996］ICJ Rep 254 – 5，para. 70. 这体现于国际法委员会的结论 12 中。

㊲ 关于这一审议的法律相关性，参见沙哈布德恩法官的反对意见，［1996 – I］ICJ Rep 387 – 9 and 392ff.

㊳ 简言之，提出的另一种分析是，事实上并非所有的一般实践都是各国所希望的，法律确信有助于区分那些强烈需要的实践，因此被列为习惯。有关核武器的保留是一个不受欢迎实践的例子。据称所有国家都倾向于认为，任何国家都不应该拥有核武器，但众所周知的"囚徒困境"（参见第 9 章脚注 14 的解释）克服了这一点。See C. Dahlman, 'The Function of *Opinio Juris* in Customary International Law', 81 Nordic JIL (2012), 327 – 39. 这当然与国际法院的结论相一致，即目前在这一点上，无论哪种方式，都不存在任何法律确信，［1996 – I］ICJ Rep 264，para. 67. 然而，核武器以及达尔曼（Dahlman）提到的二氧化碳排放可能是例外情况；在其他情况下，可能更难表明，那些行为构成一般实践的国家更愿意避免这种实践。然而，一个令人不安的当代相似例子是那些导致全球变暖的活动：虽然亟需停止或改变这类活动，但由于其具有竞争性的商业性质，单边行为可能会导致经济上的自杀后果。

我们注意到海洋划界中内陆国的例子，有些国家由于自然原因被专门排除在特定类型的生成习惯的实践范畴之外。是否还可能存在一类国家，它们由于类似或其他原因而被特别**纳入**这种实践范畴，也就是说，生成习惯的实践是否必须包括它们的参与？有一类国家被国际法院称为"特别受影响的国家"。在北海大陆架案中，国际法院被要求裁定海洋划界的等距离方法是一个习惯法问题，其要么通过"广泛参与且具有代表性"的《日内瓦大陆架公约》，要么通过时间推移并在各方面都强调必须包括"利益受到特别影响的国家"的参与。[39] 由于国际法院认为在该案中不必确定是否存在这样的国家，因此并未提供任何线索说明这种"特别影响"可能涉及什么，而这一点将得到进一步论述。[40]

实践和法律确信共同为确定是否存在习惯规则提供了必要的信息，但实践和法律确信的作用并非唯一的重点，它们是相辅相成的。

因此，这两个要素作为概念交织在一起，需要共同研究或进行比较。[41] 当一国以具有法律意义的方式作为（或不作为）时，它既是对相关领域的国家实践体系的贡献，也是对法律确信表现的贡献，但该国（或其指挥者）很可能并没有意识到要如此行为。然而，本书将尝试分两部分进行讨论，每一部分都集中于一个要素，而不忽略另一个要素。

3.2.2 国家实践

3.2.2.1 一般情况

首先，应当注意到最近引发关注的分歧，也就是实际发生的国家实践与学术讨论，以及（特别是）司法判例中所反映、总结或假定的国家实践之间的分歧。国际法院尤其受到批评，因为其对习惯法规则的存在（或不存在）

---

[39] *North Sea Continental Shelf* [1969] ICJ Rep 42, para. 73; 43, para. 74.

[40] 参见下文及脚注61。

[41] 然而，这并不能证明构建某种"习惯计算法"（custom calculus）是合理的。根据这种计算法，实践中的不足之处可以与法律确信的重要证据相平衡，反之亦然。参见 F. L. Kirgis, Jr., 'Custom on a Sliding Scale', 81 AJIL (1987), 146, 以及第9章第9.2.2节中的讨论。

或内容的结论，更多的是基于假设或根据假设进行的演绎推理，而非基于国家关系中的国家实践。⑫ 评论员指出，国际法院对习惯问题的推理并不总是始于实践，而是其本身已经脱离实际。这俨然已被视为一种趋势，其结果甚至被称为"假习惯"的传播。⑬ 就这种实践而言，对其提出的一种解释或理由是，国际法院需要表现出公正性，而这种公正性似乎因为只对某些国家的实践进行审查，所以其作为有关习惯的判决基础会受到损害。⑭

更一般而言，应当注意到，一个在推理上简明的法院并不一定没有意识到或选择无视未声明的材料。一篇学术论文可以列出与该主题相关的所有判例法，而无论其内容有多么广泛；但法官应该在表述中更加简洁。更不用说，法院在一份措辞简练的裁决中得出的结论就必然是不合理的；无论如何，法官的职责是将他面前的材料解释为法律。⑮

由于包括习惯在内的国际法本质上规范了国家之间的关系，因此与确立习惯法规则相关的实践是国家相互之间的实践（作为或不作为）；国家通过由国际主体所组成的国际组织进行的实践也有可能发展为习惯。⑯ 习惯产生过程的本质是一方法律主体实施行为，其他相关法律主体作出回应（包括接受、拒绝与默认）。国际法委员会所称的"其他行为主体"（个人、公司等）的行为并不重要，其"只有在评估实践显现出相关性时"才显得有意义（结

---

⑫ 例如，参见 A. Roberts, 'The Theory and Reality of the Sources of International Law', in Evans (ed.), *International Law*, 5th edn. (Oxford University Press, 2018), 106 – 7, 111.

⑬ F. Tesón, 'Fake Custom', in Lepard (ed.), *Reexamining Customary International Law* (Cambridge, 2017), 86 – 110；但可参见更全面、更细致的分析：S. Yee, 'Article 38 of the Statute and Applicable Law', Journal of International Dispute Settlement (2016), 472. Section 3, 479ff.

⑭ See Petersen, 'The International Court of Justice and the Judicial Politic of Identifying Customary Law', 28 EJIL (2017), 157 – 86. 关于"较弱"国家实践的信息可用性问题，参见下文及脚注84。（因此，可以说，避免参与国际法院诉讼程序的国家——例如拒绝接受任择管辖权——失去了影响习惯法方向的机会！）

⑮ 参见 Venzke, *How Interpretation Makes International Law: On Semantic Change and Normative Twists* (Oxford University Press, 2012), 70 – 1；另请参见下面的讨论：*EJIL Talk*, http://www.ejiltalk.org/the-international-court-of-justice-and-customary-international-law-a-reply-to-stefantalmon/.

⑯ 国际法委员会的结论表达了这一点，将相关实践定义为"国家实践是习惯国际法规则的表达或创造"（结论4第1项），然后在国际组织的贡献中加上"在某些情况下有资格"的表达（第2项）。

论 4 第 3 项)。

因此,一国对其本国公民的实践,作为《联合国宪章》第 2 条第 7 项含义范围内的"国内管辖"事项,原则上一度对确立习惯规则不具有意义。[17] 这似乎与现代人权法的内容不符,现代人权法对国家在这一领域的自由规定了许多限制。这个问题将在后文得到更详细的探讨,[18] 但在此可以看到,人权法在很大程度上是通过广泛的国际公约发展起来的,这恰恰是因为难以确立以实践为基础的习惯法。[19] 由于几乎所有的国家都批准了其中大部分公约,并考虑到这些公约所体现原则的道德权威,所以人们普遍认为公约条款或其中一些原则也对非缔约方具有拘束力,而这一观点的理由之一是,尽管存在刚才提到的理论问题,但仍然存在人权习惯法。[20] 这个问题仍然存在争议,尽管有迹象表明许多国家承认一种可行的折中办法,其也可能难以从法律上予以界定。[21]

行为必须是国家以国家身份(而非投资者身份)已经或正在做的事情,这样才能被援引为实践:国际法委员会的结论承认"在行使其行政、立法、司法或其他职能时"的任何活动都是这样的(结论 5)。[22] 此外,"实践可以采取多种形式,它可能既包括肢体行为和言语行为,也包括故意的不作为"

---

[17] 对外国国民(特别是在本国领土上暂住或居住的外国国民)的待遇,可能引起国民国的外交保护要求,因此其与这一领域习惯法的发展密切相关。

[18] 参见 Simma, 'Der Einfluss der Menschenrechte auf das Völkerrecht' in *International Law between Universalism and Fragmentation* (*Hafner Festschrift*) (Brill 2009); 第 8 章第 8.2 节中有进一步阐述。

[19] 对此可大致参见 T. Meron, *Human Rights and Humanitarian Norms as Customary Law* (Oxford: Oxford University Press, 1989). 当然,问题不仅在于其他国家是否可以在法律上反对一个被视为违反人权的国家的行动,而且在于它们是否有兴趣这样做,从而采取具有国家实践意义的行为。但是,在国际贸易等领域,情况则大不相同。

[20] 关于习惯人权法的争议,还涉及国际机构,特别是联合国大会通过的不具有拘束力的决议是否属于国家实践的问题,对此参见本章第 3.2.4 节的论述。

[21] See M. Byers, *Custom, Power and the Power of Rules* (Cambridge: Cambridge University Press, 1999), 43–5.

[22] 国内法院的判决(以"司法能力"行事的国家——参见国际法委员会的结论 5)既可能与实践行为相关(例如,参见 2000 年 4 月 11 日逮捕令案判决,[2002] ICJ Rep 24, para. 58;国家管辖豁免案判决,[2012–I] ICJ Rep 131–5, paras. 72–4;以及下文和脚注 85),也可能与"司法判例"相关,并由此可能与《国际法院规约》第 38 条第 1 款(d)项所述的"补助资料"相关(参见国际法委员会秘书处 2016 年关于此事的备忘录, A/CN.4/691, Observation 23)。

(结论6第1项)。关于不作为的关键词是"故意",并且很可能难以区分导致严重不作为的限制和冷漠(甚至是官僚主义的无能)。国际法委员会在提供了相关实践的形式类别(结论6第2项)之后指出,"在各种形式的实践之间不存在预先确定的等级"(结论6第3项)。一国的单一行为本身不能作为确立习惯的国家实践的充分依据,且少数国家的一贯行为也不能作为充分依据,[53] 尽管在这两种情况下,如果这种行为同时得到受该行为影响的若干其他国家的接受,就可能产生这种结果。[54] 然而,原则上,实践的本质在于行为主体不断重复,而国际司法判例也提到了"一贯和统一的实践"。[55] 这意味着需要经过一段时间的流逝,但重要的是处理特定事项的方式是否前后一致。国际法委员会的结论是,"只要这种实践具有一般性,就不要求特定的存续时间"(结论8第2项)。如果需要解决的问题经常出现,而且每次都以基本相同的方式进行规范,那么所需时间可能很短;如果问题只是偶尔出现,则可能需要较长的时间才能观察出处理是否具有一致性。[56] [有观点认为,仅凭长期的实践就足以创造习惯,就像连续的步行者无须考虑他们的主观状态(法律确信)就能够因选择相同的路线而走出一条路一样,[57] 但这只是被国际法委员会否决的"单要素理论"的一种形式。] 事实上,只有实践的一贯性和

---

[53] 正如亚伯拉罕(Abraham)法官在关于或起诉或引渡的义务问题案中全面指出的那样,参见 [2012–II] ICJ Rep 479, para. 36.

[54] 第一颗卫星的发射就是一个典型的例子,加上其他国家对这种侵犯传统主权的行为缺乏异议。国际法委员会的结论10第3项认为,"如果国家能够作出回应,并且也需要作出某种回应,那么随着时间的推移,对一种实践不回应可能被视为法律上的接受(法律确信)"。

[55] 印度领土通行权案,[1960] ICJ Rep 40;根据1964年6月30日在罗马签署的妥协书组成的仲裁庭的咨询意见案(美国和意大利),RSA xvi. 100.

[56] 德国在北海大陆架案中很好地阐述了这一点:"有观点认为,一项习惯法规则形成的时间越短,对惯例(usage)的一致性和统一性以及证明支持这种惯例的基本法律信念的要求就越严格。时间的长短不是决定性的,而是在这段时间内是否能够证明有法律信念支持的'具体惯例'":Memorial of Germany, *ICJ Pleadings*, *North Sea Continental Shelf*, i. 58. 国际法委员会的观点是"只要这种实践具有一般性,就不要求特定的存续时间"(结论8第2项)。

[57] 参见 M. 科恩(M. Kohen)引用的作者(和诗!):M. Kohen, '*La pratique et la théorie des sources du droit international*', in Société française pour le droit international, *La Pratique et le droit international*, Colloque de Genéve (Paris: Pedone, 2003), 82. 一首来自新英格兰的有着相似寓意的类似诗歌,参见 S. W. Foss in 32 Cornell Quarterly (1946), 137; 引用于 R. E. Megarry, *Miscellany-at-Law* (London: Stevens, 1955), 285–7.

重复性才有意义，而非实践的存续时间。在北海大陆架案中，国际法院解释道：

> 短时间的流逝并不一定阻碍新的习惯法规则的形成……然而，一项不可或缺的要求是，在相关时间内，国家实践（包括利益受到特别影响的国家实践）的时间尽管可能短暂，但应既广泛又一致。此外，还应以普遍认可的法律规则或法律义务的方式进行。[58]

需要指出的是，国际法院在处理所谓的一般实践时，并未表明这种实践的普遍性，甚至是一般性。如前所述，实践的特征在于，这种实践必须要有"利益受到特别影响"的国家的参与，而且应表明存在着"普遍承认"涉及法律规则的情况。国际法委员会对"一般性"的定义是，某种实践"必须足够广泛和具有代表性，并且相对统一"。[59] 对一般性的认可是必需的，但也可以基于不一般的实践。

近年来，"受到特别影响的国家"的概念引起了巨大的争议，起因是国际法委员会特别报告员编写的关于习惯国际法识别的研究报告中列入了这一概念，即报告员根据国际判例法和既定原则，在委员会的结论草案中提到了该概念。一些国家的强烈反对最终导致 2018 年提交的结论草案中并未提及这一点。[60] 从本质上讲，这些反对意见是基于这样一种信念，即"受到特别影响的国家"意味着与南半球相比更为强大的北半球国家，尽管这一表述的历史渊源

---

[58] [1969] ICJ Rep 43，para. 74. 法院正在考虑一个特定的案例，即"在最初纯粹的传统规则的基础上"发展起来的习惯（1958 年《日内瓦大陆架公约》第 6 条），但其声明一般不限于这种情况。最后引用的语句当然是指法律确信的要求。

[59] 结论 8 第 1 项。

[60] 但评注中的一段（结论 8 第 4 项）解释道，"在评估实践的普遍性时，必须考虑的因素是，那些特别参与有关实践或最有可能与所指规则有关的国家（'受到特别影响的国家'）参与实践的程度。虽然在许多情况下，所有国家或几乎所有国家都会受到同样的影响，但在不考虑有关沿海国和船旗国的实践或者不评估资本输出国和投资国的实践的情况下，就确定有关海域航行的习惯国际法规则或外国投资规则的存在和内容，显然是不切实际的。但是，应当明确指出，'受到特别影响的国家'这一术语不应当被理解为国家的相对实力"。另见蒙德夫国际有限公司诉美国仲裁案（国际投资争端解决中心仲裁裁决，2002 年 10 月 11 日作出）。

（国际法院关于北海大陆架案的判决）不具有任何这种含义。[61] 然而，这一概念仍然可用于就某一特定所谓的习惯规则的有效性进行谈判，并很可能在适当的时候得到司法上的重新认可。[62]

国际法院在尼加拉瓜诉美国在尼加拉瓜境内针对其的军事和准军事活动案的判决中，进一步表明了实践所需的一般性和一致性。国际法院指出："不能期望各国在实践中有关习惯规则的适用是完美的，因为各国在某种意义上应该采取完全一致的行动。"国际法院继续解释道，其并未考虑到：

> 要使一项规则成为习惯，相应的实践必须绝对严格地符合该规则。为了推断是否存在习惯规则，法院认为，国家的行为一般应符合这些规则，而且"国家行为与某一特定规则不一致的情况"应当被视为违反该规则，而不是承认一项新规则。[63]

虽然频繁的重复有助于习惯的形成，但其频繁程度须与构成实践的行动所必须采取或适当的情况下出现的频率进行权衡。如果这些构成实践的行动只是偶尔出现，那么所能要求的就是对这些行动的回应具有一致性；事实上，总的来说，只有少数几种实例是无关紧要的。举一个极端的例子，如果在美国驻德黑兰外交和领事人员案中，法院裁定美国企图以武力夺回大使馆是对

---

[61] 关于这一概念的争论，参见美国对红十字国际委员会国际人道主义法研究的回应［J. B. Bellinger, III and W. J. Haynes, II, 'A U. S. Government Response to the International Committee of the Red Cross Study Customary International Humanitarian Law', 89 Int'l Rev. Red Cross（2007）, 443, 446］；以及下述两位学者在《美国国际法杂志》（AJIL）中的讨论，参见 K. J. Heller, 'Specially Affected States and the Formation of Custom', 112 AJIL（2018）, 191, and S. A. Yeini, 'The Specially-affecting States Doctrine', ibid. 244 –253.

[62] 在人道主义法的背景下，对"受到特别影响"的一种建议性（但有疑问）的解释将适用于"因经常卷入武装冲突而比其他国家贡献更多实践的国家"。See Henckaerts and Debuf, 'The ICRC and Clarification of Customary International Humanitarian Law', in Lepard（ed.）, *Reexamining Customary International Law*（CUP, 2017）, Section 6. 4. 3, 183 –4.

[63] ［1986］ICJ Rep 98, para. 186. 法院没有具体提到这种不一致的行为虽然不足以构成"承认一项新规则"，但仍可能对现有规则产生足够的怀疑，使其即便不过时也有被视为过时的可能性。有观点指出，与自然法不同，习惯法并不厌恶空白。

伊朗武装分子占领大使馆的合法回应,[64] 那么这将是对一种只在特定情况下发生的非同寻常的实践的认可；但是，这种行为及其他国家对此的回应，仍将有助于推动国际法发展。

基于大多数学者的观点，以及根据国际法院的判例，虽然习惯的形成通常需要经过一段时间，但从"尚未具有严格拘束力的一般实践"到"具有拘束力的习惯法规则"的过渡是在某一特定时刻发生的，甚至可以认为是在瞬间发生的。[65] "结晶"（crystallization）一词通常用来指代这个决定性的时刻。然而，有观点指出，正在形成中的（*in statu nascendi*）规范性规则，可能是一个涉及程度的问题，因为随着时间的推移，其效力会有所"强化"。[66] 这也许是一个理论问题，但法律的功能在于解决争端，在任何时候都应该说明形成过程中的规则是否作为一项具有拘束力的规则存在。相关实践（连同法律确信）原则上源于国家利益的冲突，因此其在双方利益发生冲突时体现得尤其明显。传统观点认为，习惯的实质在于，其制定的内容能够用于解决国家间日常关系中的利益冲突或争端。正如西玛和奥尔斯顿（Alston）所观察到的那样："从广义上讲，相互作用是导致习惯国际法形成的国家实践所固有且必不可少的要素之一……习惯国际法的形成过程只有在国家相互作用且以某种切实可行的方式分割或划界的情况下才能被触发，并继续发挥作用。"[67] 如果一种实践对双方都同样方便，那么继续这种实践不涉及一方就另一方的意愿进行任何协商；只有当其中一方出于某种原因倾向于以另一种方式行事，

---

[64] 事实上，法院并不享有对这一点作出判决的管辖权，但在其判决中，法院尽其所能谴责美国的行为。[1980] ICJ Rep 43 - 4, paras. 93 - 4.

[65] 当然，与郑斌教授的著名研究（本章脚注 5 曾有提及）即创建"即时习惯法"相比，这是一个截然不同的问题，后者表明在某些情况下，漫长的酝酿期是不必要的。See B. Cheng, 'United Nations Resolutions on Outer Space: "Instant" International Customary Law?', 5 Indian Journal of International Law (1965), 23. 对于"格劳秀斯时刻"（Grotian moments）理论，即在国际关系或其他方面的技术发生根本变化的时期，习惯法的变化可能比其他时期快得多，对国家实践的要求也较少。See M. P. Scharf, *Customary Law in Times of Fundamental Change* (Cambridge: Cambridge University Press, 2013).

[66] See F. L. Kirgis, 'Custom on a Sliding Scale', 80 AJIL (1987), 146; J. Tasioulas, 'In Defense of Relative Normativity: Communitarian Values and the Nicaragua Case', 16 Oxford Journal of Legal Studies (1996).

[67] 12 *Australian YIL* (1988 - 9), 82 at 99.

而另一方对此反对时，才会出现形成习惯的实践的问题。[68]国际法院在庇护权案中对准予庇护权受益人离开该国安全通行问题的处理证实了这一观点。法院承认存在一种实践，即给予庇护权的大使馆经常要求这种安全通行，而且该要求通常可以得到接受国的同意。但是，法院指出，这种程序对双方都有利——接受国"在许多情况下希望已获得庇护权的政治反对者离开"——并认为"该一致意见足以解释这种实践……但这种实践并不意味着接受国……在法律上有义务保证"这种安全通行。[69]这显然不可能是一个被过度强调的观点，因为至少有一个所涉国家对创造习惯的实践总是不情愿或会违背其利益，所以要求其认可这一实践是过分的。法院考虑的则可能是法律确信的存在问题；正如下一节所解释的那样，这通常涉及一种信念，即所审议的实践具有法律拘束力。

如前所述，确立一项习惯法规则所需的既定实践无须被世界上每一个国家所适用，而只需这种实践具有广泛性和一致性。[70]然而，这里需要提及两个特殊的问题：国家声称存在一项特定的习惯法规则，而其实践与之不符；以及我们可以称之为非民主习惯（undemocratic custom）的问题。

就第一个问题而言，以人权法领域为例，世界上几乎每个国家的国内法都禁止酷刑，各国在理论上都普遍同意存在一项禁止酷刑的国际法规则，但毫无疑问，酷刑的实施仍广泛存在。一项与一贯实践背道而驰的规则是否仍然可被视为习惯法而存在？国际法院在上文引述的在尼加拉瓜境内和针对其的军事和准军事活动案中的观点是恰当的。法院认为，为了承认习惯规则的存在，"国家的行为一般应符合这些规则，而且'国家行为与某一特定规则不一致的情况'应当被视为违反该规则，而不是承认一项新规则"。[71]事实

---

[68] 一个可能的例外情况是，习惯是各国通过始终含有某项特定条款的条约（通常是双边条约）的连续实践推导出来的，参见本章第3.2.2.2节。

[69] [1950] ICJ Rep 279（一个涉及当地风俗习惯的案件，参见本章第3.5.2节）。

[70] 举一个明显不符合这一要求的例子，参见庇护权案："法院已知的事实揭示了如此多的不确定性和矛盾性，以及如此多的波动性和差异性。这种实践严重受到政治上权宜之计的影响，以至于在这一切当中，不可能辨别任何作为法律而被接受的一贯和统一的实践……"（[1950] ICJ Rep 277）。

[71] *Military and Paramilitary Activities in and against Nicaragua* [1986] ICJ 98, para. 186.

上，法院处理的是禁止使用武力或干预的习惯规则；虽然使用酷刑可能而且通常是秘密进行的，但在大多数情况下显然会使用武力。然而，如果酷刑事件被曝光，人们可能会希望，无论是有关国家还是国际社会都不太可能认为这表明"承认一项新规则"！在使用武力的情况下，一国通常会寻找诸如"需要武力进行自卫"的借口；法院就此进一步评论道：

> 如果一国的行为表面上不符合公认规则，但通过援引规则本身所包含的例外情况或理由来为其行为辩护，那么无论该国的行为事实上是否具有正当理由，这种行为的意义仅在于确认而非削弱规则。❷

法院在此裁定，与现行规则不一致的行为不一定表明承认甚至出现了一项新规则；但法院同时确认，这是一种可以识别新规则的方式。如果并非这样，就难以看出习惯规则一旦确立，将如何改变和发展以适应不断变化的环境，或满足国际社会及其成员的发展需要。在同一判决的后文中，法院在讨论不干涉原则时指出："一国依赖于一项新的权利或某一原则前所未有的例外情况，如果他国原则上对此同意，那么可能倾向于修改习惯国际法。"❸ 为了暂时预测我们对法律确信的讨论，这里强调其运作中一个自相矛盾的要素：如果一个国家决定以不符合公认习惯规则的方式行事，并且确实有充分的理由这样做，甚至可能认为其做法应当被一般化，那么该国需要按照与其行为相一致的方式修改该规则。然而，就定义而言，该国并不会采取行动，因为它确信已经存在了一项新规则。由此，习惯规则的变化和发展过程在理论上存在困难，但这是一个确实发生的过程。传统的习惯法概念尽管有时也被批评，但习惯法并非一个僵硬和不可改变的体系。

在何处可以找到实践，或者更确切地说，找到实践的依据？在国际法委

---

❷ 同上。
❸ 同上，para. 207. 比较一下意大利在国家管辖豁免案（参见本章内容及脚注128）中试图对国家豁免习惯规则的修改。

员会关于习惯国际法识别的研究报告中，联合国秘书处编写了一份极具价值的备忘录，内容如下："使习惯国际法的依据更容易获得的方法和手段"，[74] 能够更好地回答这个问题。在许多国家定期出版的官方或半官方文件汇编中，以不同标题分类的形式概述了国家实践。[75] 如果所记录的事件和立场涉及他国（大多数国家都是如此），那么这些事件和立场就是对实践要素的宝贵概括；如果是基于习惯法，那么只要这些事件和立场表明了有关国家认为哪些是相关和重要的实践，则它们也具有价值。国际法庭（特别是国际法院）就有争议的习惯法问题作出的判决同样重要，因为其不仅表明法院认为哪些是相关的习惯规则，而且表明法院认为哪些是支持习惯规则的实践，从而表明哪些实践可能有助于习惯的形成。然而，多年来，提供这类材料的判决越来越少了。因为很多习惯法已经或正在被多边公约编纂，以至于法官不再需要从实践中确定所指称的规则需要什么条件，法官只需要考虑公约所简便界定的规则是否对被告方具有拘束力。[76] 理论上，这个问题也需要研究非当事方的实践，但这种研究往往被忽略；传统条款的"张力"似乎创造了某种有利于规则的传统法效力，尽管这种推定可能缺乏逻辑。[77]

关于上文提到的第二个问题，习惯的概念表明，习惯规则源于所有主权和平等国家间的相互作用，并通过它们的行动或回应（或不回应）促成习惯的形成：以民主的方式达成适用于所有人的可接受的规则。即使在今天，这

---

[74] A/CN. 4/710.

[75] 例如，参见《英国国际法年鉴》（*British Yearbook of International Law*）中的"英国关于国际法的资料"，美国国际法杂志中的"美国当代国际法实践"综述，以及《比较公法和国际法杂志》（*Zeitschrift für ausländisches öffentliches Recht und Völkerrecht*）中的"德国国际法实践"年度摘要等。《国际公法评论》（*Revue générale de droit international public*）中的"国际事件纪事"这一标题暗含了更广泛的观点。

[76] 如果公约文本与先前的习惯相对应，那么由于各种原因，这种对应可能并不准确，但除非这种差异被忽视且被标记出来，并且在论证中依赖于这种差异。

[77] 国际法院对尼加拉瓜和哥伦比亚之间的领土和海洋争端案作出的判决就是一个显著的例子：有争议的问题是，一个完全由珊瑚碎片组成的岛屿是否属于海洋划界中的"岛屿"。法院驳回了尼加拉瓜的主张，即它是根据"国际法参照岛屿是否'自然形成'以及该岛屿是否在涨潮时高于水面，而非参照其地质构成来界定该岛屿"（[2012] ICJ Rep 645, para. 37），但没有提及引述的词语来自《联合国海洋法公约》第 121 条第 1 款，因为该公约在案件当事方之间没有生效。

也未必是一种准确的表达，而且过去的情况也不尽如人意。某些国家在任何时候都更加强大且具有影响力，并能够控制那些可能影响习惯形成的实践或者主导主流意见，以至于影响能够成为"国际习惯"的内容，所以习惯不必然具有民主性。[78] 有观点认为，迄今为止用来支持习惯规则存在的主张的实践过于有限，仅限于某一类国家的实践，而忽略了其他国家的实践。[79] 但是，因强国影响而产生的偏见事实是否必然成为挑战法律的理由，还是基本上仅仅是因为观察者更希望法律并非如此？就性质而言，习惯规范并不是由一个理想的共同体（ideal community）所设计的规则，而是由一个实际的共同体（actual community）所设计的规则，且必然考虑到（除其他外）该共同体内部的权力关系。[80]

国家之间的相关区别有时通过"强/弱"来界定，但关键在于国家的实践是否能够引起国际社会的注意，特别是通过国家本身的出版物或国家内部的记录。[81] 争论的焦点在于，这种行为导致了对一般国际实践所包含内容的非客观描述，从而歪曲了随之而来的法律愿景（顺便提一句，这与国家主权平等原则相冲突）。这种批判是公正的，但也许过于简单。国家实践通常（至少）是双边的：如果一国的行动对另一国不具有任何影响，那么这可能是因为该行动在其主权范围内，或者至少对法律的发展不具有特别意义。如果一个"弱"国和一个"强"国之间存在接触——更不用说存在冲突的

---

[78] 例如，参见 J. P. Kelly, 'Customary International Law in Historical Context: The Exercise of Power without General Acceptance', in B. D. Lepard (ed.), *Reexamining Customary International Law* (CUP, 2017), 47ff.

[79] B. S. Chimni, 'Customary International Law: A Third World Perspective', 112 AJIL (2018), 1, at 21ff. 关于国际法第三世界方法（Third World Approaches to International Law, TWAIL）的更全面、更细致的研究，参见 A. Bianchi, *International Law Theories* (Oxford University Press, 2016), Chapter 10.

[80] 国家实践的相关性能否或应否根据其范围或性质而"加强"？在航空法领域，为了发展习惯，有观点建议，应根据每个国家承运人的活动范围适用这种"浮动比例"（sliding scale）。See S. Michaelides-Mateou, 'Customary International Law in Aviation', in B. Lepard (ed.), *Reexamining Customary International Law* (CUP, 2017), 309, 314. 该书作者否定了这一建议。

[81] 正如国际法委员会所观察到的那样，"为了有助于形成和确定习惯国际法规则，实践必须为其他国家所知（无论是否公开）"，参见结论 5 第 5 项的评论。

情形——其结果（这对习惯法发展至关重要）将在"强"国的出版物中显现出来。[82] 争论中"失败"方（不一定是"弱"国）的观点仍可能不被重视，但如果连这些观点的提出也无济于事，那么"实践"也不可能形成。只有在两个（或更多）"弱"国间的关系中，重要的实践才有可能发展，但这一点并不为人所关注。

国家管辖豁免案（德国诉意大利）表明了国内法院判决在这方面的重要性。当然，作为一项一般性声明，它的适用范围有限，因为其所针对的是特定类型的习惯规则，即国家机关（特别是国内法院）有义务尊重公认的豁免：

> 具有重要意义的国家实践体现在国内法院的判决中，这些判决涉及外国是否享有豁免的问题、颁布豁免法规的国内立法、向外国法院提出的豁免主张以及国家的声明。这些内容首先出现在国际法委员会对这一问题进行广泛研究的过程中，然后体现于适用联合国公约的情形中。[83]

关于实践，重要的不仅仅是实施了何种行为，也许更重要的是为何要实施此种行为。法律确信的存在可能是实施此种行为的理由之一，但如果表明该行为本身就存在足够的理由，那么该行为可能是实践的一个要素，而法律确信也不复存在。[84] 如果存在法律确信，但由于它是一种主观状态，所以显然难以将其归于国家等实体。因此，必须从国家的声明和行动，特别是据称构成该习惯的"实践"要素的行动中推断出法律确信。正如已经强调过的，国家实践（至少）是双边的，当一个国家明确主张权

---

[82] 如果争端仍未解决，其结果仍可能出现在"强"国的出版物中，而"弱"国的观点必然被视为对争端的说明。
[83] *Jurisdictional Immunities of the State* [2012] ICJ Rep 122-3, para. 55.
[84] 参见前文脚注54，亚伯拉罕法官在关于或起诉或引渡的义务问题案中的分析。

力或以隐含构成这种主张的方式行事，就会受到被该主张影响的一个或多个国家的反对或默许。⑮ 双边实践累积在一起意味着形成了一项习惯规则，如果没有提出异议，那么这一规则就得到了支持；如果提出异议，就排除或削弱了该规则，那么这种实践的积累便构成为确立习惯规则所需的全面实践。

3.2.2.2 条约的相关性

在正常情况下，双边或多边行为的实质目的在于缔结条约或加入现有的多边条约。在何种情况下，这类行为也能够作为具有法律相关性的国家实践，进而促成或确认习惯规则的形成？国际法委员会在其结论 6 中首次将"与条约相关的行为"列为国家实践，这一表述显然可能包括条约的谈判、通过、批准和执行，但也可能包括非正式的行为。⑯ 在结论 11 中，国际法委员会事后审议了这个问题，指出一项已经存在的条约对确定习惯法的重要性在于：通过编纂或将业已存在的习惯具体化，抑或通过产生"被接受为法律的一般实践（法律确信），进而形成新的习惯国际法规则"。

如果一项双边条约构成各国以类似或相同条款缔结的条约模式之一，那么它就存在明显的模糊性。一方面，各国通过其行动表明，它们通过条约强加给自己的某项规则通常是可取的，甚至明确表明这项规则是以条约的形式存在的。另一方面，它们也可能被认为暗含相反的意思，即无论这项规则多么可取，因为它还不是一项习惯规则，所以如果各国希望这项规则适用于它

---

⑮ 正如笔者在其他地方所建议的那样，"可以使用最广泛的一般性术语提出主张，但促成习惯形成的国家实践的情形必须始终是一些具体的争端或潜在的争端"，参见 *International Customary Law and Codification*.

⑯ 这里存在一个有趣的理论问题：通常，与习惯形成相关的实践是做一些规则所要求的事情。国家通过其与条约有关的行为，到底表明了什么？条约要求它做 X；如果国家已经认为习惯规则要求它做 X，那为什么还要签订条约？是否可以要求一个国家不仅要做 X，而且要通过缔结条约来做 X？A. 达马托（A. d'Amato）建议，应将缔结条约的行为视为国家的实践行为，因为条约是"具有拘束力的采取行动的承诺"。参见 A. d'Amato, 'Treaty-based Rules of Custom', in *International Law Anthology* (Cincinnati: Anderson, 1994)；但似乎没有理由认为，这一要素对构成实践的行为至关重要。

们之间的关系,就需要将其纳入条约。⑧或者,在某种程度上,对这种情况的真正解释不得不从"尚未可辨认的习惯规则"转变为"实践的积累证实了习惯规则的存在"。

在结论 11 第 2 项中,国际法委员会指出:"若干条约规定了一项规则,这一事实可能但不必然表明该条约规则反映了一项习惯国际法规则。"国际法协会习惯法形成委员会在 1985 年得出了类似的结论,⑧国际法院对迪亚洛案(初步反对意见)的判决(被国际法委员会援引)⑨也是如此。国际法委员会排除了引渡条约的可选择性,但承认双边投资条约的可选择性。海洋划界协定也表明了这一点,但正如其他地方所指出的那样,⑩令人震惊的是,国际法院在其一系列关于海洋划界案的判决中,并未从提请其注意的各项此类协定的相似性中得出任何结论。关于国家实践,存在一些一致性的迹象,这可能表明拉丁美洲国家间在海洋划界方面所缔结的区域习惯(regional custom)的数量有所增长。⑪但就区域习惯而言,因为所涉国家的数量很少,而且缺乏法律确信的依据,所以这种情况也不利于得出如此结论。布朗利教授提出了一个更为明显的例子,即从《凡尔赛和约》开始,在涉及国家继承的条约中有关国民国籍的规定。⑫

---

⑧ 引渡条约中的特别规则就是一个例子,即被引渡人只有在请求国因准予引渡的罪行受到起诉时,才能被引渡。尽管该规则被"视为一般国际法规则",但它"几乎被纳入了所有的条约和法规"当中。See T. Stein, 'Extradition', in Zimmermann et al. (eds.), *Max Planck Encyclopedia of International Law* (Oxford: Oxford University Press, 2012), iii. 1061 (para. 19).

⑧ International Law Association, Final Report of the Committee on Formation of Customary (General) International Law, Pt. IV (B), p. 48, para. 25, 特别是针对以下论点,即双边投资保护条约中的某些条款,"特别是关于征用补偿或损害赔偿的安排",已成为习惯国际法。

⑨ *Ahmadou Sadio Diallo (Republic of Guinea v. Democratic Republic of the Congo), Preliminary Objections* [2007] ICJ Rep 582, at 615, para. 90.

⑩ H. Thirlway, *The Law and Procedure of the International Court* (Oxford: Oxford University Press, 2013), ii. 1196.

⑪ 从这个意义上来说,可参见 H. I. Llanos Mardones, *The Delimitation of Maritime Areas between Adjacent States in the Southeastern Pacific Region*, Thesis, Graduate Institute of International Studies, Geneva, 195ff. 这篇论文引起了笔者的注意,田中嘉文(Yoshifumi Tanaka)教授也怀疑是否存在这种习惯(个人交流)。

⑫ See I. Brownlie, *Principles of Public International Law*, 7th edn. (Oxford University Press, 2008), 655–6.

3.2.3 法律确信

首先，我们可以注意到，某一特定的实践是否伴随着所要求的法律确信的问题，有时可能只需要简单地表明，就参与实践的一些或大多数国家而言，这种实践显然是出于不同的动机，或者这些国家可能认为该实践基于国际法是**合理的**，但并非国际法**所要求的**。[103]

"习惯来自实践的积累，并伴随着适当的法律确信"这一传统理论经常遭到反对，其主要针对最初确立习惯或其早期阶段所伴随的理论情况。有观点认为，国家或其他国际主体必须以特定的方式行事，以便遵守并相信它们将遵守相当于一般习惯的既定实践；但在这种实践形成之前，如何使其以特定方式行事呢？其他国家也以同样方式行事的事实可能会引起法律确信，但这一实践必然始于某地。虽然一燕不成夏（one swallow proverbially does not make a summer）是众所周知的事实，但有观点指出，如果存在更广泛的确信作为后盾，就能够表明一个国家的适当实践可能足以确立一项一般习惯规则；然而，该国如何相信它符合一项现有的习惯规则而采取行动呢？如果这种习惯尚不存在，该国又如何确立这一确信呢？或者说，我们必须认为存在既定实践的**错误**信念足以使这种实践成为现实？但在这种情况下，不一致的实践又如何理解呢？如果两国在大致相同的时间和类似的情况下，都面临着作出 X 还是 Y 的决定，其中一个国家作出 X 的决定是因为它（错误地）认为存在这样做的既定实践且其相当于一种习惯，而另一个国家则是因为（正确地）认为不存在这样的实践而作出 Y 的决定，那么为何会出现一种实践优先于另一种实践的情况呢？

第一个问题涉及主观要素本身的性质。国际法协会习惯法形成委员会在其 2000 年报告中指出："主观要素对某些主体而言，意味着**同意或愿意**某事

---

[103] 参见亚伯拉罕法官在其关于或起诉或引渡的义务问题案的判决中的单独意见，[2013－Ⅱ] ICJ Rep 479，paras. 37 and 38.

成为一项习惯法规则，而对另一些主体而言，则意味着**相信**这是一项规则。"[94] 这种区分显然对时间顺序问题产生影响：某一主体可以同意或愿意某个内容成为一项规则，同时也承认当发生同意或愿意的行为时，该内容还未成为一项规则；但认为某个内容是一项规则的信念要么是正确的，要么是错误的。然而，国际法委员会将关于实践的法律确信定义为"实践必须带有法律权利或义务感"，[95] 即**现有的**权利或义务，而非未来的或向往的权利或义务——换言之，法律确信是存在于国家实践中心的信念。实际上，这并未要求持有的信念需要符合当时的法律状况。因此，在可以证明习惯法尚不存在这种要求或理由的情况下，如果确信某一行为满足法律要求（或法律上的正当理由），则该行为仍然是伴有法律确信的国家实践行为。国际法委员会报告员认为《国际法院规约》第38条第1款（b）项中使用的"经接受为法律"这一表述的可取之处也在于此。[96]

已经提及了国际法协会习惯法形成委员会在1985年所进行的研究；尽管该研究成果大部分已经被国际法委员会的工作所取代，但其中仍包含了对法律逻辑或法哲学领域的一些有趣的思考。该研究广泛地运用了必要条件和充分条件之间的逻辑区别。[97] 特别是，这种区分似乎是习惯法形成委员会有关习惯法形成的结论的一部分，其中认为：[98]

> 如果不能证明某一习惯国际法规则信念的存在，那么这一信念本身并不能否定该规则的存在；即使这一信念并未得到证明（不是必要条

---

[94] ILA, Final Report, Pt. III, p. 30, para. 3.

[95] 结论9第1项。

[96] See the ILC Second Report on Identification of Customary International Law, A/CN. 4/672, para. 68.

[97] 第一，条件A被认为是条件B的必要条件，如果当（且仅当）A的虚假性（不存在、不发生）（视情况而定）担保（或导致）B的虚假性（不存在、不发生）。第二，条件A被认为是条件B的充分条件，如果当（且仅当）A的真实性（存在、发生）（视情况而定）保证（或导致）B的真实性（存在、发生）。

[98] ILA, Final Report, Pt. III, p. 38, para. 18.

件），规则仍然可能存在。但是，如果证明了信念的存在，那么这就证明了规则的存在（充分条件）。然而，诉诸逻辑术语似乎并不能使裁决者安心：如果不能确信信念已被证明存在，那么法官如何能够支持存在习惯规则？就逻辑而言，不能否认它存在的可能性，但法官肯定会根据某种**未经证实**的判决以作出反对它的裁定。[99] 当然，还存在另一种可能性，认为该规则作为习惯法的一部分而存在的观点可以被**推翻**：如果能够证明，在所有可能被视为支持该规则的实践例子的情况下，人们都认为这种实践不是习惯所要求的，而是一种基于"礼貌、方便或传统"的实践，那么情况就会如此。

当某一主体试图以积极的方式使用这些本质上消极的必要条件时，问题就会出现，比如程度问题。如果**不存在**实践，那么就不存在习惯规则；如果存在一些实践，但不多，那么还会存在规则吗？如果各国否认某一实践是法律规则所要求的，那么就不存在习惯规则；如果一些国家将某一实践视为或已经将其视为规则之一，那么其何时才足以使法律规则"具体化"？因此，**就目前而言**，所引用的两个结论是完全一致的，尽管它们在实践中并不容易适用。

然而，国际法协会习惯法形成委员会对这一问题的看法更为深入，其仍然以充分条件和必要条件之间的区别为基础，认为"如果存在满足（报告中规定的）条件的实践，就没有必要证明法律确信的存在"。[100] 这在一定程度上使得确信的确切作用有些模糊：它是习惯形成过程中的一个组成部分，但在

---

[99] 国际法协会习惯法形成委员会报告的其他部分对这一点的看法稍有不同："本声明已经表达了这样一种观点，即主观因素实际上通常不是习惯国际法形成的必要组成部分"，参见 Part III, p. 40, para. 19（a）. 此处并非证明主观因素是充分且非必要的，而是要证明该要素显然存在。然而，上下文表明，这仅仅是对所述要求的无意删减。

[100] ILA, Final Report, Pt. III, p. 31, para. 4. 同样地，报告继续指出："如果能够证明各国普遍认为满足（报告后面所述）条件的行为模式是法律允许的或（视情况而定）是法律所要求的，那么这就足以使其成为法律；但没有必要证明这种信念的存在。"那么"这样可以表明……"和证明同样情况的存在之间有什么区别呢？

某些情况下可以**假定**其存在；或者它是一个可选的附加部分，这样习惯就可以由实践（适当的一种）单独形成？或者，正如国际法协会所定义的那样，实践伴随着信念，即纳入法律确信，以至于对**他国**而言是否存在法律确信都无关紧要。

如果国际法协会习惯法形成委员会确实承认确信的作用，那么实践所依据的情形就是上文提及的**否认**习惯规则的情况：这些情况表明有关当事方的行为是出于这样的信念或意图，即所实施的行为不应构成先例，也不应促使其转化成能够普遍化为习惯法的实践。正如国际法院在北海大陆架案的附带意见中所指出的那样：

> （为了确立一种习惯，）有关行为不仅必须构成一种既定实践，而且必须是一种信念的依据，或存在一项要求这种实践具有强制性的规则……这些行为的频率，甚至是习惯性的特征，都是不够的。例如，在礼仪领域，诸多国际行为几乎无一例外地只是出于礼貌、方便或传统的考虑而进行，而非出于任何法律责任。[101]

这就是国际法协会习惯法形成委员会明确表达的"一种非法律确信"。[102] 国际法委员会也采取了同样的观点（并未使用该术语）。[103]

履行条约义务的国家必须采取的相关行为是这方面的例证。在北海大陆架案中，国际法院审议了《日内瓦大陆架公约》中的划界规则是否能够在该公约生效后通过国家实践转变为习惯法。为此目的，国际法院不仅排除了《日内瓦大陆架公约》缔约方的划界实践，因为这些国家遵守该公约的行

---

[101] [1969] ICJ Rep 44, para. 77.

[102] ILA, Final Report, Pt. III, p. 35, sub para. 17 (i). 本报告用很长的篇幅（第17部分）讨论了不同的情况，从中可以得出这一结论。

[103] 参见结论9第2项和第3项中的评注，援引庇护案，[1950] ICJ Rep 266, at 277 and 286. 重要的是，（由法院或其他方面）审查的交易中有关国家的看法：如果它们"以法律权利或义务的意识"采取行动、作出回应或不予回应，那么该交易可以算作习惯国际法规则的形成或确定，即使这是第一项或者唯一一项（一般或可能会在以后出现的）规则。

为并未表明它们将其条款视为具有习惯的地位，而且国际法院还排除了那些在划界行为之后才成为《日内瓦大陆架公约》缔约方的国家的划界实践，否则这些实践可能会表现出法律确信。法院认为，"从这些实践中，不能合理地推断存在习惯国际法规则"。[104]

国际法院在国际法协会习惯法形成委员会报告之后作出的一项判决载有一个典型的实践案例，其属于北海大陆架案判决所设想的这一类别。在国家管辖豁免案（德国诉意大利）中，意大利主张对国家在主权行为（jure imperii）方面所承认的豁免加以限定，并以指称的实践为依据。法院认为：

> 虽然各国要求的豁免范围有时比国际法要求的更为广泛，但就目前而言，关键在于在这种情况下给予豁免并未伴随必要的法律确信，因此无法说明法院目前正在审议的问题。[105]

为了克服时间顺序上的困难，不同学者提出了各种建议。例如，有观点认为，作为一个法哲学问题，"所谓时间上的悖论取决于两个不确定：一是关于习惯规则产生的过程，二是关于习惯规则成为法律的过程"。[106] 根据这一观点，"新的习惯规则的演变并不要求代理人"——也就是说，在国家机器中行为涉

---

[104] [1969] ICJ Rep 43, para. 76. 因此，这意味着存在两种法律确信：一种观点认为，国家受条约约束，必须以某种方式行为；而另一种观点认为，国家受习惯规则的约束。阿比-萨博（Abi-Saab）强烈反对这一观点："法律义务的产生有两种类型，一种是基于习惯产生的，另一种是基于条约产生的，但对于法律义务的态度却并非两种类型共存，即要么有法律义务，要么没有法律义务。" Abi-Saab, 'Cours general de droit international public', 207 *Recueil des cours* (1987), 200. 然而，这是在广泛参与公约是否能产生对非缔约方具有拘束力的习惯法这一问题的背景下提出的。一个相当令人震惊的观点是，坎卡多·特林达德（Cançado Trindade）法官在核武军备禁止案（马绍尔群岛诉英国）中主张：一系列禁止某些武器的国际公约的缔结，加上试图达成一项类似禁止核武器的公约的失败，暗示后者根据习惯国际法是非法的。参见特林达德法官在该案判决中的反对意见，[2016] ICJ Rep 937, paras. 74–75. 一个更为冷静的结论是，将这种模式解读为明确表明一种消极的法律确信，即禁止武器只能通过条约实现，即习惯法在这一问题上至多是中立的。

[105] [2012] ICJ Rep 122–3, para. 55.

[106] D. Lefkowitz, 'The Sources of International Law: Some Philosophical Reflections', in S. Besson and J. Tamioulas (eds.), *The Philosophy of International Law* (Oxford University Press, 2010), 187–203 at 202.

及潜在规则的个人——"在受规则约束之前，**确信**其应受该规则的约束……在规则指导下涉及习惯规范法律效力的判决在概念上有别于该习惯规范赖以存在的过程"。[107] 然而，这似乎是一种模糊的区分，即国家是"产生习惯规则的行为者和信仰者"与国家是"国际法律系统中绝大多数官员的代表，这些官员对其认可规则的遵循使他们认为其中一些规则在法律上具有效力"之间的区别。[108]

此外，法学家难以准确把握不具有（还没有）法律效力的"习惯规范"的性质。这种效力必须在理论上能够及时获得，即使事实上无法确定：在那个时刻，不可能适用一种"承认规则"，而这种规则取决于对法律效力已经存在的（正确）信念。这一点似乎相当于说，各国可能认识到已经存在一种一致的实践（第一阶段），后来这种一致的实践变成了一项法律规则，亦即，可以认为其已经具有拘束力（第二阶段）。然而，关于这种转变是如何发生的，仍然是一个谜题：如果这种转变的发生需要一个**合理的**信念，即它已经发生了，那么事实上它就永远不会发生。这个问题不能通过哲学语言解决，因为它仅仅是被重新表述或者取代了。

当然，正常的情况是，在某一时刻可能存在一种不被视为具有拘束力的习惯规则的实践，而在随后的某一时刻，它可能被普遍认为是这样一种规则。实践中，这通常是在争端背景下引起关注的，具体表现为：一国主张存在一种习惯，另一国也承认这一点，而这一承认也许是在该国首次提出反对意见之后作出的；或者法庭裁定，由一方提出异议的习惯规则确实存在。在此情况下，无论时间顺序问题作为哲学难题是否有效，都不会造成直接的困难。

不同行为主体之间的法律确信需要在多大程度上保持一致？有观点认为，如果存在某一特定规范的"一致的信念"，但这些信念基于不同的立场（被视为"实质上公正"或基于权威性声明等），那么它就不是"指导性规则"。

---

[107] Lefkowitz, n. 106 above. 正如作者所认识到的那样，如下事实使得这一情况变得复杂，"国家在历史上既是产生习惯规则的行为者和信仰者，又是国际法律系统中绝大多数官员的代表，这些官员对其认可规则的遵循使他们认为其中一些规则在法律上具有效力"（p. 203）。

[108] Lefkowitz, n. 106 above, 203.

对于"违反规范的行为是非法的"这一观点必须达成一致意见,并且"对使这项习惯规范具有法律效力的内容存在共同的理解"。[⑩] 这种区别可能尤为细微,似乎不会将法律确信划分为两种以上的类别:认为规则**就是**法律的观点,以及认为规则**应当是**法律的观点。

关于所要求的确信在本质上是否坚信习惯规则存在的争论,即关于事实(或事实与法律的混合)的观点与**应当**存在这样一项规则的信念之间的争论,引发了更为深刻的问题——考虑习惯法发展过程中道德或伦理的作用。对于这一争论需要作出初步的区分,也就是说,在最早的国际法中可以追溯到对**国家行为主体**之间的衡平法(或至少是公平)的考量。国际关系中总是存在着一种"我行我素"的要素,在任何社会中,甚至是一个组织程度比较原始的社会,都可能存在这种情况。在国家之间,我们将这种情况归结于某种具有习惯法性质的内容是否正确,还不太确定;正如将在第 4 章中解释的那样,根据《国际法院规约》第 38 条,这种考虑可能更适当地归结于"一般法律原则"。值得注意的是,最能说明含有道德考量的是那些自然人直接参与的与人权和人道主义法相关的领域。需要考虑的是,涉及纯粹国家间关系的较为传统的国际法领域是否没有道德问题存在的空间:在不涉及主权的情况下(*par in par non habet imperium*),平等者之间无管辖(*par in parem non habet imperium*),这是必然的结果,因为任何一方都不需要基于公道的保护!

国际法委员会的结论以及对这些结论的评注,并未基于伦理或道德为"什么**应当**成为法律"这一问题留下考量的余地;正如已指出的那样,这些结论仅集中于各国认为习惯国际法已经要求的内容。学术界对伦理或道德获得同等重视的支持可能已经变得更加广泛,但在特别报告员准备其报告时,这种支持就已经存在并引起了注意,但显然其并未被认为是重要的。[⑪]

虽然"法律确信"的标准表达方式是 *opinio juris sive necessitatis*,但它几乎总是被表述为 *opinio juris*,这一事实有其自身的意义。一般认为,需要法律

[⑩] Lefkowitz, n. 106 above, 200.
[⑪] 参见关于习惯国际法识别的第二次报告,A. CN. 4/672, para. 66, pp. 46 – 7 and fn. 210.

确信的存在，即法律是或正在成为要求或授权某一特定行动的依据。但是，这个短语的整体含义是，如果存在一种观点认为某种行动（或者根据情况不采取该行动）在某种意义上是必要的，那么这一表达就是充分的。在对科索沃局势进行干预时，特别是在《欧洲国际法杂志》（*European Journal of International Law*，EJIL）的专栏中，说明了这一观点可能适用的情况。⓫ 其中所讨论的问题是，是否可能正在形成一项新的习惯规则，即在某些紧迫的情形下，一项规则能否在联合国安全理事会未能对严重违反国际人道法的行为作出回应的前提下，使国家集团使用的强制性反制措施合法化。卡塞斯教授首先考虑了国家在承认采取行动的道德与政治必要性的同时，⓬ 是否也存在一个明确授权采取行动的法律规则（并得出结论，认为情况并非如此），其次还考虑了关于采取行动必要性的确信是否足够。基于这些考虑，卡塞斯教授认为，虽然确信是普遍存在的，但其他国家还是持相反观点，并认为人道主义法的规则并未基于这些理由而确立。然而，这项研究的目的在于表明长期以来被忽视的必要性的重要程度;⓭ 不过，这是一条后续仍未被探索的道路。

3.2.4 国际组织的作用

根据《联合国宪章》的规定，联合国安全理事会的决议当然具有确立合法权利和义务的特殊效力。从渊源角度出发，就《联合国宪章》缔约方而言，这当然属于条约的范畴。有观点指出，对于诸如全球变暖和气候变化等

⓫ See A. Cassese, 10 EJIL (1999) 23 and 791.

⓬ 或者甚至认为，行动即便不是"合法的"，其在某种意义上也会基于伦理变得"合法化"，而且这种合法化本身就具有充分的正当性。对此，参见 J. Klabbers, 'Normative Pluralism: an Exploration', in J. Klabbers and T. Piiparinen (eds.), *Normative Pluralism and International Law* (Cambridge: Cambridge University Press, 2013), 29ff; 以及关于一般合法性的概念，参见 I. Clark, *Legitimacy in International Society* (Oxford: Oxford University Press, 2005).

⓭ 卡塞斯教授提到，1945 年《美国关于大陆架底土和海床自然资源政策宣言》（杜鲁门公告 2667 号）作为一个早期的例子，开启了现代大陆架法的序幕。参见 Cassese, 10 EJIL (1999), 797; 以及 M. Mendelson, 'The Formation of Customary International Law', 272 Recueil des cours (1998), 271.

事项，如果迫切需要修改国际法，而不能任由缓慢的习惯程序处理，那么联合国安全理事会便能够行使"发布具有拘束力的决议的权力"。[14]

本书第 1 章第 1.6.2 节已经简要地讨论了联合国大会通过的**不具有拘束力**的决议本身能够被视为法律渊源的方式。然而，这些决议对习惯规则的确立可能具有相当重要的意义，无论是作为法律确信的依据，还是作为实践的依据，甚至可以说是作为二者的依据。国际法院在其关于威胁使用或使用核武器的合法性案的咨询意见中指出：

> 大会决议即使不具有拘束力，有时也可能具有规范价值。在某些情况下，它们可以为确定一项规则的存在或法律确信的出现提供重要依据。为了确定某项大会决议是否属于这种情况，有必要研究其内容和通过决议的条件，也有必要研究是否存在关于其规范性的法律确信。[15]

在最后一句中使用"也有"一词有点令人费解：因为如果一项习惯规则已经根据实践和法律确信存在于一项说明该规则的决议之前，那么各国认为该决议是否具有法律拘束力似乎就不具有实际意义了。但这一点可能仅具有学术价值。

国际法协会习惯法形成委员会[16]对这一问题的看法是：

> 28.……在某些情况下，联合国大会的决议可能构成存在习惯国际法

---

[14] F. Boyle, 'International Law-Making: Towards a New Role for the Security Council', in Cassese (ed.), *Realizing Utopia: The Future of International Law* (Oxford: Oxford University Press, 2012), 172-84, 及其引用的著作。然而，他的观点并不像表面上那样具有革命性：它（"发布具有拘束力的决议的权力"）并不等同于将某些裁决本身提升到法律渊源的层面，而是将其置于一般的程序性框架当中，并将其纳入《联合国宪章》赋予拘束力的范畴。

[15] [1996-I] ICJ Rep 254-5, para. 70.

[16] ILA, Final Report, Part V, 其中还指出，"其他普遍性政府间组织的决议"可能具有类似的效果：Introduction, para. 4.

的依据,有助于明确新的习惯法,或有助于形成新的法律。但作为一般规则,它们本身并不是根据事实创造新的习惯法规则。

国际法委员会随后对这一问题的审查导致了一种更为保守的方式:虽然"国际组织或政府间会议通过的决议本身不能确立习惯国际法规则",但此类决议"可以为确定习惯国际法规则[17]的存在和内容提供依据"(结论12第1项和第2项)。

国际法协会认为决议的基本作用在于提供主观要素,即法律确信,或者更确切地说是提供依据。国际法委员会也审议了这方面的问题,其结论是决议中的某一规定"如果确定该规定相当于被接受为法律的一般实践(法律确信),那么就可以反映习惯国际法规则"。[18] 换言之,其仅仅是作为支持性的依据。

然而,国际法委员会并未采纳国际法协会习惯法形成委员会的意见,其认为投票赞成大会决议是一种"口头行为",可以"构成一种国家实践"。国际法协会习惯法形成委员会认为,"对于在有关领域开展具体活动而缺乏实质手段的国家(例如,缺乏大规模毁灭性武器的国家,或内陆国家)来说,口头行为可能是其唯一能够采取的实践"。[19] 然而,也许会遭到反对的是,如果仅仅口头表达一项确信也可能构成国家实践,那么一项习惯**似乎**可以在完全没有任何"具体活动"的情况下确立。国际法院关于产生习惯的实践的传统定义是,行为"相当于一种既定实践","也必须是这样的行为,或者以这样的方式实施,进而证明**这种实践**是由于法律规则的存在而具有强制性"。[20]

当各国投票赞成一项要被宣布的法律决议时,是否应当提问各国赞成是

---

[17] 这一措辞遵循了国际法院在其关于威胁使用或使用核武器的合法性案的咨询意见中的表达,[1996] ICJ Rep 226, at 254-5, para. 70, 但国际法院写入了"在某些情况下"这一短句,如结论12评注中的第5项。

[18] 同上,para 3.

[19] ILA, *Final Report*, Pt. V (A), pp. 60-1, para. 59.

[20] 北海大陆架案,引自本章上文和脚注26。

因为认为其自身在履行法律义务,还是因为该决议构成一项法律声明而对各国具有拘束力?[121] 或者,不应仅仅提问,各国投赞成票是否只是在公共和社会背景下申明其认为正确的法律声明,但不认为该法律要求其必须坚持这一声明?第一种可能性并不现实,因为对这样一项决议投反对票肯定不能违反已经宣布的规则,即便它被归类为强行法。但即使考虑第二种可能性,是否可以合理地假定,一个对这种决议投赞成票的国家必然持有决议中所宣布的法律观点并且没有保留?除非有理由相信没有任何赞成票是持保留意见或出于不想"被孤立"的愿望而投出的,[122] 否则这种决议可能指向但不构成法律确信的依据,更不用说构成国家实践了。

尽管如此,毫无疑问的是,对习惯法任何特定问题进行的任何审查,都可以合法地考虑到联合国大会决议中关于这一主题的任何声明,以作为法律确信存在的依据。国际法院提及的"在某些情况下"可以理解为包括对该决议的支持程度,因为"形成**一般习惯法**的通常规则要求**普遍且具有代表性**地接受该规则"。[123] 这实际上是国际法院把实践要素标准的提出转换为法律确信的问题。[124] 有观点认为,该决议的广泛性和代表性应至少获得一贯实践的支持,尽管这种实践在"利益受到特别影响"的国家中可能是有限的。

3.3 习惯法的变化

正如许多评论员根据其自身立场所指出的那样,有些人忧心忡忡而有些人津津乐道,特别是当所指的习惯法发生变化时,就会出现一个令人啼笑皆

---

[121] R. 希金斯(R. Higgins)提出了一种解决路径,但她并不认为这等同于法律确信。参见 R. Higgins, 'The United Nations and Law-Making: The Political Organs', 64 ASIL Proceedings (1970), 37; reprinted in R. Higgins, *Themes and Theories* (Oxford University Press, 2009), i. 63.

[122] Higgins, *Themes and Theories* (n. 123),她清楚地记得关于南非和西南非洲的一系列决议。

[123] ILA, *Final Report*, Pt. IV (A), para. 32 (f), referring to Pt. IV (c), paras. 12–15.

[124] "一项不可或缺的要求是……国家实践(包括其利益受到特别影响的国家实践)……应既广泛又一致……",参见北海大陆架案,[1969] ICJ Rep 43, para. 74.

非的智力问题。如果很难确立法律确信，即国家认为某一特定实践已经得到习惯规则的认可，那么更难的是确立这种有利于一项新规则的法律确信，而就定义而言，这项新规则与既定规则相矛盾。意大利在国家管辖豁免案中的论点就是例证。人们普遍认为，作为既定的习惯法，长期以来的情况是，一国在另一国法院被起诉时享有豁免权，这是国家主权理论的必然结果，因为平等者之间无管辖。随后，在某个未确定的时间，习惯规则被修改，以便将豁免限定于被告国作为国家实施行为所引起的行动，即主权行为。[125] 如果争端产生于被界定为私法行为（acta jure gestionis）的行为，那么国家就没有理由享有从事类似活动但非主权国家的个人或实体所不能享有的豁免。意大利认为，主权豁免的范围后来经历了进一步的限制，即"对主权行为的豁免不适用于在法院地国领土上造成死亡、人身伤害或财产损害的侵权行为或不法行为"。[126] 为了表明这种变化的发生，意大利必须指出与这种限制相一致的国家实践，但其也必须表明这种行为是由于受到"这一实践符合习惯法现状"观点的影响而发生的。当有观点认为新的实践改变了既定的习惯规则时，确信的重要性就增加了，因为可能存在以不符合既定实践的方式行事的国家（或一些国家），在明知其行为不当的情况下仍继续偷摸行事，以至于其确信仍保持不变。[127]

虽然通过采取新的实践改变习惯，并同时使其具有适当的法律确信，是众所周知的国际法问题，但国内法也可能存在这样的问题。上文提及的一位

---

[125] 这些行为是作为主权国家实施的，其他任何实体都无权实施，而私法行为是"管理权或经营权行为"，例如国有公司以与私营公司相同的方式从事贸易。

[126] 意大利还主张无法获得豁免，因为其所申诉的内容"涉及最严重的违反强制性国际法规则的行为，不存在其他补救手段"，即强行法问题（ICJ Judgment of 3 February 2012, para. 61）。这一观点将在第7章第7.1.1节中探讨。

[127] 有观点认为，这是关于酷刑的情况：**即便是实行酷刑的国家**也承认这种行为违反了习惯国际法，因此不可能确立任何允许这种行为的新习惯。See R. Higgins, *Problems and Process：International Law and How We Use It* (Oxford：Oxford University Press, 1994), 21–2. 然而，这种分析假定酷刑在某种程度上已经违反了习惯法。与此类似的情况是，一国在特殊情况下公然超越现行法律，同时声明不打算创造先例，例如卡赛斯教授在《欧洲国际法杂志》专栏中提到的德国和比利时对科索沃干预的态度。See A. Cassese in 10 EJIL (1999), 798.

评论员关于国际法院对国家管辖豁免案所作判决的意见，即意大利宪法规定"意大利的法律体系符合公认的国际法规则"，从而将习惯国际法规则引入国内法律体系。[128] 对于意大利和其他拥有类似（成文或不成文）宪法规定的国家而言，宪法似乎禁止它们采取与现行习惯法不符的新实践。

有观点批评习惯法僵化，理由在于一种习惯一旦得以确定，就只能通过更强烈的形式重复其原始创造的过程来改变，但 A. 罗伯茨（A. Roberts）教授认为习惯是"法律的流动渊源"，因为"习惯的内容并不固定，它可以根据新情况而随之发展与改变"。[129] 罗伯茨教授将这一观点与一种"反思性解释方法"（the reflective interpretative approach）联系起来，这种方法将在第9章进行更详细的探讨。一般而言，习惯可以根据新的情况有所发展，这一事实并不妨碍它被归类为一个严格的制度：这完全取决于这种发展的可能性有多大，或者实际发生的程度有多深。罗伯茨教授在其著作中所举的例子是北约（NATO）干预科索沃的合法性问题，根据现行国际法，大多数评论员认为这种干预是非法的（正如罗伯茨教授所承认的那样）。[130] 尽管如此，还是有观点表示认同其合法性，例如否决联合国安全理事会谴责使用武力的决议草案可能具有重要意义。罗伯茨教授强调了"国际法实质性目标"的相关性，以及考虑这些目标"在发生冲突时应如何优先处理"的必要性。[131] 然而，在现有的渊源体系中，除了发展一种新的实践并辅之以适当的法律确信，似乎不存在任何其他能够实现习惯变化的方法。[132]

---

[128] See G. Cataldi, 'The Implementation of Germany v. Italy', European Society of International Law 'Reflection' (February 2013).

[129] A. Roberts, 'Traditional and Modern Approaches to Customary International Law: A Reconciliation', 95 AJIL (2001), 757 at 784.

[130] Roberts, 'Traditional and Modern Approaches', 785 – 6; 另见 A. Cassese, 10 EJIL (1999), 23 and 791, 以及本章脚注 81。

[131] Roberts, 'Traditional and Modern Approaches', 786 – 7.

[132] With the assistance of time, which has the 'power/To o'erthrow law, and in one self-borne hour, / To plant and o'erwhelm custom.' (Shakespeare, The Winter's Tale, Act IV, Sc. 1, ll. 7 – 9).

3.4 道德及类似原则和习惯法的相关性

国家实践表明，作为一个集团，各国认为哪种制度能够有效管理其各自的权利和义务，就应当在原则上接受该制度，而非根据对其适当性的预先评估作出判断。[133] 幸运的是，伏尔泰（Voltaire）在《老实人》（*Candide*）这本小说中讽刺的国际海事实践，即使曾经存在过，也非现代习惯法的一部分；[134] 一般而言，法官或其他现行法律解释者的作用不是以某种不适当的方式否认国家接受和创立的既定实践。[135] 一个有趣的难题是，如果一国参与一项实践，从而违反了对其具有拘束力的条约，那么参与实践的价值何在？可以说，就法律确信而言，这是一个**必然**会出现的问题！

关于法律确信，其定义一旦从"严格意义上的确信法律具有这种或那种效果"转变为"相信无论如何法律**应当具有**这种效果"，就要引入一个判断要素。由于其具有便利性与必要性、与其他规则和原则的一致性，以及国际行为主体之间的公平性等特征，所以传统上这一要素仅限于评估所设定的规则是否可取。（然而，这种公平直到最近[136]才被纠正，例如自然意义上的不平等，各国所享有的自然资源之间的巨大差异。）关于规范人类行为的伦理或道德原则对习惯发展的相关性问题，[137] 国际法学人的态度无疑已发生了变化，

---

[133] 关于道德原则的可能关联性，另见第8章第8.3.2节内容。

[134] Voltaire, *Candide, ou l'Optimisme* (1759), ch. XI, 其中提到了习惯的力量，用以证明可以对被海盗俘获的船上女性乘客进行极其亲密的搜查。伏尔泰承认对康多雷利（Condorelli）教授指出这一文学先例的感激之情，尽管其并不认同他所得出的结论（参见下一脚注）。

[135] 伏尔泰不认同康多雷利的一些看法，参见 *La Pratique et le droit international*, Colloque de Genéve, 2003 (Paris: Pedone, 2004), 287. 在该书中，康多雷利谴责了如下观点："国际法承认各国习惯法，无论是道德还是非道德、令人愉快还是令人不快、正义还是不公正，并主张实践……首先是法律规则评价的对象。法律评估国家实践，对其进行判断，并将其定性为有效、合法、非法、可反对、产生责任等。"

[136] 《联合国海洋法公约》可能实现了习惯可能永远无法实现的目标，其中规定内陆国分享"同一分区域或区域的沿海国专属经济区的生物资源的适当剩余部分"（第69条第1款），并承认"区域"（"国家管辖范围以外的海床和洋底及其底土"）为"人类的共同继承财产"（第1条第1款第1项，第136条）。

[137] 事实上，还有对动物（野生动物）的处理，可能还有全球环境；但这些问题会使本书偏离主题太远。

而且国家可能也是如此。近年来，有观点认为：

> 法律确信的概念已经扩大到包括"出于法律或道德义务感而遵循规范"的动力。例如，国际法庭在并无现实实践存在的情况下认定了"现行习惯国际法"，但道德上令人信服的理由使法庭对某些暴行的非法性作出裁决。[138]

莱帕德也持类似观点，他认为，在评估习惯规则存在的问题时，"适当的做法是放宽国家实践的要求……在涉及规范的案件时，国家应合理地相信基本的道德原则"。[139] 他为这种做法提供了三个理由。"第一个理由是，各国虽然认为设定高的道德标准的规范是可取的，但可能会发现完全遵守这一规范具有挑战性。各国可能并不希望其不完美的行为对法律规则的承认产生破坏。"[140] 这种逻辑很难令人信服。有观点认为，一国不能确定其是否能够遵守已经提出的一项规则，但仍然希望其对这项规则的**态度**能在其作为一项具有拘束力的规则时予以考虑，以便其在适当时发现存在遵守这项规则的义务。

第二个理由是，更开放的家长式作风，即"从国际社会的角度来看，承认直接推进基本道德原则的法律规范在本质上是可取的"，即使国家没有通过行为表明其如何看待"全球社会"的利益。国家实践不仅根本还未"赶上"（caught up）规范——或者更确切地说，还未企及国际主义学者智慧的高度。然而，重要的是，各国如何看待它们的利益，而非学者如何从旁观者的角度看待它们。

第三个理由是，在某种程度上遵守道德规范，即一些国家遵守总比不遵

---

[138] N. Arajärvi, 'The Lines Begin to Blur? Opinio Juris and the Moralisation of Customary International Law', 1–2 (<http://www.academia.edu/544738/>).

[139] B. D. Lepard, *Customary International Law: A New Theory with Practical Applications* (Cambridge: Cambridge University Press, 2010), 224.

[140] Lepard, *Customary International Law*, 224.

守要好；在这种情况下，"普遍遵守规范是从规范中获得任何利益的先决条件"。[141] 基于观察员的角度，当时的情况很可能是这样，但是一般习惯法规则的作用并非偏袒不合作的少数主体。此外，该建议遇到了与上述第一个理由相同的反对意见，即要求国家以不受欢迎的方式改变其当前行为的规则不被该国视为有益。

总之，此处采纳的观点在 2011 年的一篇文章中得到了很好的阐述："即使政治、社会和道德方面的考虑是一般法律基本理论的组成部分，但最好将其作为在不断变化的情况下发展的法律要素加以保留，而非将其作为对法律的明确影响，或作为一种使法律向某种方向倾斜的理由。"[142]

3.5　习惯国际法规则的适用范围

3.5.1　一般习惯法和"一贯反对者"[143]

习惯所产生的法律概念的根本是，一旦一项规则"具体化"为一项既定习惯，那么它不仅对参与其产生的实践的国家具有拘束力，而且对国际社会的所有成员具有拘束力，既包括"具体化"时存在的成员，也包括随后出现的国家。原则上，这也包括在规则形成阶段对其表示怀疑的国家。这种普遍适用性的例外是，一国有可能通过其在规则制定过程中的行为，获得"一贯反对者"的特殊地位。

国际法委员会在其关于习惯国际法识别报告的结论 15 第 1 项和第 2 项中

---

[141] Lepard, *Customary International Law*, 224. 莱帕德对他在书中其他地方所称的"协调问题"进行了详细的分析，参见第 4 章正文及脚注 108。

[142] N. Arajärvi, 'The Lines Begin to Blur? Opinio Juris and the Moralisation of Customary International Law', European University Institute; Tilburg University—Department of European & International Public Law March 2011, p. 20. Online at <http://papers.ssrn.com/sol3/papers.cfm?abstract_id=1823288>, accessed November 2013.

[143] 早些时候，对这个问题简短而清晰的处理，可参见 M. Byers, *Custom, Power and the Power of Rules* (Cambridge: Cambridge University Press, 1999), 102–5.

承认了这一标题所称的规则,其表达如下:

> 如果一国在习惯国际法规则形成过程中反对该规则,那么只要该国坚持其反对,该规则就不能对该国产生拘束力。

一国既要明确地表示反对,也要坚持不懈地使其他国家知晓。[144]

国际法院在庇护权案[145]的推理中确定了"一贯反对者"的概念;[146] 但是,这一概念通常被认为是英国与挪威两国之间早期渔业案的例证,该案涉及挪威为计算其领海宽度而在其海岸周围划定基线的合法性问题。英国主张,挪威的基线不符合被称为"十英里规则"的习惯法规则,但法院认为不存在任何此类一般习惯法规则。然而,法院又补充道:"无论如何,'十英里规则'似乎不适用于挪威,因为挪威一直反对任何将该规则适用于挪威海岸的企图。"[147]

特别是由菲茨莫里斯爵士提出的极具影响力的观点,[148] 被大多数学者所接受。该观点主张,一国在法律规则形成的过程中始终反对该法律规则的适用。换言之,虽然与可能的规则相一致的实践仍在积累,但在该规则能够被视为确立之前——即使其已经获得一般习惯法规则的地位,仍可以继续"选择不适用"该规则。

---

[144] 第3项的大意是,案文"不妨碍有关国际法强制性规范的任何问题",这仅仅是因为国际法委员会正计划将强行法作为一个单独的项目来处理。参见 Fifth Report of the ILC Special Rapporteur, A/CN. 4/717, p. 48, paras. 109 - 10. 参见国际法协会习惯法形成委员会关于习惯法形成的报告中的类似声明,该声明已经提到:"如果一种实践正在发展成为一项普通法规则,而一国持续公开地反对该规则,那么它将不受其约束。"ILA, Final Report Pt. II (C), p. 27, para. 15.

[145] ILA, Final Report Pt. II (C), p. 27, para. 15.

[146] 法院在审查关于存在一种地方习惯的主张时,指出:"即使这种习惯只存在于某些拉丁美洲国家之间,也不能对秘鲁援引该习惯,因为秘鲁非但没有遵守这种习惯,反而拒绝接受该习惯……"[1950] ICJ Rep 277 - 8.

[147] *Fisheries* [1951] ICJ Rep 1167 at 131.

[148] G. G. Fitzmaurice, 'The Problem of the Single Recalcitrant State', 92 Recueil des cours (1957 - II), 131; see also 'Law and Procedure of the International Court, 1951 - 1954', 30 BYIL 1 at 21, repr. in G. G. Fitzmaurice, *The Law and Procedure of the International Court of Justice* (Cambridge: Grotius, 1986), i. 132 at 154 - 6.

这是一个极具吸引力的理论，因为如果对一项新生的规则不存在异议，那么习惯法就总是由大多数国家确立，并且会随意地强加给少数国家；支持习惯法的国家实践比人们通常认为的要多[149]（如果它存在，那么其本身就是一项由实践确立的习惯法规则），它的存在本身就受到评论员的质疑，[150] 其目的也是如此。[151] 可以肯定的是，习惯法并非由简单多数制定：[152] 如果存在足够多的国家表示反对一项发展中的规则，特别是如果这些国家包括对该事项享有特别利益的国家，那么这项规则就根本不会存在，甚至也不会适用于赞成这项规则的国家。在威胁使用或使用核武器的合法性案的咨询意见中，国际法院承认，少数有核国家对禁止此类武器的习惯规则的反对阻碍了这一规则的制定，尽管世界上绝大多数国家赞成这一规则。[153] 因此，从理论上讲，可能会存在这样一个转折点，即一个被反对派反对发展的习惯会成为既定事实，进而使反对派成为"一贯反对者"；但在核武器的情况下，这很难成为现实，因为只有全面禁止被普遍接受，才可能成功。[154]

---

[149] Cf. A. Green, *The Persistent Objector in International Law* (Cambridge University Press, 2016).

[150] 例如，参见 A. d'Amato, *The Concept of Custom in International Law* (Ithaca, NY: Cornell University Press, 1971), 261. 达马托认为，这règ规则只能在特殊或地方性的习惯中适用，参见本章第3.5.2节的内容。另见 T. L. Stein, 'Approach of the Different Drummer: The Principle of the Persistent Objector in International Law', 26 Harvard Int'l LJ (1985), 457; J. Charney, 'The Persistent Objector Rule and the Development of Customary International Law', 58 BYIL (1987); J. Charney, 'Universal International Law', 87 AJIL (1993), 529; J. P. Kelly, 'Customary International Law in Historical Context', in Lepard (ed.), *Reexamining Customary International Law* (Cambridge, 2017), 47, 80: "如果一贯反对者规则被接受，那么习惯国际法理论就是不一致和不连贯的。"

[151] 它甚至被认为是强国可以"双管齐下"的一种手段：实施适合自己的规则，规避那些不适合自己的规则。参见 B. S. Chimni, 'Customary International Law: A Third World Perspective', 118 AJIL (2018), 1 at 46. B. S. 辛尼（B. S. Chimni）还提请注意，如果同一国家的实践已被充分报告，那么对一般国家实践的任何分析都会存在偏见。

[152] 尽管从某种意义上来说，习惯法是"由加权多数制定的"，对此参见 J. Charney, 'The Persistent Objector Rule and the Development of Customary International Law', 56 BYIL (1985), 18–21. 这回答了 M. 阿克赫斯特（M. Akehurst）先生关于国际社会不能以加权多数为基础的观点，参见 M. Akehurst, 'Custom as a Source of International Law', 47 BYIL (1974–5).

[153] *Legality of the Threat or Use of Nuclear Weapons* [1996] ICJ Rep 236, para. 73.

[154] 出于略显不同的原因，关于沿海国对其沿海水域和海床权利的法律在多大程度上能容忍不同的制度，也许令人怀疑。渔业案本身表明，划界技术规则的一般性可能存在例外，但大陆架和类似权利的存在和性质显然必须是统一的。

另外，随着海洋法的发展，许多一贯反对意见最终达成了一致。沿海国连续扩张其对沿海水域及海床的权利，遭到了一些国家的反对，这些国家认为其利益受到了威胁，特别是美国、英国和日本，但事实证明，它们的反对最终并未阻碍这些事态的发展。在征用外国资产的补偿方面，似乎也出现了类似的情况。对这一问题进行研究所得出的结论是，在这些情况下，一贯反对者规则似乎并未向抵制新事态发展的国家提供帮助。[155]

然而，一旦一般习惯法规则得以确立，某一国家似乎就不可能成为一个"姗姗来迟"的一贯反对者，并且也不可能在未来排除适用该规则（除非是在与愿意通过条约而同意放弃该规则的伙伴的双边关系中）。[156]如果将该规则纳入一项造法性公约，那么公约的任何缔约方都有可能斥责且退出该公约（但须遵守公约本身的任何相反规定），但这并不影响其根据习惯规则而履行义务。[157]

正如本章第 3 节所解释的那样，习惯法的变化通常只是通过实践发生的，根据定义，这需要一定的时间积累，因此任何持不同意见的国家都有机会表明其不同意见。如今，习惯法的改变可以通过诸如联合国大会决议的形式来实现，或者至少试图通过联合国大会决议来实现。那么在这种情况下，投反对票或弃权票的国家的立场是什么？最近的一项权威研究表明，"即使这种决议可以改变那些持支持意见的国家的法律，但显然它们并不会改变持不同

---

[155] Charney, 'The Persistent Objector Rule', 15. 然而，在渔业案中，挪威是对其本国海岸适用新的一般规则的"一贯反对者"，而美国和其他持不同意见者则反对其他国家对其本国海岸适用新的规则，这一事实可能具有一定的意义。但就各国的普遍性而言，它们确实没有热衷于采纳这一规则，因为它们中的大多数国家并没有反对。

[156] 参见关于这一问题的争议，C. Bradley and M. Gulati 'Withdrawing from International Custom', 120 Yale LJ (2010), 202; A. Roberts, 'Who Killed Article 38 (1) (b)? A Reply to Bradley and Gulati', 21 Duke Journal of Comparative and International Law (2010), 173; J. P. Trachtman, 'Persistent Objectors, Cooperation and the Utility of Customary International Law', 21 Duke Journal of Comparative and International Law (2010), 221–33.

[157] 参见在尼加拉瓜境内和针对其的军事和准军事活动案（尼加拉瓜诉美国）中的立场，在该案中，国际法院并不享有对美国涉嫌违反《联合国宪章》的指控作出判决的管辖权，但仍然可以确定其是否违反了《联合国宪章》中包含的习惯规则。对此将在第 6 章第 6.2 节及其脚注 38 中进行讨论。

意见的少数国家的法律"。[158]

3.5.2 特别[159]习惯法

如果作为习惯国际法规则基础的实践和法律确信不具有一般性，而是局限于一个可识别的或以其他方式由共同利益联系在一起的国家集团，那么习惯可能仍然存在，但其只适用于该群体的成员之间，而不能强制适用于其他国家。正如国际法委员会所表达的那样（结论16），"一项特别习惯国际法的规则，无论是区域性、地方性还是其他性的，都是习惯国际法的规则，只适用于有限的个别国家"。这种地方习惯法的唯一明确和众所周知的例子或许与拉丁美洲的外交庇护实践有关，该区域各国据此承认该区域其他国家的大使馆有权为政治犯提供庇护。[160] 这项规则具有纯粹的地方性特征，因为它既不支持也不反对该区域以外的国家。正如朱利安·阿桑奇（Julian Assange）案所表明的那样，英国政府不承认厄瓜多尔驻伦敦大使馆提供此类庇护的权利，[161] 英国政府也同样不会向英国驻基多大使馆提出这种主张。国际法院必须审议在庇护权案和哈雅·德·拉·托雷（Haya de la Torre）案中详细适用该规则的问题，在这两个案件中，哥伦比亚对秘鲁援引了"所谓的拉丁美洲国家特有的区域或地方性习惯"。在庇护权案中，国际法院指出：

> 依赖这种习惯的一方必须证明该习惯是以对另一方具有拘束力的方

---

[158] A. Boyle and C. Chinkin, *The Making of International Law*（Oxford：Oxford University Press，2007），226. 其中，引用了德士古诉利比亚仲裁案 [（1977）53 ILR 422]，并提到对查尼（Charney）观点的异议，即"一贯反对者规则"。

[159] 这是国际法委员会首选的术语：过去通常使用"特殊"或"地方"一词。当然，受影响的国家集团不一定按地理位置界定。

[160] 在哥斯达黎加与尼加拉瓜关于航行权和相关权利的争端案中，提出了另一项所谓的地方习惯法规则，但国际法院认为没有必要裁定是否存在这样一项规则。参见 [2009] ICJ Rep 233，paras. 34-6。

[161] 参见2012年8月16日英国外交大臣的声明："英国不接受外交庇护原则。这远非一个普遍接受的概念：英国不是任何法律文件的缔约方，而这些文件要求其承认外国驻英国大使馆给予外交庇护的权利。"

式确立的。哥伦比亚政府必须证明其所援引的规则符合有关国家践行的一贯和统一的实践，这种实践表明了给予庇护的国家所享有的权利和对领土国负有的义务。[162]

此外，国际法院在其判决中认为，"即使这种习惯只存在于某些拉丁美洲国家之间，也不能对秘鲁援引该习惯，因为秘鲁非但没有遵守这种习惯，反而拒绝接受该习惯……"[163] 如前所述，一些评论员认为秘鲁具有"一贯反对者"的地位；但这也可以理解为，区域习惯至少在争端的具体问题上，适用于不包括秘鲁在内的一类国家。

甚至有观点认为，只有在两个国家之间，才可能存在一种特殊的习惯。在印度领土通行权案中，葡萄牙依靠这种习惯来管理其与印度之间关于在印度领土内通行以进出葡萄牙飞地的关系。国际法院认为：

> 难以理解为何根据长期实践可以确立地方习惯的国家数目一定要超过两个。法院认为，两国间被其接受为规范其关系的长期连续的实践，没有理由不构成两国间相互权利和义务的基础。[164]

显然，"两个国家"必须是受特殊习惯约束的最低国家数目。如果一个国家主张（不是作为"一贯反对者"，见本章第5节）在某些方面有权依据不同于一般生效的规则，那么这种主张只能作为普遍接受的结果而使其成为一般习惯法事项。经常有观点指出，美国由于是唯一的超级大国和自封的全

---

[162] [1950] ICJ Rep 276. 这与关于一般习惯法的公认的法官知法原则形成了鲜明对比，因此诉讼当事方不需要证明存在任何一般规则。然而，实践中，除非所依据的规则已经确立到几乎不可挑战的地步，否则律师通常会提供证据以支持习惯规则，或者支持他们对规则的解释。

[163] [1950] ICJ Rep 277-8.

[164] *Right of Passage over Indian Territory*, *Merits*, *Judgment* [1960] ICJ Rep 6 at 39. 这种情况可能很少发生，因为通常更适合将这种情况分析为默示协定，即实际上受条约法管辖的情况。在印度领土通行权案中，这种解释会引发继承问题，这安排可以追溯到莫卧儿王朝时期，历届英国政府和独立的印度政府都未对其进行干预。

球警察,⑯ 所以它不一定受不干涉等规则的约束,但这种说法并不能以这是一种特殊的习惯而成立。

地方习惯不一定偏离一般习惯,因为地方习惯很可能适用于区域地理情况,例如封闭的海洋或河流,或规定了一般国际法中不存在的制度。就地方习惯与一般习惯法的要求之间可能存在的冲突而言,显然地方习惯优先,因为特殊习惯优先于一般习惯,除非一般习惯法规则是强行法。还有一种可能是,地方习惯可能存在于有限的国家集团之间,但其属性和运用符合一般习惯所形成的模式。在哥斯达黎加与尼加拉瓜关于航行权和相关权利的争端案中,哥斯达黎加提出了国际河流制度,其主张存在"即使在没有条约规定的情况下,也能适用有关'国际河流'航行的'一般国际法规则'"。⑯ 即使权利模式是由一般习惯确定的,但由于这种制度所赋予的权利将长期仅属于沿岸国家,所以这种习惯具有地方性,而且是分散在若干地方。国际法院裁定,在其审理的案件中,相关权利完全由适用的条约规定管理,因此其不必"就习惯国际法是否存在以及在多大程度上存在适用于'国际河流'航行的制度……表明立场"。⑯

---

⑯ 参见麦克道戈(McDougal)关于氢弹试验的观点,以及(最近的)D. 穆尔斯维克(D. Murswiek)的观点。See D. Murswiek, 'The American Strategy of Pre-emptive War and International Law', XIII FBYIL (2003), 195.

⑯ [2009] ICJ Rep 232-3, para. 32.

⑯ [2009] ICJ Rep 232-3, para. 32. 还请注意纪尧姆(Guillaume)专案法官在判决书中所附的声明,其中表示不存在这样的一般国际法规则,参见[2009] ICJ Rep 290-1, para. 3.

第 4 章 作为法律渊源的一般法律原则

4.1 什么是"一般法律原则"

在起草《常设国际法院规约》第 38 条❶时,法学家咨询委员会最关切的是,在某些情况下,法院未来可能会发现其所审理的争议问题不受任何条约管辖,也无法找到这些问题对应的既定习惯法规则。有观点认为,法院有义务宣布"法律不明",但在原则上,这既不可取也不恰当。"法律不明"是一种司法认定,即由于缺乏任何适用的现有法律规则,所以某一特定主张既不能得到支持,也不能被驳回。本章将进一步详细研究这一概念。

20 世纪 20 年代,法学家咨询委员会在开展工作时,并不清楚国际法律关系在多大程度上受到条约和习惯以外的任何事项的管辖;实证主义方法承认国家同意在条约和习惯中的作用,但几乎并未给其他渊源留下余地。❷ 然而,该委员会也认可,如果不存在这些渊源,法院应适用文明国家所承认的一般法律原则。到目前为止,虽然在司法上提到了某些原则(这些原则将进一步讨论),但国际法院及其前身似乎都并未完全和直接地以此类一般原则为基础作出裁决。❸ 有些仲

---

❶ 第 38 条是讨论"一般原则"的核心,甚至比对所列其他渊源的讨论更为重要,而且该讨论主要集中于国际法院的两个判例,因为在直接的国家间关系中使用这种原则的情况极为少见。这并不意味着第 38 条在这方面比任何其他方面更具有创造性。参见第 1 章中达斯普勒蒙有关这方面的讨论。

❷ 参见本节后文中有关"自然法"的背景和回归。

❸ 唯一的候选项可能是科孚海峡案的判决,该案涉及"某些一般和公认的原则",包括"人道主义的基本考虑",参见 [1949] ICJ Rep 22. 国际法院后来重新解释了这一点,认为这可能是基于对 1907 年《海牙第四公约》(即《海牙陆战法规和惯例第四公约》——译者注)的解释,并因此以条约为基础。参见本章内容及脚注 42 和 43。

裁机构（当然，《国际法院规约》第38条并不直接适用于这些机构）依据这一概念作出了一些裁决。

此处应提及法律"原则"的性质。任何法律体系都不可能仅仅由具体的规则组成，以涵盖可能出现的每一种情况。不可预见的情形必然会发生，如果没有更高一级的原则可以依据，那么就必须承认法律不明，或者法官将不得不行使自由裁量权。R. 德沃金（R. Dworkin）已经证实，法律不仅包括规则，而且必须存在原则，并且这些原则在其适用过程中既非针对具体情况，也非自动适用，甚至这些原则之间还可能会发生冲突。❹ 原则之间存在冲突是比较典型的，正如希金斯指出的那样，一项司法判决往往是在两个甚至更多相互冲突的原则之间作出选择，❺ 而规则本身至少在理论上不会发生冲突，其只是形成了一种结构。菲茨莫里斯生动地指出了这种区别："原则或一般原则与规则甚至是一般规则相悖时，主要是指该原则本身并非规则，而是构成规则的基础，并解释或提供其原因。当规则回答了'是什么'这个问题时，原则实际上回答了'为什么'这个问题。"❻ 这并不意味着由于原则的地位太高而不能适用于具体的法律问题，反而这确实意味着一项原则可以通过适用于某一情形，实际上生成一项用以解决该问题的规则。

《国际法院规约》第38条所设想的一般法律原则目前正在经受审议，这些原则是该条所列其他渊源的补充，因此也独立于其他渊源。例如，习惯法不仅由规则组成，还包含既定的原则，即以与规则（通过实践和法律确信）相同的方式确立的原则，或者从这些规则中推导或分析得出的原则。这些原则在争端、司法判决或仲裁裁决中的适用体现为习惯法的适用，而非《国际

---

❹ R. Dworkin, 'Is Law a System of Rules?' from 'The Model of Rules', 14 University of Chicago LR (1967), reprinted in Dworkin (ed.), *The Philosophy of Law* (Oxford: Oxford University Press, 1977).

❺ R. Higgins, *Problems and Process: International Law and How We Use It* (Oxford: Oxford University Press, 1994), 3.

❻ G. G. Fitzmaurice, 'The General Principles of International Law Considered from the Standpoint of the Rule of Law', 92 Recueil des cours (1957), 7. 普罗斯珀·威尔（Prosper Weil）的观点略有不同，他认为："规则和原则在法律上是同义词，只是原则通常指的是更为一般和基础的规范，这些规范或多或少地涉及标准技术。"参见 Prosper Weil, 'Le droit international en quête de son identité', 237 Recueil des cours (1992), 150.

法院规约》第38条第1款（c）项的适用。显然，法律原则在其他意义上可被称为"一般"原则。例如，因去殖民化［保持占有（*uti possidetis*）］而继承下来的无形边界经常被称为"一般原则"，❼ 但更确切地讲，它只是一项基于惯例的原则（事实上并非普遍和一贯适用）。

学者们对在此范畴内可援引原则的性质有了广泛共识，但并未达成一致意见。编撰《常设国际法院规约》草案的法学家咨询委员会的成员之间也存在意见分歧。❽ 实际上，对一般法律原则存在两种可能的解释。

第一种解释是指，一般法律原则可以通过比较国内法的各种体系而得出，对这些原则的提炼似乎是所有国内法体系或多数国内法体系所共有的。❾ 这一解释使第38条中提到的原则具有效力，即"为文明各国所承认"的原则；虽然"文明"一词现在已经不合时宜，但在当时显然是合理的，因为当时有些法律体系被认为发展得不够完善，所以无法作为比较的标准。❿ 根据这一解释，国际法院受理案件的当事方有时也会援引其对国内法的比较研究。⓫

---

❼ 例如，边界争端案（布基纳法索和尼日尔），[2013] ICJ Rep 73, para. 63. 当事方联合援引而非各自适用其效力时，这一点也是相关的。

❽ 对于所表述观点的简单总结，参见 G. Gaja, 'General Principles of Law', in R. Wolfrum (ed.), *Max Planck Encyclopedia of International Law* (2012), iv. 371-2, paras. 1-3；以及特林达德法官在乌拉圭河纸浆厂案发表的单独意见，[2010] ICJ Rep 139-42.

❾ 有关这一主题的具有开拓性和影响力的著作，参见 H. Lauterpacht, *Private Law Sources and Analogies of International Law* (London: Longmans, 1927).《国际刑事法院罗马规约》将更清楚地说明从国家法律体系中推导出一般原则，即从世界各法系的国内法中得出的一般法律原则［第21条第1款（c）项］。

❿ 在1951年阿布扎比仲裁案中，仲裁员认为，阿布扎比的法律中不存在可适用于现代商业文书的法律原则，因此不能适用于石油特许开采案件。参见 Abu Dhabi arbitration, 1951, 18 ILR 144. 另见以下案件的仲裁情况：萨罗普洛斯诉保加利亚国案，AD 4 (1923-4), no. 173；戈尔登伯格父子诉德国案，AD 4 (1927-8), no. 369. 现在普遍认为，任何国家的法律体系都不能因其不是一个"文明国家"而被忽视，由该词引发的不安，参见北海大陆架案中阿穆恩法官的单独意见，[1969] ICJ Rep 132-3；S. Yee 的严厉批评，'Arguments for Cleaning-up Article 38 (1) (b) and (1) (c) of the ICJ Statute', 4 Romanian Journal of International Law (2007), 34；V.-D. Degan, 'General Principles of Law', 3 Finnish Yearbook of International Law (1992), 54.

⓫ 在印度领土通行权案中，葡萄牙认为，一般法律原则支持其从海岸到领土飞地的通行权，并增加了对各种法律制度中可能被称为"危急情况权"的规定的比较研究。当一国（马耳他）首次以其利益可能受到案件裁决影响为由（《国际法院规约》第62条提到的一种可能性）申请干预另外两国（突尼斯和利比亚）之间的案件时，马耳他同样依一项比较研究以表明各国法院司法程序中的干预条件和方式。

这样做的意义在于，其他国际法庭虽然未被其创立者具体赋予适用一般法律原则的权力，但在已知没有国家和其他主体反对的情况下，能够具体适用一般法律原则。这表明需要将这些原则作为最终渊源的观点已深入人心。[12]

第二种解释是指，虽然法学家咨询委员会可能主要考虑到国内法律秩序所共有的法律原则，但公认的原则还包括直接适用于国际法律关系的一般原则，以及适用于一般法律关系的一般原则。[13] 如前所述，其中许多规则体现在习惯法中，因此一般法律原则作为源自习惯法的规则而存在；其他规则则在事实上体现为次级规则（secondary rules），例如有约必守原则。毫无疑问，有些原则的适用是不言而喻的，例如在第 2 章已经提到的确定先后条约间关系的原则（以及可能相继存在的一般法律规则），即特别优于一般、后者优于前者的原则。

从国内法体系中推导出一般原则向来是杰伊·埃利斯（Jaye Ellis）批判性研究的主题。她认为，存在三种思路或"假设"可以证明这些体系中的原则适用于国际层面。

第一种假设植根于自然法思想，即存在于许多法律体系中的规则是其属于客观法律观念的依据。第二种假设基于实证主义的唯意志论方法，即存在于许多体系中的规则是国家同意的依据。第三种假设源于对国际法民主有效性的关注，特别是在后殖民时代的背景下，将国家采用一项规则作为通过民主进程产生该规则的依据。[14]

埃利斯教授承认，根据唯意志论方法，一项原则的有效性渊源可以"通过某种迂回的路线，立足于国家同意，而非法官的权威"。[15] 尽管如此，她并

---

[12] 例如，阿根廷和智利边界争端案的裁决中援引了既判力原则，参见 *Argentina/Chile Boundary Dispute*，award，para. 68；国际投资争端解决中心在阿姆科亚洲公司诉印度尼西亚案的仲裁裁决中援引了**积极损害赔偿**（*damnum emergens*）与**消极损害赔偿**（*lucrum cessans*）的原则，参见 *Amco Asia Co v. Indonesia*，award，para. 267.

[13] 与《常设国际法院规约》起草者意图不相符的是，"一般原则"还包括人的价值（人权）或环境保护等概念，但这些概念在 1920 年尚未被视为一个问题。关于特林达德法官在乌拉圭河纸浆厂案的单独意见中的"代际公平"（intergenerational equity）概念，参见本章内容及脚注 20。

[14] J. Ellis, 'General Principles and Comparative Law', 22 EJIL (2011), 949 at 970.

[15] 'General Principles and Comparative Law', 953–4.

不认为实证主义方法（或者，就此而言，提到的其他两种假设中的任何一种）是"特别令人信服的"。[16] 她的结论采取了建议的形式，因此其显然是作为应然法提出的；人们普遍认为，目前"寻求一套普遍共享的法律规则或概念体系""可能是徒劳的"；"证明一项法律规则的共性或代表性"的"假象"应该"消失"；"一般原则的有效性必须基于法律论证的合理性和说服力，而非基于对法律客观性的主张或国家的默示同意"。[17] 换言之，这将涉及个人判断被评论所取代的所有可能的活动，如前所述，[18] 涉及从将规则的法律效力建立在其历史和生产资料基础上的渊源理论，到将这种有效性建立在规则正义感基础上的自然法理论。同样地，达斯普勒蒙提请注意"收集国内具有代表性的传统资料的困难"，毕竟依赖或应当依赖这些资料的融合可以推断这些原则的存在。[19]

另一个与国际法院适用一般原则有关的问题是，"一般法律原则"应解释为在起草规约时被视为存在的原则，还是应解释为更具开放性且能够包含1920年甚至1946年通过《国际法院规约》时并未考虑到的原则。"代际公平"原则就是一个很好的例子。该原则认为，为了子孙后代的利益，存在保护和维护自然秩序与环境的法律义务。这一概念的起源可以相当准确地追溯到1988年，当时联合国大学咨询委员会（Advisory Committee to the United Nations University）发布了"代际公平准则"。[20] 2010年，特林达德法官认为，在乌拉圭河纸浆厂案中，在"一般法律原则"的范畴内适用"代际公平"原则并无任何困难，根据其理解，"一般法律原则"是"从人类的良知、普遍的司法良知中产生的，我认为这是所有法律的最终实质渊源"。[21] 国际法院认为没有必要承认或适用这样一项原则，甚至没有必要适用任何"一般原则"，

---

[16] 'General Principles and Comparative Law', 970.
[17] 'General Principles and Comparative Law', 970.
[18] 参见第1章第1.4节。
[19] J. d'Aspremont, *Formalism and the Sources of International Law* (Oxford University Press, 2011), 171.
[20] 参见特林达德法官在乌拉圭河纸浆厂案判决中的单独意见，[2010] ICJ Rep 178–9, para. 118.
[21] [2010] ICJ Rep 156, para. 52.

第4章 作为法律渊源的一般法律原则

但如果这样做了，似乎就不会受任何时际法（intertemporal law）原则的限制。然而，"一般原则"的概念具有一种永久的、稳定的、因其明显和永久的正确性而被选择的特征，以至于把该词语解释为"任何原则将来都有可能被视为一般原则"，令人多少有些不安。

西玛法官在其对石油平台案的单独意见中，结合美国对伊朗在两伊战争期间因布雷活动使其遭受经济损失而提出的反诉，对国内法的类比进行了更广泛的调查。他反对国际法院驳回反诉，但鉴于伊拉克（非案件当事方）参与了有害性活动，所以其对判决伊朗承担的责任范围以及因此产生的赔偿责任感到不安。他解释道，其为此进行了一些"比较法方面的研究，以探讨是否能够从国内法达成解决的办法中推导出《国际法院规约》第38条第1款（c）项含义内任何类似于'一般法律原则'的内容，从而适应多重侵权行为主体的问题"。㉒ 在研究了若干国内法体系（普通法，以及加拿大、法国、瑞士和德国的法律㉓）之后，他得出结论："我所考虑的司法管辖共同连带责任原则（the principle of joint-and-several responsibility common to the jurisdiction）可以被视为一项'一般法律原则'"。㉔ 同样引人注目的是，在得出这一结论之后，他才援引国际法委员会于2001年通过的关于国家责任的条款草案，㉕ 其目的也在于强调他对一般法律原则的国内法背景的重视。

《奥本海国际法》（第9版）的学术编辑们认为，一般法律原则是国际法的渊源之一：①"使法律规则能够填补习惯或条约适用中可能留下的法律空白或缺憾"；②"提供了必须适用习惯和条约的法律原则的背景，并因此可以采取行动以修改其适用"。然而，他们接着表示，"一般法律原则……不仅起到了补充作用，而且可能产生具有单独法律效力的规则"（当然，这是由

㉒ [2003] ICJ Rep 354, para. 66.
㉓ 选择这些体系似乎是为了便于参考：没有迹象表明法官认为任何其他体系不属于"文明国家"的体系！
㉔ [2003] ICJ Rep 358, para. 74.
㉕ [2003] ICJ Rep 358, para. 75.

113

它们在第 38 条第 1 款中的位置所表明的)。[20]

法院可以适用一般原则的事实,当然意味着可以对这些原则提起上诉,以支持要求司法解决的主张——或者实际上是在任何情况下根据国际法提出的主张。然而,在国际实践和判例中,明显缺乏仅仅根据一般法律原则就主张或支持具体性质的特定权利的证据,而这样的例子已经被提及。就国际法院而言,纵观其历史,它只作出过一次显然根据一般法律原则的判决 [尽管没有援引第 38 条第 1 款 (c) 项],即在前文提及的科孚海峡案判决[21];只有在少数案件中,当事方要求法院根据一般原则作出裁决。[22] 可能是因为缺乏实例符合这些原则的性质,但无论如何,这一特定的法律渊源在确定国家在其正常关系中的权利和义务方面似乎不具有那么重要的实际意义。

实证主义的方法表明,包括国际法院在内的任一法院有权适用的一般法律原则的类型是有限制的,在此基础上,这些原则将被视为一般国际法的一部分。伦理或道德方面的考虑对这一领域可能产生的影响仍有待思考,但即使是公平或平等的做法也不一定包含在内。在空间法这样一个新领域内,要求裁定这一问题的司法机构很可能主张与 1967 年《关于各国探索和利用包括月球和其他天体在内外层空间活动的原则条约》(以下简称《外层空间条约》) 所体现的原则相同的原则,即"外层空间,包括月球和其他天体在内的所有天体,应在平等的基础上,根据国际法,可由所有国家不受任何歧视地自由探索和利用……"。但是,无论这一表述多么令人钦佩,从定义上来看,它都只是提出了有关时际法的一种创新性观点,即是否能够认为它是《国际法院规约》第 38 条第 1 款 (c) 项意义上的"一般法律原则"?

---

[20] R. Jennings and A. Watts (eds.), *Oppenheim's International Law*, 9th edn. (London: Longman, 1992), i. 40.

[21] 参见本章脚注 41。

[22] 葡萄牙在印度领土通行权案中的主张,[1960] ICJ Rep 43;以"必要性"作为西南非洲援引违反授权的权利主张的依据的论点,[1966] ICJ Rep 44 - 7, paras. 80 - 8;德国在北海大陆架案中主张其对大陆架应占有"公正或公平的份额",[1969] ICJ Rep 21,para. 17;墨西哥在阿韦纳和其他墨西哥国民案中提出所谓的程序原则,以排除不当取得的证据,[2004 - I] ICJ Rep 61,para. 127.

第4章 作为法律渊源的一般法律原则

　　该条款所设想的原则是任何法律体系都无法脱离的原则,[29] 或者说在任何情况下,这些原则都是法律推理的组成部分。正如起草《国际法院规约》时所设想的那样,这些原则将来自国内法体系,这一事实本身与其认为是一项标准,不如认为是对所寻原则性质的指导。[30] 有约必守原则就是一个很好的例子。正如我们在渊源理论以及条约和公约作为渊源的作用方面所看到的那样,这一原则存在于任何法律体系中,因为"具有拘束力的承诺不具有拘束力"这一观点纯属无稽之谈。[31] 合同不损害第三者利益（pcata tertiis nec nocet nec prodest）原则也是如此。同样地,在任何有关争端解决的制度中,定案即视为事实（res judicata pro veritate habetur）原则是必要和不可避免的,因为根据定义,如果争端得到解决,其就会被终止。[32] 重要的是,此类原则通常可以用拉丁文表达,这彰显了其在法律思维方面的古老性。这一类别中的任何原则都不具有伦理或道德意义。

　　善意作为一个普遍概念,也许可以列入国际法律原则的范畴,但就其而言,善意是一个非常灵活的概念。在核试验案中,国际法院将善意原则称为"基本原则",但只是在"产生和履行法律义务"的特殊情况下援引这一原

---

[29] 一个有趣的问题是,对政治机构所作的决定进行司法审查,正如在国内体系中所发现的那样,是否可以被视为一项可适用于国际层面的一般法律原则,从而为国际法院审查联合国安全理事会的决议提供依据。See E. de Wet, 'Judicial Review as an Emerging General Principle of Law and its Implications for the International Court of Justice', Netherlands ILR (2000), 181. 然而,该文作者认为这些原则只是国际法院采取此类行动的"脆弱"基础（见 p. 208）。

[30] 不应低估由于实践和适用的不一致而造成的困难,例如在不同的国家体系之间,这些原则看起来可能是相同的,参见威尔对"移植"所涉及的困难的观察, P. Weil, 'Le Droit international en quête de son identité', 237 Recueil des cours (1992 – VI), 145ff.；以及 H. Thirlway, 'Concepts, Principles, Rules and Analogies: International and Municipal Legal Reasoning', 294 Recueil des cours (2002).

[31] 奇怪的是, D. 肯尼迪（D. Kennedy）将这一原则视为"软法"。See D. Kennedy, 'The Sources of International Law', 2 AM UJILP (1987), 25. 这在后文中也有所引用,即 A. Boyle and C. Chinkin, *The Making of International Law* (Oxford: Oxford University Press, 2007), 14. 甚至有观点认为［例如, A. T. Guzman, *How International Law Works: A Rational Choice Theory* (Oxford: Oxford University Press, 2008), 183］,这是一项惯法原则,但这引起了与渊源层级概念相关的问题。参见第1章第1.3节。

[32] 参见《防止及惩治灭绝种族罪公约》适用案（波黑诉塞尔维亚）判决中对该原则的广泛考虑, [2007 – II] ICJ Rep 89ff., paras. 114ff.

则,❸ 而未（有意或以其他方式）提及《国际法院规约》第 38 条第 1 款（c）项。这就将裁决的理由置于条约或准条约的背景下,可具体参照第 38 条第 1 款（a）项的内容。❹ 条约解释中的善意原则也表明它本身属于一般法律原则的类别,而且可能被认为能够适用于条约法,而非包含其中。❺ 因此,出乎意料的是,国际法院在这一背景下将善意原则视为"《维也纳条约法公约》第 31 条所述的习惯国际法",❻ 而非一项一般原则。这种分类的含义相当奇怪,由于习惯法规则并无任何预先规定或逻辑上的**必要性**,但这一原则似乎表明情况可能并非如此,可能存在一种**不**要求善意解释条约的法律体系,在该体系中,恶意解释条约可能是合法的,而这显然是一件荒诞之事（quod est absurdum）。一个更为恰当（也更令人认可）的结论是,如果可以援引其他渊源,那么法院就会极其不愿诉诸一般原则。

国际法院曾经审理的两个案件也提及了这一点。第一个案例是 1995 年 9 月 13 日《临时协议》适用案,❼ 希腊在该案中声称,国际法中存在着未履约之抗辩（exceptio non adimpleti contractus）原则,即未履行协议的一方不得坚持要求另一方遵守协议。判决认定,由于希腊未能表明"自己声称的"抗辩条件未得到满足,因此"法院没有必要确定该原则是否构成现代国际法的一部分"。❽ 西玛法官本来支持适用抗辩,但认为它实际上已被《维也纳条约法公约》第 42 条和第 60 条排除在外：因为第 60 条规定了"因条约违约"而终止或中止施行的情形,而第 42 条规定"只有在条约或本公约规定的情况

---

❸ [1986] ICJ Rep 268, 473.

❹ 参见第 2 章第 2.4 节中的讨论。

❺ 从这个意义上讲,参见 Oppenheim's *International Law*, 9th edn., i. 37–8；以及国际法院在边境和跨境武装行动案中的意见,[1988] ICJ Rep 105, para. 94："如法院所述,善意原则是'指导法律义务产生和履行的基本原则之一'"（核试验案,[1974] ICJ Rep, p. 268, para. 48; p. 473, para. 49）；它本身并非一个义务的来源。"

❻ 石油平台案（初步反对意见）, [1996-II] ICJ Rep 812, para. 23. 对《维也纳条约法公约》的提及表明可能忽视了这样一个事实,即公约编纂的所有内容在当时并不一定都是习惯法,所以一般原则也可能被纳入其中,即使这些原则在条约缔结之前就已经存在并已开始运作。

❼ 前南斯拉夫的马其顿共和国诉希腊案,[2011] ICJ Rep 644.

❽ [2011] ICJ Rep 691, para. 161.

下",条约才能终止或中止施行。㉝ 乍一看,这就提出了一个问题,即一项一般原则是否可以通过条约加以排除。㊵ 但事实上,《维也纳条约法公约》第60条保留并阐述了这项原则的实质,只是省略了西玛法官赞成适用这项原则的具体原因分析。抗辩作为一项原则,仅表明如果一方不履行其协议,那么该方就不能享有合同的利益,而《维也纳条约法公约》也未对此作另外说明。㊶

第二个案例是关于或起诉或引渡的义务问题案。㊷ 在该案中,法院认定,一国不得援引其国内法作为不遵守国际法的理由的原则"反映了习惯法",人们可能认为这一原则同样是一项一般法律原则。㊸ 同样地,难以想象一项国际制度不受这一原则的影响。有观点认为,这使人怀疑这一原则是否属于习惯的范畴,因为习惯的性质是可以调整的,而且往往因社会而异。如果这项原则确实属于一般原则,那么它似乎也不可能成为习惯法的一部分。第38条的一个单独条款中提到了一般原则,这一事实表明,这并非原本所设想的那样。

因此,国际法院明确依据"一般原则"作出判决的案例很少,法院在任何情况下都未明确将一般原则与《国际法院规约》第38条第1款(c)项联系起来。法院在科孚海峡案中裁定,阿尔巴尼亚未能履行警告驶近雷区的船只的义务,其依据是"某些公认的一般原则,即出于基本的人道考虑、海上交通自由原则,以及一国有义务不允许在知情的情况下将其领土用于损害他国权利的行为"。㊹ 这在实质上被广泛理解为对《国际法院规约》第38条第1款(c)项所设想的"一般原则"的呼吁。㊺ 然而,最近一项研究结合本案

㊳ 参见西玛法官的单独意见,[2011] ICJ Rep 703, para. 19.

㊵ 一个涉及渊源位阶的问题(见第6章)。看来,一项条约可能对这一原则产生例外,却可能不完全排除它。

㊶ 另见国际法院在1971年纳米比亚案的咨询意见中对不可抗辩原则的处理,西玛法官在前述《临时协议》适用案中引用了该意见,[2011] ICJ Rep 706, para. 24. 其中,该意见将《维也纳条约法公约》(当时尚未生效)视为"对这一主题的现有习惯法的编纂"。另请注意西玛法官对加布奇科沃-大毛罗斯项目案的评论,[2011] ICJ Rep 706, para. 25.

㊷ 关于或起诉或引渡的义务问题案(比利时诉塞内加尔),[2012] ICJ Rep 422.

㊸ [2012] ICJ Rep 460, para. 113.

㊹ [1949] ICJ Rep 22.

㊺ 反对意见,参见 Meron, *Human Rights and Humanitarian Norms as Customary Law* (Oxford: Oxford University Press, 1989), 109-10. 该作者将这一发现视为习惯法的适用。

当事方的诉状背景审查了判决书,表明法院并未考虑到第38条第1款(c)项的原则,而是参考了习惯法中的既有原则,以及一项"从公约规定中选取的"规则,该公约即为1907年《海牙第四公约》。[16]

在1951年《防止及惩治灭绝种族罪公约》保留案的咨询意见中,国际法院建议,"即使没有任何惯例义务,该公约的基本原则也是文明国家公认的对国家具有拘束力的原则","其目的在于确认和认可最基本的道德原则"。[17]然而,法院并未从这些意见中直接得出任何法律结论;这些意见促成的结论是该公约明显是"出于纯粹的人道主义和文明目的而通过的",其倾向于促进"共同利益",因此其"意图是……使尽可能多的国家参与"。[18]同样地,法院并未提及第38条第1款(c)项,而且这种提法也不适当。

在国际法院所作的其他一些裁决中,也可以找到"一般原则"的提法,但这一措辞并不一定表明提及了第38条第1款(c)项所设想的原则之一,而是作为独立于其他渊源对其予以适用的裁决依据。[19]同时,我们也注意到在一些案件中,各国向国际法院援引了一般原则,但法院以不同的依据对案件作出裁决,或者认为由于其他原因不必就一般原则的适用性或其他方面作出裁决。另一个主张存在一般法律原则的领域是,国际法院根据《国际法院规约》第41条指出的临时措施的拘束力这一有争议的问题。在拉格朗案(德国诉美国)中审查这个问题时,法院纯粹将其作为对《国际法院规约》的解释问题来处理,而没有诉诸"一般原则"。[20]

国际法院最近的几起案件提出了司法程序中(法院本身的,以及在更普

---

[16] See A. Shihata, 'The Court's Decision in silentium on the Sources of International Law: Its Enduring Significance', in K. Bannelier, T. Christakis, and S. Heathcote (eds.), *The ICJ and the Development of International Law* (London: Routledge, 2012), 201.

[17] [1951] ICJ Rep 23.

[18] [1951] ICJ Rep 23-4.

[19] 特林达德法官在对乌拉圭河纸浆厂案的单独意见中详尽列举了此类参考文献。[2010] ICJ Rep 143-5, paras. 20-5.

[20] *LaGrand* (*Germany v. United States of America*), *Merits*, *Judgment* [2001] ICJ Rep 466, para. 99.

遍的国际诉讼中的）一般法律原则的存在和范围问题。[51] 在此领域规定的这一原则，虽然范围较广，但却是经典的、长期确立的，即"赔偿必须尽可能消除非法行为的所有后果，并在未犯有这种行为的情况下，重新建立极有可能存在的情况"。[52]

另外，下列原则也被司法确认为属于这一类别：

货币黄金案（*Monetary Gold*）原则，即国际法院（暗指任何具有"法院"地位的主体）无法裁定一个非当事方的国际责任，因而不同意这种裁决。然而，国际法院在《防止及惩治灭绝种族罪公约》适用案（克罗地亚和塞尔维亚）中裁定，该原则"不适用于不复存在的国家"。[53]

• 国际法院在大陆架划界案（尼加拉瓜和哥伦比亚）中宣布的既判力（*res judicata*）原则是"一般法律原则"。[54]

• "公正司法"（sound administration of justice）原则，援引其以支持（诸如）：

• 双方当事人平等原则：国际劳工组织第2867号判决；[55]

• 将两个不同案件合并诉讼的可能性（参见由哥斯达黎加和尼加拉瓜提出并分别被指控的案件）；[56]

---

[51] 这是特林达德法官在其冗长的意见中广泛讨论的一个问题，例如 [2015 – II] ICJ Rep 623 – 31, paras. 23 – 40.（该法官在审理的每个案件中都发表意见，即使不是一项程序性原则，也至少是一项常规的程序性标志。）

[52] Factory at Chorzów, Merits, 1928, PCIJ, Series A, No. 17, p. 47, recalled in *Certain Activities carried out by Nicaragua（Compensation）*, Judgment of 2 February 2018, para. 29.

[53] [2015 – I] ICJ Rep 3, at p. 57, para. 116; criticized by Judge Tomka, ibid., pp. 165 – 6, paras. 28ff. 在早期的案件中，法院将这一点称为"其规约基本原则"的一个方面，暗示是条约而非一般原则的渊源，这是一个可疑的提议。

[54] [2016 – I] ICJ Rep 125, para. 58；法院指出，这项原则"同时保护法庭或仲裁庭的司法职能以及案件当事方"；这一意见在加勒比海和太平洋海洋划界案（哥斯达黎加诉尼加拉瓜）中得到正式认可和遵循（参见前述脚注52, Judgment of 2 February 2018, para, 68）。

[55] [2012] ICJ Rep 10.

[56] 2013年4月17日关于在哥斯达黎加修建公路案和尼加拉瓜边境地区活动案的两项命令，参见 [2013] ICJ Rep 170, para. 18；187, para. 12. 但请注意，在加勒比海和太平洋海洋划界案2017年2月5日的命令第16段中，法院声称合并诉讼是由其自行决定的（参见《法院规则》第47条规定）。

- 举证责任和举证标准。[57]
- 当事方对与其法律顾问的通信保密的权利原则。国际法院认为其可能源于国家主权平等原则，"是国际法律秩序的基本原则之一，并且……反映在《联合国宪章》第2条第1项中"。[58]
- 关于确定对非法行为应得补偿的原则。[59]

迄今为止，该讨论是在传统主义或实证主义观点的基础上进行的。虽然这是近年来对国际法最显著的解释，但正如菲茨莫里斯早在1973年就提出的那样，"占主导地位的国际法理论的重要性一直在'实证主义与唯意志论'和'自然法'两个方法的概念之间摇摆不定"。[60] 人们日益重视人权法等法律概念，但这些概念难以从唯意志主义的基础上得出，这同样促使 C. 多米尼克（C. Dominicé）在1992年为"自然法"概念的回归而欢呼。[61] 他认为：

> 并非认为存在一套超越性的法律规范体系，而是认为国际法的某些规则由于其内容的性质而被确定为国际法规则——从伦理学的角度来看，这一点尤其重要——或者由于其内容具有特殊的伦理意义而受到了与通常模式不同的创造过程的影响。[62]

然而，在《国际法院规约》提及"一般法律原则"的背景下，他倾向于

---

[57] 《防治及惩治灭绝种族罪公约》适用案（克罗地亚和塞尔维亚），[2015] ICJ Rep 3.

[58] 没收和扣押某些文件案（东帝汶诉澳大利亚），[2014] ICJ Rep 153, para. 27. 参见 Sienho Yee, 'Article 38 of the ICJ Statute and Applicable Law: Selected Issues in Recent Cases', *Journal of International Dispute Settlement*, Vol 7, Issue 2, July 2016.

[59] 2018年，国际法院关于尼加拉瓜在边境地区开展某些活动案（赔偿）发表的声明（Judgment of 2 February 2018, paras. 29–31）。

[60] G. G. Fitzmaurice, 'The Future of Public International Law and the International Legal System in the Circumstances of Today', Special Report, Institut de droit international, Livre du centennaire (1973), para. 98.

[61] C. Dominicé, 'Le grand retour du droit naturel en droit des gens', Mélanges en l'honneur de Jean-Michel Grossen (1992); repr. in Dominicé, *L'Ordre juridique international entre tradition et innovation* (Geneva: PUF, 1997), 31.

[62] 'Le grand retour du droit naturel' (1997), 33 para. 5.

认为，虽然其中一类原则（如善意、有约必守、损害赔偿义务等）具有伦理意义，但更多的是逻辑上的必要性使其在一般原则中占有一席之地；鉴于现代自然法的影响，研究习惯法的相关领域或许更为有益。(63) 有观点认为，自多米尼克的研究以来，事态的发展已经证实了这一判断，并且在国际公约压力的驱动下，习惯目前已朝着这个方向发展了。无论是否为国内体系所共有，一般原则都必须代表对严格法律性质的一般要求的共同态度。为了使伦理原则影响国际法，习惯发展中所提供的筛选过程必须使全人类真正感受到“合乎道德的内容”与“何为正确的观点”（往往是充满激情的）之间的区分，而这些观点带有特定的地方、区域或宗教影响。(64)

4.2　衡平法的作用

毫无疑问，国际法承认衡平法的概念，(65) 衡平法是国际法的一部分；但它是否属于“一般法律原则”之一，或者是否可以认为它独立于或补充于《国际法院规约》第 38 条所列的法律渊源？其中，第 38 条第 2 款承认法院有权“经当事国同意持‘公允及善良’裁判案件之权”，从而在司法裁决中为衡平法的形式赋予单独的作用。这一权力从未行使过，因为还没有任何当事方邀请或授权法院实施如此行为，但该条款一般被理解为，法院将仅根据其认为在当时情况下是否公平而作出裁决，无论这样达成的解决方案在多大程度上会偏离适用法律所产生的结果。(66) 虽然这样作出的是一项司法裁决，但

---

(63) ‘Le grand retour du droit naturel’（1997），33 – 7 paras. 6 – 7.

(64) 特别参见第 8 章第 8.2.3 节中关于伊斯兰法作用的讨论。

(65) 在国际法的语境下，必须摆脱英美法中“衡平法”的特殊含义，因为这最终源于高等法院和衡平法院之间的区别这一历史背景。然而，菲茨莫里斯法官在巴塞罗那电力公司案中认为，如果国际法确实纳入这样的一个体系，它将更加丰富，［1970］ICJ Rep 85 – 6，para. 36. 对于不同的观点，参见阿穆恩法官在同一案中的单独意见，［1970］ICJ Rep 85 – 6，para. 333.

(66) 该文本提出了一个问题（同样地，从未接受过考验），如果法院可以通过当事方之间的协议，实际上被指示在不考虑本应适用的法律的情况下作出裁决，那么它是否可以同样地被指示适用一项“量身定做”的法律，而忽略当事方都反对的某些文本或规则，或者这是否与《国际法院规约》第 38 条的内容有过多的矛盾。

就定义而言，它并非法律意义上的法律裁决，由此在任何意义上，都不能将第38条第2款视为表明国际法的渊源。是以，接下来的讨论将不涉及这种特定且独特形式的衡平法，而是专注于更为普遍适用的衡平法内容。

在多边公约中，例如在海洋法、国际经济法、可持续发展等方面，曾无数次提及衡平法，或提及类似于衡平法的考虑。在这些情况下，适用衡平法不会对渊源理论产生任何问题，因为它们显然可以参照作为渊源的条约法［《国际法院规约》第38条第1款（a）项］。然而，其他诉诸衡平法的例子是否涉及习惯法或一般法律原则，或者衡平法是否有某种理由被视为一个渊源，仍有待观察。

国际法院在若干案件中对衡平法的作用进行了司法审查，其中可以方便提及的首先是布基纳法索和马里之间的边界争端案；虽然从时间上看，这不是第一个此类裁决，但其中载有对衡平法不同形式的有益分析。这个案件确定了陆地边界的位置。在作出该判决时，在涉及使用“公平原则”的海洋划界案中，已经存在一系列司法判决和仲裁裁决；这些案件将得到进一步审议，但在此应该注意的是，这些案件涉及一个先前从未划分过的海域划定界线。与大多数涉及有争议的陆地边界的案件一样，布基纳法索和马里之间的边界争端案涉及确定在某一阶段（通过协议，或在前殖民地国家的情况下，通过行政决定）划定的边界位置。除非是根据公允及善良原则确定的界限，否则对衡平法（宽泛意义上的公平）的考虑就不具有任何作用。(67) 然而，马里要求法院适用“这种与国际法适用密不可分的衡平法的形式”。(68)

该案中，法庭区分了衡平法的三种形式：法律抵触（*contra legem*）、法

---

(67) 正如法庭所言，基于衡平法的考虑，这些边界的修改“是没有必要的，也没有正当理由”，因为“无论这些边界多么令人不满意，它们都……完全符合当代国际法”。See［1986］ICJ Rep 633, para. 149. 在一些仲裁案中，如果认识到在严格的法律中可能难以确定边界，那么可以授权仲裁庭超越这一范围。参见布拉马岛仲裁案，J. B. 摩尔的《美国作为当事方的国际仲裁历史和摘要》，其附录包括与这些仲裁相关的条约及历史和法律说明（华盛顿，政府印刷局，1898年）；查科案，联合国国际仲裁裁决报告（UNRIAA），第3卷，第1819页。

(68)［1986］ICJ Rep 567，para. 27.

律补充（*praeter legem*）和法律矫正（*infra legem*）。(69) 其中，第一种形式显然等同于公允及善良的判决：公平就是一切，否则适用的法律对此不具有任何作用。(70) 法庭并未解释其对衡平法的重视程度，但这一术语的含义将在后文讨论。然而，法庭指出，它将“考虑在法律规定的范围内适用衡平法，即衡平法的这一形式构成现行法律解释的方法，并体现了衡平法的性质”。法庭引用了早先的一项判决，大意是“这并非简单地寻找公平解决方法的问题，而是一个从适用法律中得出公平解决方法的问题”。(71)

法庭在其后续判决中适用了上述推理，当时法庭不得不确定一个被称为苏姆（Soum）湖的区域边界线；其认定边界线穿过了苏姆湖，但具体在何处呢？其解决方案是在下述基础上，在各方之间平分该湖：

> 由于边界线的位置在文本中并无任何明确的说明，所以在边界线划定上，应该公平地将苏姆湖一分为二。虽然“衡平法不一定意味着公平”（北海大陆架案，《1969 年国际法院判例汇编》，第 49 页，第 91 段），但在通常情况下，公平就是衡平法的最佳表述。(72)

当时，这是对衡平法作为法律矫正形式的一种适用，是“一种解释现行法律的方法和衡平法性质的体现”。

这项判决所表明的是衡平法在国际法中的主要功能之一，也许实际上是其唯一的功能。尽管国际法规则通常回答了这样一个问题——“是什么”

---

(69) ［1986］ICJ Rep 567 – 8，para. 28. 这些术语和类似术语的使用存在一些不一致之处，参见 Bin Cheng in *Current Legal Problems*（1955），185；W. Jenks，*The Prospects of International Adjudication*（London：Stevens，1964），316ff；V. D. Degan，L'Équité et le droit international（The Hague：Nihjhoff，1970），25ff.

(70) F. 弗兰乔尼（F. Francioni）提出了不同的观点，F. Francioni，‘Equity in International Law’，in R. Wolfrum（ed.），*Max Planck Encyclopedia of Public International Law*（Oxford：Oxford University Press，2012），iii. 636 – 7，paras. 14 – 18.

(71) 权威的法语文本不包含任何与英语翻译中“现行”（in force）一词相对应的内容。此处引用自渔业管辖权案（英国诉冰岛），［1974］ICJ Rep 33，para. 78，and 202，para. 69.

(72) ［1986］ICJ Rep 633，para. 150.

（即当事方的权利是什么）或者“是不是”（即这种行为是否违反了国际法），但当问题涉及程度时，衡平法就开始起作用了。国际法院在艾哈迈杜·萨迪奥·迪亚洛案（赔偿）中作出的赔偿判决便是一个很好的例子，其中就迪亚洛被逮捕、监禁和驱逐一事提出了对非实质性（即无法量化的）伤害的赔偿主张。国际法院解释道，“非实质性损害赔偿的量化必须基于公平的考虑”。(73)在此，国际法院援引了欧洲人权法院关于艾尔－吉达诉英国案的判决，即在确定损害赔偿时，衡平法作为一项指导原则，“涉及灵活性和对案件所有情况下的公正、公平和合理的客观考虑”。(74)

这种衡平法显然不属于上文提及的衡平法的第一种形式（法律抵触），但就其本身而言，有关这些方面的判决在很大程度上可能类似于根据公允及善良原则就补偿问题作出的判决。但是，衡平法之所以被这样适用，是因为法律规则的指引（法律矫正），还是因为它独立运作以解决法律无法回答的问题（法律补充）？关于后者的分析，可以认为，衡平法在某种意义上是一种独立的法律渊源，因为艾哈迈杜·萨迪奥·迪亚洛案（赔偿）等案件的法律结果需要以衡平法为基础，而这一问题并非通过其他公认渊源的规则得以解决。北海大陆架案的法庭意见中，强调要采用的“公平解决方案”是“从适用的法律中产生的”（法律矫正），但这被批评为“仅仅是一种修辞手段，允许法院‘假定’存在着规定适用公平原则的法律规范或原则”。(75)

在北海大陆架案判决一年后的巴塞罗那电力公司案中，一方当事人试图依赖在现行法律的范围之外适用衡平法（法律补充）。(76)国际法院认定，被习惯法不予承认的外国公司股东的国籍国有权为该股东因第三国对公司的不法行为而蒙受的损失行使外交保护。作为申请方，比利时在此基础上主张，“基于衡平法的考虑，要求该股东享有受保护的权利”。法院暗示，如果公司受到的损害

(73) ［2012］ICJ Rep 334，para. 24.

(74) Application No. 27021/08，Judgment of 7 July 2011，ECHR Reports（2011），para. 114.

(75) F. Francioni，‘Equity in International Law’，in R. Wolfrum（ed.），*Max Planck Encyclopedia of Public International Law*（Oxford：Oxford University Press，2012），iii. 635，para. 10.

(76) *Barcelona Traction，Light and Power Company，Limited*［1970］ICJ Rep 48ff.，paras. 92ff.

是由其本国造成的，那么"出于衡平法的考虑，股东可能需要由……他们自己的国家提供保护"。法院补充道："然而，鉴于外交保护的自由裁量性质，根据一般规则，不论是以公司的国籍国……还是以股东所在国的身份，出于衡平法的考虑，保护的程度不能超过某一保护国进行干预的范围……"[77] 出于上述原因，股东应在"考虑衡平法"的基础上受到保护的主张，被国际法院予以驳回。[78] 但是，当这些考虑因素确实发挥作用时，仅仅为了确保"某些保护国能够干预"，它们是直接发挥作用，还是作为习惯法的实际或潜在发展的灵感来源呢？杰塞普（Jessup）法官在其单独意见中提到将外交保护范围扩大到股东，并解释道："这一理由似乎主要基于衡平法的考虑，其结果非常合理，以至于被国家实践所接受。"[79]

自第二次世界大战结束以来，为了方便起见，我们谈及海洋划界进程时，可以搁置国际公约（特别是《联合国海洋法公约》）的基本编纂条款，因为（如前所述）根据条约指示适用衡平法并不引起渊源学说的问题。然而，众所周知，根据习惯法，每个沿海国在领海、大陆架和专属经济区方面对其海洋和沿海海床享有特定的权利。除非这些区域仅以公海为界，否则就会出现一个沿海国权利所涉区域与其邻国权利所涉区域之间的划界问题。[80] 这种划界可以而且通常通过有关国家之间的协定进行。因此，条约法决定了结果的法律效力。如未达成协定，则可以通过司法判决或仲裁裁决进行划界；法官或仲裁员将适用习惯法（除非另有规定）。因此，可以推断，在根据实际缔结的条约法进行划界之前和之后，**似乎**已经存在符合习惯法的划界。后者很可能不遵循理论上的习惯法划界，例如一国可能做出偏离其认为在某一领域应完全享有权利的让步，以换取另一方在另一领域的平行让步。这不会引起理论上的问题，因为条

---

[77] [1970] ICJ Rep 48ff., para. 94.

[78] 在美国/伊朗索赔法庭的组织下，股东申请人可以根据《索赔和解声明》主张属于其公司的赔偿；但"衡平法要求他们在提出这些索赔时，要考虑到本可以针对公司提出的抗辩和反诉"。参见哈扎等人诉伊朗伊斯兰共和国案，Award No. 232-97-2, para. 86.

[79] 191-2.

[80] 一项出色的一般性调查，参见 Y. Tanaka, *Predictability and Flexibility in the Law of Maritime Delimitation* (Oxford: Hart, 2006).

约当然可以修改习惯意义上的权利,而海洋权利的范围从来都不被认为是有关强行法的问题。鉴于理论上存在"正确的"划界,那么可以认为,法官或仲裁员所做的就是"发现"这条"正确的"界线;从理论上讲,当任何法官或仲裁员被赋予同样的授权并被提供相同材料时,都会得出同样的划界结果。

然而,这并非国际法院关于海洋划界裁决的研究所得出的结论。一方面,法院谈到了(例如)授权;另一方面,法院提及了比例原则,或者更确切地说,法院试图避免在每一方范围内出现"不成比例"的情形。例如,在领土和海洋争端案(尼加拉瓜诉哥伦比亚)中,法院解释道,根据以往的判例,确定边界线过程的第三阶段将是"检验边界线所取得的结果……在考虑所有情况的前提下,确定是否存在需要进一步调整的严重不成比例的情形"。[61] 法院还解释道,这并不意味着要实现的目标仅仅是"当事方海岸长度与其各自在有关区域所占份额之间的相互关系"。[62] 简言之,对不能简化为公式的各种因素进行司法鉴定和权衡,仍留有空间。[63] 理论上"理想的""正确的"边界划定方法似乎并非已经存在,而是有待发现。

然而,在北海大陆架案中,衡平法是一个更为普遍的主题:

> 法院已然借助衡平法规则。该规则的法律基础在毗邻国家间划定大陆架的具体案例中已经说明。然而,必须指出的是,这项规则也是建立在更广泛的基础上的。无论法院的法律推理逻辑是什么,其裁决从一开始就必须是公正的,因此在这个意义上是公平的。然而,当提到法院执行司法权或宣布法律时,意味着裁决的客观理由不在规则之外,而在规则之内。在这一领域,恰恰是法律规则本身要求适用公平原则。[64]

---

[61] [2012] ICJ Rep 715, para. 239. 另见 2018 年 2 月 2 日关于加勒比海和太平洋海洋划界案(哥斯达黎加诉尼加拉瓜)的判决书, para. 202-4.

[62] [2012] ICJ Rep 715, para. 240.

[63] 人们很容易通过暗示这是一个计算机都无法完成的过程来说明这一想法;但人工智能的发展已经取得了很大的成就,而这可能会引起矛盾!

[64] [1969] ICJ Rep 48, para. 88.

在法院看来，对公平原则产生反致（renvoi）作用的"法律规则"的渊源是什么呢？在宣布判决前，法院提到"适用法律规则本身就需要适用公平原则"，并将其阐述为"符合大陆架在这一领域法律制度发展的一贯理念"。[85] 这似乎是对类似法律确信内容的呼吁，因此也许有理由将衡平法在这一领域的作用归因于尚未形成或正在形成的习惯法。

正如尼加拉瓜诉哥伦比亚案和哥斯达黎加诉尼加拉瓜案所表明的那样，衡平法在海洋划界方面的作用已经发展成为最后的检验，是划界过程中的一个最终阶段，即从一般公平性的角度来看待这一问题，并着眼于可能采取的纠正行动。最初，似乎只有在极端不公正的情况下，才有必要援引衡平法：在缅因湾海洋划界案（加拿大诉美国）中，国际法院的法庭担心其精心划界的结果"即使是通过适用公平原则实现的"，也可能会"意外地被揭示为极端不公平，也就是说，可能对有关国家人民的生计和经济福祉造成灾难性影响"。[86]

在此，似乎可以得出这样的结论，即国际法中对"衡平法"的绝大多数提法可被视为援引公正、公平原则或"正义和平等"原则，尽管这是条约条款或习惯法规定的中间状态，换言之，这是在法律规定的范围内适用衡平法（法律矫正）。[87] 在某些有限的情况下，衡平法似乎是在现行法律范围之外而适用（法律补充），这就不需要承认衡平法是一个独立的渊源；它最好被视为《国际法院规约》第38条所承认的"一般法律原则"之一。早在1937年，常设国际法院的两名法官就在马斯河（Meuse）分流案中作出了这样的解释。哈德森（Hudson）法官指出，"法院的规约并未明确授权法院适用有别于法律的衡平法"，但"第38条明确指出一般原则的适用"，而且"在众多国家的法律制度中都确立了衡平法原则"。[88] 安齐洛蒂（Anzilotti）法官认为，对不守约者

---

[85] [1969] ICJ Rep 47, para. 85.
[86] [1984] ICJ Rep 342, para. 237.
[87] 注意到国际投资法中"公平公正待遇"标准的发展，该标准最初源于条约文本中对这一术语的一致使用，详见本书第8章第220－221页。
[88] *PCIJ Series A/B No. 70*, p. 76.

无须践约（*inadimplentit non est adimplendum*）⑧ 原则是"文明国家所承认的一般法律原则之一"，而国际法院根据其规约第 38 条适用这些原则。⑨

4.3 一般法律原则和法律不明

如前所述，一般法律原则作为辅助渊源被纳入《常设国际法院规约》，以便在根据相关条约或习惯法未能作出裁决时，为裁决提供依据。此外，还提及了所谓的"法律不明"：法庭或仲裁庭作出的不能根据法律确定争议事项的裁决，因为法律对该问题并无规定。应当强调的是，这种裁决在性质上不同于法律不支持所提主张的裁决，其后果是被告胜诉。正如第 1 章已经提到的常设国际法院对荷花号案的判决所表明的那样，认定某一特定主张没有得到一项积极的法律规则的支持，等同于认定存在一项消极的法律规则。⑨ 另一个例子是前文提到的巴塞罗那电力公司案所涉及的关于衡平法的适用。比利时主张西班牙为一家加拿大公司中的比利时股东提供赔偿，而这据称是因西班牙的非法行动给该股东造成了损失，但该诉求被驳回了。这实际上是因为各国在类似情况下都未曾有过向公司国籍国以外的任何国家作出赔偿的先例。这是一个没有法律规则支持索赔诉求的结论，但不是法律不明，而是一个关于习惯法内容的结论：在习惯法中，只有公司的国籍国（加拿大）能够寻求赔偿。

另一个是北喀麦隆案，国际法院认为其根本无法作出任何判决。⑫ 法院认为，"其司法职能的适当限制并不允许其受理向其提出的申诉"；⑬ 其理由在于该争端是一个"关于条约的解释和适用的争端……该条约现已终止，不

---

⑧ 也就是前文脚注 38 对应正文中提及的"未履约之抗辩"原则。
⑨ "未履行协议的一方不得坚持要求另一方遵守协议。"参见 *PCIJ Series A/B No.* 70，p. 50.
⑪ 参见第 1 章正文及其脚注 50。
⑫ 争端起因于联合国终止对北喀麦隆的托管；在全民公投之后，该领土被并入尼日利亚，而非并入喀麦隆共和国。
⑬ ［1963］ICJ Rep 38.

再有效，且今后不再有机会根据法院作出的任何判决，解释或适用该条约"。[94] 其重点不在于缺乏法院能够宣布的任何法律，即法律不明（因为对条约生效时的含义进行解释可能是一种智力活动），而在于缺乏能够达到任何目的的法律声明，以此强调"对司法职能的适当限制"。

需要强调的是，"权利压根不存在"与"没有相关法律能够证实该权利存在或不存在"这两个概念是有区别的，无论这种区别是积极的还是消极的。后一种情况即使在国内法中存在，也是非常罕见的；它是否存在于国际法中，或者如果没有可以依赖的"一般法律原则"，那么它会存在吗？该问题之所以只在最初起草《常设国际法院规约》时才浮出水面，其原因在于它本质上是一个司法问题。对于被要求裁决争端的法院而言，在缺乏国际实践或可适用条约的情况下，案件的结果可能必然是法律不明，除非法官也有权借助一般原则。[95] 然而，对于争端当事方而言，没有必要正式承认法律的缺失；假定双方都真正寻求解决方法，那么每一方都会争取自己的利益，并从这些利益冲突出发，进行妥协或提出折中的方法，当然，争端可能仍然悬而未决。如果找到了解决方法，这反之又可能具有启动关于争端的习惯规则发展的价值。[96]

因此，一项司法裁决的范围显然还必须包括国际法院有权发表的咨询意见。事实上，国际法院应联合国大会要求所发表的关于威胁使用或使用核武器的合法性案的咨询意见就是这样一种法律不明的意见。然而，无论法院能否处理争议，每一项争议是否都存在一种正确的法律解决办法呢？如果是这

---

[94] [1963] ICJ Rep 37.

[95] 参见 H. Thirlway, *International Customary Law and Codification* (Leiden: Sijthoff, 1972), 引用了 1920 年法学家咨询委员会关于《常设国际法院规约》的讨论, p. 296; Siorat, *Le Problème des lacunes en droit international: Contribution à l'étude des sources du droit et de la fonction judiciaire* (Paris: Librairie générale de droit et de jurisprudence, 1958); H. Lauterpacht, 'Some Observations on the Problem of *Non Liquet* and the Completeness of the Legal Order', in *Symbolae Verzijl. présentées au professeur J. W. H. Verzijl* (The Hague: Martinus Nijhoff, 1958), 196; J. Stone, '*Non liquet* and the Function of Law in the International Community', 35 BYIL (1959), 124.

[96] 当然，这一过程确实提出了"人们在何时可以谈论法律确信"的问题，参见第 3 章第 3.2.3 节。

样的话，既定渊源必须能够在各种情况下给出权威的答复——即使在相对复杂的体系中，国内法律体系也不支持这种观点——而当一般渊源无法答复时，就必须存在一些"备选"的法律原则来提供答案。[97] 但是，这是否证明这些原则确实存在或必须存在？正如威尔令人信服地指出的那样，不仅某些国际法规范的争议太大，以至于无法有效地管辖国家的行为，而且其他规范也只停留在抽象的一般原则阶段，且"国际法根本未对某些问题作出规范，而只留下一片空白"。[98]

空间法无疑又是一个有力的例证。在 1967 年缔结《外层空间条约》[99] 之前，是否已经存在任何能够管辖这一问题的国际法？如果当时要求国际法院提供咨询意见，例如关于月球是否能够占有的问题，它会给出什么答复（假设它并未行使自由裁量权以拒绝发表意见）？有观点认为，唯一的答案可能是一种法律不明，即在当时的国际法背景下，这个问题并未受到法律的规范。（这样做的依据是各国对这一问题的态度，无论它们表明存在多么明确且协商一致的意见，都不会在缺乏实践的情况下，以实际探索空间或访问天体的方式确立习惯法规则。[100]）

当国际法院被要求就威胁使用或使用核武器的合法性案发表咨询意见时，其所面临的问题基于不同的背景出现了。法院认为，"鉴于国际法的现状及其支配的要素，法院不能最终断定在自卫这一极端情况下，威胁使用或使用核武器具有合法性还是非合法性，因为在此情况下，一国的生存将受到

---

[97] 就条约而言，缔约方完全有可能不会预见到每一种可能的情况（参见本章提到的案件，即庇护权案和加布奇科沃－大毛罗斯项目案）。有些问题可以通过扩张解释得以解决；如果存在有关这个问题的习惯法，那么它将填补空白。然而，解释也有其危险性；观察员决不能跨越这样的界限：一方面，解释当事方的言论，以便理解其认为的正在实现的目标；另一方面，通过在文本中写入观察员认为适当的内容，进而服务于当事方。参见 G. G. Fitzmaurice, 'Vae victis, or Woe to the Negotiators: Your Treaty or Our "Interpretation" of it?', 65 AJIL (1971), 358. ［与此相反的观点，可参见 M. McDougal, J. Lasswell, and J. C. Miller, *The Interpretation of Agreements and World Public Order* (Boston: Martinus Nijhoff, 1994), Introduction, p. xlviii.］.

[98] P. Weil, 'Towards Relative Normativity in International Law?', 77 AJIL (1983), 413, 414.

[99] 610 UNTS 205.

[100] 参见第 3 章第 3.2.2 节，以及"即时习惯"的概念（第 3 章脚注 65）。

威胁……"⁣❶ 令人震惊的是，法院认为适用荷花号案判决中的原则并不合适，❷ 即只有当某一行为违反一项法律禁令时，才可能在国际法中被视为不合法，也就是说，不要求该行为得到积极规则的授权。至少在国际责任领域，如果荷花号案规则是普遍适用的规则之一，那么就毫无采用法律不明原则的必要。

然而，对于投票赞成上述结论的沙哈布德恩法官而言，这并非法律不明：根据荷花号案规则，不存在禁止性规则；或者，如果没有授权规则，那么国家就无权使用核武器。❸ 反之，投了反对票的希金斯法官认为，"上述情形属于法律不明"，这一点毋庸置疑；她反对前述推理，因为对她而言，"法律不明是一项重要且公认的原则……而非法院判例的一部分"。❹ 在她看来，"原则被广泛阐述，并经常提出需要进一步回应的问题，这一事实不能成为法律不明的理由"。❺ 因此，不同的法律思想学派，根据"填补"规则或推定既定法律的措施被视为合法的程度，或某一特定原则被认为可能生成规则的程度，来评估是否需要法律不明原则。

另一个例子体现在国际法院对卡塔尔和巴林海洋划界与领土问题案所作的判决中，虽然这不是实质性的法律不明，但在海洋划界领域中也是明显存在的法律空白。法院面临着关于"低潮高地"（low-tide elevations）的竞争性主张，其中"低潮高地"是指土地在高潮时被覆盖，在低潮时则显露。卡塔尔坚持认为，一个低潮高地不能被国家合法地据为己有；巴林则坚持认为，

---

❶ [1996-I] ICJ Rep 33, para. 105. 关于这是一个法律不明的案件的观点，例如可以参见 Weil, '"The Court Cannot Conclude Definitively..."：*Non Liquet* Revisited', 36 Columbia JIL (1997), 109；另一种观点可能是，法院表示，虽然法律是完整的，但没有足够的事实能够适用它。参见 D. Bodansky, '*Non liquet* and the Incompleteness of International Law', in L. Boisson de Chazournes and P. Sands (eds.), *International Law, the International Court of Justice and Nuclear Weapons* (Cambridge: Cambridge University Press, 1999), 153。然而，该文作者认为"对法院意见进行直接和似是而非的解读会造成法律不明"。

❷ 参见第1章第1.4节。沙哈布德恩法官持这一观点：见下一段。

❸ [1996-I] ICJ Rep 389-90.

❹ [1996-I] ICJ Rep 590, para. 30；591, para. 36.

❺ [1996-I] ICJ Rep 591, para. 32.

低潮高地可以被据为己有。⓫ 由于在海底开发使沿海划界成为一个重要问题之前，这些区域并不具有特别利益或重要性，所以法院认为，"国际条约法对低潮高地是否可被视为'领土'的问题保持沉默，这一点毫不奇怪。国际法院也没有意识到一种统一而广泛的国家实践可能会产生一项习惯规则，以明确允许或排除占有低潮高地……"⓬ 然而，法院不必将相关低潮高地分配给这一国家或另一个国家；这些低潮高地位于当事双方对领海提出重叠主张的区域，所以法院需要裁定的是，哪一个国家可以使用低潮高地的低水位标志，以作为确定领海范围的基线。国际法院这一为了绘制等距离划界线而完全不考虑低潮高地的结论是明智的。⓭ 那么该判决是否属于法律不明的情形呢？

"国际法可能出现空白"，这是在习惯法的情形下才会提出的一个概念性问题。一项条约完全有可能无法涵盖在其预期范围内的各种可能性，但这并不意味着将法律渊源的地位归结于这类文书的理论缺陷。在哈雅·德·拉·托雷案中，国际法院不得不根据《哈瓦那庇护公约》来确定相关缔约方的法律地位；法院认为，该公约并未"全面回应"一旦合法给予庇护将如何终止的问题。⓮ 同样地，当匈牙利和斯洛伐克之间关于加布奇科沃－大毛罗斯项目的条约安排出现破裂并呈现复杂局势时，法院最终不得不告诉当事方应当有效地掌握自己的命运，因为这种局势其实在条约中是不可预见的。⓯ 在这两种情况下，一般法律原则都未起到任何弥补空白的作用。

⓫ 法院指出，如果低潮高地位于沿海国的领海内（通常情况下是这样），那么对领海所享有的主权意味着沿海国也对低潮高地拥有主权：[2001] ICJ Rep 101, para. 204. 问题在于，两个国家对位于领海主张重叠地区的低潮高地的主权是否可以通过占有获得。

⓬ [2001] ICJ Rep 101-2, para. 205. 法院接着在下一段中讨论了低潮高地是否可以出于法律目的而被视为"岛屿"，并作出否定的判决。

⓭ [2001] ICJ Rep 102-3, para. 209.

⓮ [1951] ICJ Rep 80. 本案和前一个庇护权案的整个诉讼程序都是在当事方根据《哈瓦那庇护公约》所享有的权利和承担的义务的范围内进行的；法院认为其在这方面的授权是有限的（[1951] ICJ Rep 83）。无论习惯法是否涉及庇护的问题，如果确实涉及，也尚未讨论习惯法是否存在类似空白的问题。

⓯ [1997] ICJ Rep 83, para. 155(2)(B).

第 5 章 辅助渊源

5.1 引言

《国际法院规约》第 38 条第 1 款 (d) 项一方面明确区分了[1]前几款所述的渊源,另一方面又明确区分了司法判例与学说,因为它将后者称为"确定法律原则之补助资料"。[2] 其原因在于,如果一项国际法规则在司法判例或教科书中得以阐述,那么它将作为一项源自条约、习惯或一般法律原则的规则。司法判例或教科书不会因为法官或学者的声明而主张所述规则是法律;而法官或学者之所以如此主张,是因为他们认为它是源自第 38 条第 1 款 (a) 项至 (c) 项所述的三个主要渊源之一。[3] 第 38 条第 1 款的前三个渊源是形式渊源;(d) 项内容是实质渊源而非形式渊源,但实质渊源具有其特殊的权威性。不过,仍存在一种情形,即知情的观察员可能认为所依赖的渊源并不具备作出

---

[1] 有观点认为,这是一种误导,因为这种区别并不那么突兀,参见 A. Roberts and S. Sivakumaran, 'The Theory and Reality of the Sources of International Law', in M. Evans (ed.), *International Law* 5th edn. (Oxford: Oxford University Press, 2018), 106.

[2] 有观点认为,"补助"即"辅助"意味着"**法学人不必诉诸于**"这样指定的渊源。这是一种奇怪的解释,意思是**法学人通常不需要**求助于该渊源,因为非辅助渊源之一提供了答案,参见 A. Papaux and E. Wyler, 'Legal Theory as a Source of International Law', in *Oxford Handbook on the Sources of International Law* (Oxford: Oxford University Press, 2017) 513, 520. 这并不意味着如果出现这种需要,就必须翻阅所有相关的出版物(参见第 5.3 节)。

[3] 在此意义上,I. 文兹克 (I. Venzke)(然而,他将渊源学说视为一个仁慈的神话)认为:"国际法院可以限制自己适用法律的想法取决于法律是由他人制定的事实。"参见 I. Venzke, 'The Role of International Courts as Interpreters and Developers of the Law: Working Out the Jurisgenerative Practice of Interpretation', 34 Loyola of Los Angeles International and Comparative Law Review (2011), 99.

裁决所需的权威，而且该裁决构成了被权威这块遮羞布巧妙掩盖的司法立法。❹ 同时，不会有人认为，当法院裁定某一特定后果源自公认渊源的规则时，永远不会获得任何"附加值"；但正如罗伯特·詹宁斯（Robet Jennings）爵士所观察到的那样："即使法院创造法律的意义在于制定、调整、修改、填补空白、解释，甚至朝着新的方向发展，裁决也必须被视为合理且合乎逻辑地源自现有和先前可查明的法律。法院并无纯粹的立法权限。"❺ 这并不影响这样一个事实，即在几乎所有案件中，司法判例在定义上都为有关争议主题的法律体系增添了些许内容：如果法律在法院作出裁决之前就已经十分明确，那么就有理由认为该案件永远不会发生。❻ 因此，一些观察员认为，司法机构不制定法律的想法是虚无的，并坚持认为法院实际上具有立法的作用和权能；这一点将在本章第5.2.1节中结合国际法院本身作进一步讨论。❼

即使在国际法发展的早期，司法判例（特别是法律文书）也具有这种明显的衍生性质，当时著名法学家的意见远比今天最受尊敬的教科书作者的意见更有分量。相较于国家实践或司法判例，这些学者的经典观点更多地基于自然法。❽ 根据定义，自然法仅以法律学者所述观点的形式出现：学者的权威越大，自然法所规定的内容就越值得信任。然而，自然法的法律权威建立在一般法律原则之上，而非建立在学者的观点之上，无论该学者有多么卓越。

现在出现了更多阐述法律规则的司法判决和仲裁裁决，实践中的重点已转移到这些判决和裁决所作的贡献上，而非"各国权威最高之公法学家"的

---

❹ 这似乎是沙哈布德恩法官在本章第5.2.1节中所解释观点的根本原因，即国际法院连续作出的两项判决的法律效力仅以一个司法渊源为基础。

❺ R. Y. Jennings, 'The Role of the International Court of Justice', 68 BYIL (1997), 43.

❻ 在被告方未出庭的情况下，也许可以规定例外情况（这种情况的可能性由《国际法院规约》第53条规定）。在发生这种情况的少数几个案件中［两个渔业管辖权案和一个军事和准军事活动案的实质阶段］，一位有能力的观察员可能已经预测到法院所声明的部分法律。

❼ 关于这些方面的更一般的方法，参见 I. Venzke, *How Interpretation Makes International Law: On Semantic Change and Normative Twists* (Oxford: Oxford University Press, 2012), particularly pp. 69 – 71 and 144 – 7, 以及文兹克对关税与贸易总协定/世界贸易组织（GATT/WTO）法律的司法发展的结论，pp. 190 – 5.

❽ 在这一时期的大部分时间里，自然法与基督教潜在结合的影响也不应被低估——有时其影响与现代方法相悖，比如在对待那些被称为"异教徒"的人时。

观点上。❾ 此外，法官和仲裁员本身往往是杰出的学者和法律界的从业者，以至于司法判例和学说之间的区别并不明显。根据《国际法院规约》第57条规定，当国际法院的法官有权对一项判决附加单独意见和反对意见时，这两个类别实际上是趋同或重叠的。这些意见因法官行使权力而提出，并在法官同意法院总体观点的情况下，必须被视为司法声明。更微妙的是，存在一项反对意见或单独意见的情况，其中单独意见表明法官如何基于不同的理由得出与法院大多数法官相同的结论。❿ 在某种程度上，当这些意见被认为与大多数法官的结论相矛盾时，它们是否可以被视为司法判例？与此同时，由于大多数法官是在考虑了当事双方提出的主张之后才得出的结论，因此可以认为法官们提出的意见比公法学家的简单"意见"更具分量。⓫ 从司法层面到学术层面，还存在一些意见或其中的部分意见涉及判决范围之外的问题，当事各方可能对这些意见发表了看法，也可能没有发表看法。⓬

无论如何，尽管存在法官知法原则，⓭ 但争端所涉国家或其代理人将援引司法判例、法官意见以及主流教科书和专著以支持其主张，正如仲裁员和国际法院个别法官提出单独意见或反对意见时所表现得那样。先前法院本身就避免引用学术出版物，即使第38条还是提供了这样做的依据；⓮ 法

---

❾ 在此意义上，也可参见 Roberts and Sivakuman in Evans (ed.), *International Law*, 5th edn. (Oxford: Oxford University Press, 2018), 107.

❿ 鉴于欧洲法院作为一个实体以法院的名义作出单一判决的一般实践，这种现象可能不太为大陆法系的法学人所熟悉。英国的法学人习惯在上诉法院或最高法院法官的不同判决中，对所观察到的权威性进行微妙的分级。

⓫ 这并非表示这些意见可能对判决不具有解释作用，因为其表明了法官在审议过程中可能探讨了哪些观点。

⓬ 因此，值得反对的是，无论是过去还是现在，国际法院的某些法官所遵循的实践是利用其发表意见的权利，针对与案件中法院审理的问题关系不大或根本毫无关系的法律（有时是政治）问题公开发表意见。关于《国际法院规约》第57条规定的法官权限范围的限制性意见，参见斯宾德就西南非洲案发表的声明，[1966] ICJ Rep 52–5, paras. 5–22.

⓭ 该原则是指推定法官知晓法律，因此在其判决中不局限于主张中提出的法律问题。参见第3章第3.1节脚注13。

⓮ 对这一政策有两个令人信服的解释，即"学者在技能、勤奋、智力、独立性和卓越性方面差别很大，但区分它们可能会引起反感"，或者"法院本身可能由不愿意将他人视为'权威'的知名法学家组成"。参见 M. Mendelson, 'The ICJ and Sources of International Law', in V. Lowe and M. Fitzmaurice (eds.), *Fifty Years of the International Court of Justice: Essays in Honour of Sir Robert Jennings* (Cambridge: Cambridge University Press, 1996), 63 at 84.

庭对陆地、岛屿和海洋边界争端案的判决［提及奥本海、劳特派特（Lauterpacht）和吉德尔（Gidel）的观点］❺似乎标志着这一政策的放松，但在后续案件中并未遵循这一先例。

5.2 司法判例

5.2.1 国际法庭

第 38 条中提及的司法判例当然包括具有最高权威的国际法院的判决：国际法委员会的结论提到"国际法院和法庭（特别是国际法院）的判决"，以作为确定习惯国际法规则的辅助资料（结论 13 第 1 项，重点强调）。特别是就这些判决而言，《国际法院规约》第 38 条和第 59 条的相互参照具有相关性。第 59 条明确规定："法院之裁判除对于当事国及本案外，无拘束力。"❻当然，法院的既定判例具有重要意义，而且在向法院提出的论点中经常依据这些判例，但是任何判决都不能简单地自动适用于另一个案件，无论这个案件多么相似，即便当事一方或双方都是相同的。❼然而，国际法院已明确表示，即使对法院本身而言，以往的判决也不具有拘束力。在最近的一个案件中，早先的一项判决直接涵盖了其中一个争议点，法院就该判决指出："这并非意味着（本案当事方）要受制于法院在以往案件中所作的判决。真正的

---

❺ [1992] ICJ Rep 593，para. 394.

❻ 这一措辞的重要意义在最近的一个案件即《防止及惩治灭绝种族罪公约》适用案（波黑诉南斯拉夫联邦共和国）中得到了强调，在此案中，法院在非正审判决中实际上（尽管含蓄地）裁判了一个当时还未争论的管辖权问题。在随后具体提出这一问题时，法院认为，先前的判决具有既判力，不能重新审理。参见 1996 年 7 月 11 日作出的判决，[1996-II] ICJ Rep 595，以及 2007 年 2 月 26 日作出的判决，[2007-II] ICJ Rep 93-102，paras. 121-40.

❼ 即使一国向若干其他国家提出针对相同事实的单独案件，例如南斯拉夫（塞尔维亚）针对多个北约成员国提出的有关使用武力的合法性案件，这一点也必须有效。就理论而言，在这两种假设下，法院可以作出不同的判决，尽管当事方同时提起诉讼和法院几乎同时作出判决会使这一假设略显荒谬（除非案件之间存在任何实际差异）。然而，如果其中一些（或一个）案件的判决被推迟，且法院的组成发生变化，那么结果可能是作出一项与先前判决不一致的判决，并且第 38 条和第 59 条将剥夺先前判决的任何效力。

问题在于，在这种情况下，是否存在不遵循先例推理和结论的理由。"[18] 这一措辞审慎地表明，尽管国际法院在"区分"先例方面可能留有更大的余地，但是假设第 59 条[19]排除了遵循先例（*stare decisis*）的规则（按照英美法系的立场）仍是不恰当的。

第 38 条中"司法判例"一词所谓何意？就某种意义而言，国际法院或其他国际法庭的"判决"是包含在判决书的"执行条款"中的，有别于生成这一判决的推理论证。这一条款的传统模式在于，法院"出于这些理由或基于这些动机"而进行"裁判"。正是在此意义上，第 59 条宣称"判决"对当事方具有"拘束力"，而推理论证本身并不具有拘束力。[20] 然而，当法院的"判决"被视为法律渊源时，显然主要是基于推理论证的考量。例如，执行条款意义上的判决可能不过是"法院驳回申诉方的主张"，这本身并不能为随后寻求判决理由（*ratio decidendi*）的任何法院提供指导。这里的"判决"是指推理论证，这可能使该案成为一个先例、一个公正的法律制度（*faire jurisprudence*）。

这种造法性的效力对单独意见和反对意见的影响程度已经有所讨论，但判决中的推理内容是否能够具有第 38 条意义上的"司法判例"的权威性；或者国际法是否承认在一些国内法律体系中对基本推理和附带意见（即法官在其判决中提出的对于形成最终判决的推理链并非不可或缺的内容）进行了区分？[21]

在 2000 年 4 月 11 日逮捕令案（刚果民主共和国诉比利时）[22] 中，这种

---

[18] 喀麦隆和尼日利亚陆地海洋划界案，[1998] ICJ Rep 275, para. 28.

[19] 在此意义上，可参见 A. Pellet in A. Zimmermann et al.（eds.）, *The Statute of the International Court of Justice: A Commentary*, 2nd edn.（Oxford: Oxford University Press, 2012）, sub Art. 38, para. 307, p. 855.

[20] 虽然很难看出案件当事方在这种情况下如何采取与推理不一致的行动而不违反生效判决。

[21] 学术界对这一点似乎并无任何评论，但注意劳特派特提到的区别 [*The Development of International Law by the International Court*（Cambridge University Press, 1958）]，他主张国际法院的判决范围应比确定案件的问题所必要的范围更广泛，并以此发展法律，参见前述文献第 37 页及以后。

[22] *Case concerning the Arrest Warrant of 11 April 2000*（*DRC v. Belgium*）[2002] ICJ Rep 3.

区别显得尤为突出。法院重申了申诉方所依据的"现任外交部长刑事管辖豁免和不可侵犯的规则"。法院随后指出，豁免（immunity）和免予刑罚（impunity）不同，"刑事管辖豁免和个人刑事责任是两个完全不同的概念"。㉓ 法院继续推论并具体说明了外交部长的豁免"并不妨碍刑事起诉"的四种情况。㉔ 由于这四种情况都不存在，㉕ 所以这一段表述对该判决而言并不必要，而且很可能作为有关豁免范围的一般性指引而添加在判决当中。但是，作为一项明显的附带意见，如果它不被作为先例，那么它作为一个指引又有何价值呢？㉖ 简言之，必须设想，国际法院的一般性权威赋予其权重。

当然，国际法院并不是唯一一个根据国际公法进行审判的国际法庭。国际刑事法院、前南斯拉夫问题国际刑事法庭和其他类似机构原则上在国际刑法领域开展工作，但在其工作过程中可能被要求对超出其各自规约适用和解释范围以及罪行认定的问题进行裁判，从而有助于阐明法律。㉗ 就国际刑事法院而言，《国际刑事法院罗马规约》明确规定，"法院可适用其以往裁判所阐释的法律原则和规则"；但由于法院存在不同的分庭运作，所以难以评价法院的做法是倾向于遵循还是偏离以往的判例法。㉘

在1989年，常设国际法院（法庭）的数量为6个，另外还有关税与贸易总协定的非强制性争端解决机制；1945—1989年，前述法院（法庭）共作出373项判决。据一位观察员所言，目前至少存在24家类似的法院（法

㉓ [2002] ICJ Rep 25, para. 60.

㉔ 同上，para. 61.

㉕ 不过，奇怪之处在于，法院并未明确表示，这可能是出于疏忽。

㉖ 国际刑事法院对此有一定的依赖：例如，在查尔斯·泰勒案中，塞拉利昂问题特别法庭上诉分庭作出的关于管辖豁免的裁决（2004年5月31日，案号为 SCSL-2003-01-I）；国际刑事法院预审分庭在2011年、2013年和2017年对检察官诉奥马尔·哈桑·艾哈迈德·巴希尔案作出的连续（有些前后矛盾）的裁决。

㉗ 关于国际法院和前南斯拉夫问题国际刑事法庭意见分歧的例子，参见《防治及惩治灭绝种族罪公约》适用案（波黑诉南斯拉夫联邦共和国），[2007-I] ICJ Rep 209, paras. 402-3.

㉘ See Bitti, 'The ICC and its Applicable Law, Article 21 and the Hierarchy of Sources before the ICC', in C. Stahn (ed.), *The Law and Practice of the International Criminal Court* (OUP, 2015).

庭），而且它们已经公布了超过 37 000 份具有拘束力的判决。㉙

另外，还设立了许多仲裁法院（法庭），尤其是在常设仲裁法院的支持下，它们的裁决是公开的，并且通常作为适用于所涉案件的法律声明而具有巨大的影响力。与国际法院的情况一样，法官、仲裁员几乎无一例外都是声誉卓越、资历深厚的国际法学者，以至于在这方面，司法判例和公法学家的意见之间的区别也略显模糊。㉚ 在世界贸易组织和关税与贸易总协定的框架下，经济领域也存在许多国际司法判例。㉛

基于这一背景，有学者在 2011 年观察到：

> 越来越多的国际司法机构作出了越来越多的裁决，这是过去 20 年国际法律秩序的主要特征之一。数量的变化和质量的变化是密切相关的。今天，仅仅考虑国际法院在解决争端方面的作用已不再具有说服力。虽然这一职能与以往一样重要，但许多国际司法机构在全球治理方面发挥了进一步的作用。其裁决具有超越个人争议的影响力，也超出了具体案件的范围，影响到一般的法律结构。国际裁决的实践创造并改变了行为者的规范期望，从而发展了法律规范性。㉜

㉙ K. J. Alter, *The New Terrain of International Law: Courts, Politics, Rights* (Princeton University Press, 2014), 68. 该书作者认为，鉴于这种增长，或与之平行，当今国际法的整个领域都发生了变化，这正如她在其专著中的标题所暗示的那样。

㉚ 还应注意国际法院最近对其工作人员在其任期内可以担任仲裁员的程度施加了限制，从而结束了已经达到丑闻程度的局面，参见国际法院院长优素福（Abdulqawi A. Yusuf）大法官在 2018 年 9 月 25 日第 73 届联合国大会上发表的讲话。（此处原书关于大法官的名字和大会时间有误，已勘正。——译者注）

㉛ "当然，世界贸易组织体系通常并未遵循先例，但是……毫无疑问，在裁决的方式上，以往决策的权威被滥用了。"参见 D. Unterhalter, 'What Makes the WTO Dispute Settlement System Procedure Particular?', in R. Wolfrum and I. Gätzschmann (eds.), *International Disputes Settlement: Room for Innovations?* (Heidelberg: Springer, 2012), 10.

㉜ A. von Bogdandy and I. Venzke, 'Beyond Dispute: International Judicial Institutions as Lawmakers', 12 German LJ (2011), 979. 关于这一情况及其影响的长篇研究，参见 K. J. Alter, *The New Terrain of International Law: Courts, Politics, Rights* (Princeton University Press, 2014).

在此基础上，学者们认为，"在国际裁判过程中，法律规范性的生成应被理解为司法立法和公权力的行使"。这样的观点并非基于传统的渊源学说立场。然而，这一令人关注的现象又提出了这样一个问题，即在渊源学说的范围内，国际司法判例只不过是国际法的辅助渊源，这种说法是否正确仍有待商榷。

关于这一问题，沙哈布德恩法官开展了早期的研究，他在其著作《世界法院先例》❸中专门用一章论述了"由法官制定国际法的可能性"，但他的研究范围较窄（正如标题所表示的那样），仅侧重于国际法院。他针对第38条提出了一种"可论证的"解释，根据这种解释，"《国际法院规约》第38条第1款（d）项提及的'确定法律原则'可被理解为包括由法院本身根据先前司法判例或公法学家学说而作出的判决对新的法律规则的确定"。❹这是基于第38条"设想法院的判决能够以两种方式运作"的观点：

> 第一种，它们可以作为确定嗣后判决之法律规则的材料。以这种方式作出的司法判例（包括国际法院和其他法院的判决）构成"确定法律原则之补助资料"。司法判例（现在仅限于法院本身的判决）的第二种运作方式是根据先前的判决确定法律规则。在先前判决的基础上确定法律规则的新判决并非一种补助资料，而是新国际法规则的渊源；因为它仅由法院作出。❺

然而，先前判决的依据尚不清楚。显然，如果先前判决基于条约、习惯或其他一般渊源，那么第二项判决可能会基于同一渊源，而不必依赖先前的作为创设法律的判决。另外，如果先前判决不存在这样的依据，那么它如何证明自身存在的合理性。

---

❸ （Cambridge：Cambridge University Press，2007），ch. 7.
❹ *Precedent in the World Court*，78.
❺ *Precedent in the World Court*，76.

无论如何，法院本身似乎从未宣称具有沙哈布德恩法官提出的那种立法权。普遍接受的观点仍然是，司法判例（包括法院的判决）本身并非第 38 条第 1 款 (a) 项至 (c) 项所列的法律渊源。

国际法院的判决似乎可以被归为一个具有造法性功能的专门领域，其属于法院自身的程序范围。❽ 这通常由纲领性文本作出规定，国际法院、国际刑事法院和各种专门刑事法庭的规约就是明显的例子。特别是规约的规定通过规则加以扩大和适用，而制定规则的权力由规约赋予。❼ 有时，这些规定又通过次级"立法"得到进一步扩展，例如国际法院发布的《诉讼程序指南》（Practice Directions）以及关于法院内部司法实践的决议。赋予法庭制定规则的权力，意味着法庭可以通过这种辅助的一般性文本，或通过在认为必要的特定案件中作出的这种判决，默示地授权法庭解释纲领性条文。

国际法院关于拉格朗案及阿韦纳和其他墨西哥国民案的判决就是这一程序运作的突出典例，即国际法院根据《国际法院规约》第 41 条规定的临时措施创设了具有拘束力的国际义务。至少可以认为，第 41 条规定在这个问题上模棱两可，而学术界自始就对该条文的正确解释存在分歧。2001 年，法院在对拉格朗案的判决中裁定，临时措施至少在明确表述的情况下，对其所针对的一个或多个国家具有拘束力；如果不遵守，那么就会产生国家责任。这一责任在理论上有别于诉讼程序中提出的根据实质性主张而可能存在的责任。在目前的情况下，判决（在后续案件中并未受到质疑❽）的重要性在于，即使其法律依据有待商榷，❾ 它基本上也不具备可上诉性，而且作为一个先例，它是不可推翻的，以至于可以认为司法**判例**实际上创造了一项重要的国家责

---

❽ 在此意义上，沙哈布德恩法官在其著作《世界法院先例》第 72 页中指出："基于法院判决的先例性权威，似乎可能会产生新的程序性原则。"因此，相关程序并不包括司法管辖权，而司法管辖权取决于缔约方是否同意，即其实际上以条约为基础。

❼ 例如，《国际法院规约》第 30 条规定。

❽ 例如，在刚果境内进行的武装活动案（刚果民主共和国诉乌干达），[2005] ICJ Rep 258, para. 262；柏威夏寺案（解释），[2011] ICJ Rep 554, para. 67.

❾ 参见本书作者的评论，H. Thirlway, *The Law and Procedure of the International Court of Justice: Fifty Years of Jurisprudence* (Oxford: Oxford University Press, 2013), i., 956–68.

任规则。⑩ 当然，在未来的案件中，法院可以裁定该案所指的措施不具有拘束力，但不可能推翻其在拉格朗案中作出的判决；⑪ 如果法院这样做了，将认定其行使撤销权，并确认法院享有实施如此行为的权力，进而证实其持续立法。

5.2.2 国内法院

不过，《国际法院规约》第 38 条第 1 款（d）项所述法律原则的适用不限于国际法院和法庭的判决，其也包括国内法院的判决。然而，国际法委员会在这方面十分谨慎：其在结论 13 第 2 项中指出，"**可酌情考虑**国内法院关于习惯国际法规则的存在和内容的判决"。⑫ 这种判决可能具有双重作用：一方面，它们可能载有关于某一特定问题的有效国际法声明（从而构成实质渊源）；⑬ 另一方面，一国的法院是国家机关，它们的判决也可能被视为关于习惯法问题的国家实践。事实上，以国际法院判决的报告为例，其中一个明显的发展是，提交司法解决的争端的性质愈加常见，以至于国内法院的判决提供了许多与寻求适用法律相关的材料。

---

⑩ 如果这类判决普遍令法院的"委托人"不满意，那么当然有可能通过修改《国际法院规约》而推翻它；但这是完全不现实的设想。一般而言，关于国家在可能的司法创新方面的立场，参见 Thirlway, 'Unacknowledged Legislators: Some Preliminary Reflections on the Limits of Judicial Lawmaking', in Wolfrum and Gätzschmann (eds.), *International Disputes Settlement: Room for Innovations?* (Springer, 2013), 311.

⑪ 毫无疑问，法院应该有权维持案件诉讼待决状态，这本身是一件极好的事情；令人遗憾的仅仅是，法院将这些权力强加于自身的方式。虽然临时措施最初并未考虑到这一点，但它们已成为法院对维持国际和平与安全的贡献，这可能值得欣慰。参见 K. Oellers-Frahm in Zimmerman et al. (eds.), *The Statute of the International Court of Justice* (Oxford: Oxford University Press, 2012), 1072 – 3. 还请注意 2011 年 7 月 18 日关于请求国际法院解释 1962 年 6 月 15 日柏威夏寺案判决（[2011] ICJ Rep 537）的命令，在该案中，法院可以说超越了临时措施的通常限制，**看起来好像**是为了维护和平，仅保护主要诉讼程序中主张的权利。

⑫ 这一点为补充强调。参见特别报告员在联合国文件中的解释性意见，UN doc A/71/10, p. 110, paras. (6) and (7).

⑬ 国内法院的立场在于必须适用国际公法（基于国内宪法的指示），但至少理论上，它无法像适用国内法时那样发展国际公法。对由此产生的困难，参见 M. Kloth and M. Brunner, 'Staatenimmuniteit im Zivilprozess bei gravierenden Menschenrechtsverletzungen', 50 Archiv des Völkerrechts (2012), 218 – 43 at 238 – 9.

在2000年4月11日逮捕令案中，问题的关键之处在于国家元首和外交部长是否对据称在其任职期间犯下的罪行享有绝对豁免，以及在战争罪或危害人类罪的案件中，这一规则是否有例外。当事双方（比利时和刚果民主共和国）均依据的是英国上议院对皮诺切特案[14]和法国最高法院对卡扎菲案[15]作出的判决。这些判决中的国际法声明可以被视为确定关于这一主题的习惯法的"补助资料"；但是，这些声明是作为国家实践的依据而被提出的，法院也是这样应对这些声明的。[16] 国际法院提到了国内法院关于这个问题的"少数"判决，实践的匮乏显然和习惯规则是否已经确立的问题有关（正如在第3章所解释的那样）。但是，如果根据第38条第1款（d）项规定，将国内法院的判决归类为"补助资料"，那么唯一的问题就在于这些判决是否正确地陈述了法律，而这种陈述又可能基于对国内法院**以外**的国际实践所作的评估，而非判决本身是否代表了国家司法机构的广泛实践。[17]

同样地，在国家管辖豁免案中，法院指出：

> 国家豁免不适用于在法院地国领土上发生的导致道路交通事故和其他"可保风险"案件中产生死亡、人身伤害或财产损坏行为的民事诉讼。一些国内法院在此类案件中所承认的豁免限制被视为仅限于私法行为……[18]

从上述内容可以看出，国内法院作为法院所具有的权威性并不重要，事

---

[14] 里贾纳诉鲍街市政临时法官，皮诺切特·乌盖特案（第3号），[1999] UKHL 17；[2000] AC 147；[1999] 2 All ER 97.

[15] 恐怖袭击受害者援助组织和卡斯特尔诺·德埃斯诺诉利比亚元首卡扎菲案，法国上诉法院刑事庭，2000年3月13日，第1414号。

[16] 2000年4月11日逮捕令案（刚果民主共和国诉比利时），关于初步反对意见和实体问题的判决，[2002] ICJ Rep 3，paras. 57, 58.

[17] 然而，由于它们只是证明法律的补助资料，因此有必要证明还存在**其他**支持习惯规则的国家实践。

[18] [2012] ICJ Rep 127, para. 64，参见奥地利最高法院在霍卢贝克诉美国政府案中的判决，引自 Juristische Blätter (*Wien*), 84 (1962), 43；ILR, vol. 40 p. 73.

143

实上，法律规则的性质决定了国内法院的判决将成为支持习惯存在的相关惯例。同时，可以看出，国际法院将国内立法（及其在国内法院的适用）作为证明其正在审查的规则是否享有资格的依据，同样基于这样权威性解释的立法构成了有关国家的惯例。[49] 这一点在上述判决书的后面一段中表现得更加明显，其中引用了许多国内法院的判决，该材料以段落的形式介绍，大意是"存在大量证明习惯法的国家实践"，这是由国际法院所宣称的。[50]

然而，在这种情况下，国际法院还必须确定《欧洲国家豁免公约》和《联合国国家及其财产管辖豁免公约》（United Nations Convention on the Jurisdictional Immunities of States and their Property）条款的正确解释和相互关系。国际法院指出，比利时、爱尔兰、斯洛文尼亚、希腊和波兰的法院对有关条款效力的解释都得出了同样的结论。[51] 然而，这里的问题并非一个简单的习惯法问题，而是一个多边条约的解释问题：国内法院的判决并不符合《维也纳条约法公约》第31条第3款（b）项所规定的惯例，因为一方法院的判决不一定能够"确立当事方对条约解释的协议"。也许正是外国作为诉讼一方的存在，这种解释才成为惯例；但是，严格意义上，只要该国与法院地国之间并未就国际法规则达成协议，这一特点就无关紧要。案件的存在表明对有关条款的解释存在分歧，国内法院的判决必然与两个相关国家其中之一提出的解释相悖。从这个意义上来说，惯例是模棱两可的。如果国内法院审理的案件涉及国际法规则，但诉讼双方均非外国，那么该判决可能被视为法院地国的惯例。因此，如果国内法院的判决具有重要性，那么根据《国际法院规约》第38条第1款（d）项作出的相应判决是否具有价值？法院似乎

---

[49] 引自加拿大最高法院在施赖伯诉德意志联邦共和国案中的报告。参见［2002］Supreme Court Reports（SCR），vol. 3，p. 269，paras. 33 - 6.

[50] ［2012］ICJ Rep 137，para. 84.

[51] ［2012］ICJ Rep 129，para. 68，列举了根特初审法院于2000年2月18日就波特伯格诉德国案作出的判决；爱尔兰最高法院于1995年12月15日就麦克尔亨尼诉威廉姆斯案作出的判决，［1995］3 Irish Reports 382，ILR，vol. 104，p. 69；斯洛文尼亚宪法法院就第Up - 13/99号案作出的判决，para. 13；希腊马尔盖洛诉德意志联邦共和国案的判决，案号为no. 6/2002，ILR，vol. 129，p. 529；波兰最高法院就纳托涅夫斯基诉德意志联邦共和国案作出的判决，Polish YIL（2010），xxx. 299.

并未提出这些建议，但有观点认为，第 38 条第 1 款（d）项确实可以如此适用。

显然，如果国内法院的判决是国际法的辅助渊源，那么就没有理由在任何区域或国家基础上限制作出这种判决：其前提在于，必须假定每个国家的法院都同样有权解释国际法。然而，正如罗伯茨教授所表明的那样，实际情况并非如此。对各国出版的国际法教科书引文的分析表明，"它们主要关注西方国家的实践，特别是以英语为核心的普通法国家的实践"，在这些国家，法院的判决被视为国家惯例。[52] 同样地，"在横向考察外国判例法"时，即将外国判例视为辅助渊源而非惯例，可以发现"西方国家和非西方国家都主要诉诸西方国家的判例法"。[53] 这一现象可在很大程度上归结于英语作为使用最广泛的第二语言的主导地位，但这确实表明国际法中的非西方思想可能很难被注意到。[54] 一个类似的情形是，在美国国内涉及国际法的案例中，美国先前的国内判例所起的作用：美国法院往往乐于援引其早先的判决以作为国际法规范的充分权威，而非援引可能构成有关规范基础的传统非辅助渊源；当然，这一过程是一个自我复制的过程。[55]

5.3　公法学家学说

值得考虑的是，常设国际法院受其规约指示将"各国权威最高之公法学家学说"作为国际法辅助渊源的最初背景。首先，不管这些学说来自哪个国家，几乎都是用法语（国际关系的**通用语**）或英语写成的。其次，这类学说

---

[52] A. Roberts, *Is International Law International?* (OUP, 2017), p. 166.
[53] 同上，p. 167.
[54] 然而，如果发现对《国际法院规约》第 38 条第 1 款（c）项中"文明各国"一词的否定，那将是病态的过度敏感！参照相关国家作为"第三世界"或非西方国家时未报告或报告不足的国家实践问题，见第 3 章正文和脚注 83 中有关惯习发展的实践。
[55] 罗伯茨教授在其著作（前述脚注 52 有所援引）的序言中，有趣地讲述了她第一次遇到的这种现象：at pp. xvii – xviii.

采用书籍或讲座（可能是转录）的形式，在学术期刊上仅存在数量极少的文章。(56) 国际法学术圈很小，大多数国际法从业人员也都彼此认识。每年出版的书籍页数足以使学者们在并无特别疑虑的情况下探讨任何特定的问题，而完成任务时也不会怀疑是否忽略了某些具有特定独创性或说服力的文章。

不必强调如今在国际法领域（实际上在几乎每一个学科领域）出版的大量著作与公法学家学说之间形成的对比。(57) 也许曾有观点期望，一位公法学家在表达观点时，会考虑到其同时代学者的几乎所有学说。但就目前而言，如果不考虑存在比大多数学者所能阅读的语言文字更广泛的著作，那么这种情况显然是不可能的。即使限制“权威最高之公法学家”的著作，同时搁置博士论文之类的文献，也不会减少这项任务的范围。(58)

对常设国际法院或国际法院的法官而言，结论是明确的：《国际法院规约》第 38 条第 1 款（d）项既未且不能强加给法官任何要求阅读所有与提交判决某一争端相关的出版物的义务，也未要求法官采纳出庭当事方研究所发现的全部参考文献。在提及“著作”作为庭外协商的辅助渊源时，它可能具有一种指示性作用：一位“权威极高”的国际法学者所表达的观点，与这一观点是否正确的问题有关。(59) 但它仍然只是一种观点，而不具有权威性，原因如下所述。

---

(56) 当下大多数久负盛名、备受推崇的期刊在当时并不存在。早期的期刊有《俱乐部杂志》（*Journal Clunet*，成立于 1874 年）、《美国国际法杂志》（*American Journal of International Law*，成立于 1907 年），以及《格劳秀斯学会汇刊》（*Transactions of the Grotius Society*，成立于 1915 年，并于 1938 年与后来的英国国际法和比较法研究所合并）。后来出现的期刊有 1924 年《国际事务》（*International Affairs*）、1929 年《英国国际法年鉴》（*British Year Book of International Law*）、1931 年《剑桥法学杂志》（*Cambridge Law Journal*）、1953 年《荷兰国际法评论》（*Netherlands International Law Review*）等。

(57) 在科学背景下对“出版或消亡”问题的调查，参见 G. Wright, *Academia Obscura*（Unbound Publishing, 2017）.

(58) 对此，可以理解为，如果只考虑传统的纸质出版物，那么可以实现更大的限制，从而既一举排除互联网博客（如 *EJIL Talk*!），又排除以数字方式出版但旨在方便读者的文献材料。

(59) 如何选择“权威极高”的国际法学者？基于“智力优势”？参见 A. Papaux and E. Wyler, ‘Legal Theory as a Source of International Law’, in *Oxford Handbook on the Sources of International Law*, (Oxford University Press, 2017), 522. 但这是谁的判断呢？就期刊文章而言，对期刊的声誉也必须予以同等看待。

第 5 章 辅助渊源

前文（第1章第1.3节**曾巧妙地**）提出，类似于司法判例，"各国权威最高之公法学家学说"作为一个辅助渊源，只有当其提到三个主要渊源之一时，才具有意义。[60] 目前，部分学术领域提出了反对这种观点的看法，有学者认为，这种学说可能是国际法的组成部分：[61] 是创造，而非记录。然而，必须怀疑的是，作为法律主体的国家是否会接受"这是国际法，因为我是如此认为的"这样的声明，而这种主张的意图将被伪装成与其本质相抵触的方式。

无论过去的立场如何，如今仅以学者声誉的分量提供的法律咨询意见几乎不具有或根本不存在价值。[62] 在此意义上，应提及条约的解释，或者学者所认为的通过这种方式而发展的习惯法。有了这一限定条件，一些专门领域的学术出版物获得了关于这一特定主题的著作的地位，这些著作被专家和法庭所援引，几乎拥有和三大国际法渊源一样的权威。[63] 同时，主要的一般性论著也仍然具有分量。

法律意见或出版物将有助于说明为何所提及的条约或习惯法规则应当被援引以确定这一点，但这仍将是一种"辅助"层面的行动。或许会存在这样的疑问，即这种学说与实践和法律确信的实际依据联系在一起，会具有多大的价值？如果这种依据非常有限，以至于法院可能认为自身无权认定存在一项习惯规则，那么公法学家的观点是否会增加分量？此处作为一种心理现象，这一问题的答案是肯定的，但法官不太可能使用这些术语来表达自己的观点。可以肯定的是，在国际争端的当事方层面，诉状可能而且确实经常引用学术

---

[60] 参见联合国国际法委员会特别报告员的评论，UN doc. A/71/10m p. 111, para（2）.
[61] 这是脚注 59 中援引文章的副标题（Doctrine as Constitutive of International Law）。
[62] 尽管不乏自信的学术主张认为国际法在某一特定领域**应该是**这样或那样的！
[63] 例如，在国际投资法中，克里斯托弗·朔伊尔（Christoph Schreuer）的《ICSID 公约：评注》(*The ICSID Convention: A Commentary*) 取得了独特的地位，该公约在 60 个独立的（仲裁）裁决中被引用：T. Cole, 'Non-Binding Documents and Literature', in T. Gazzini and E. de Brabandere (eds.), *International Investment Law: The Sources of International Rights and Obligations* (Leiden: Nijhoff, 2012), 289 at 305. 有人可能还会想到罗森（Rosenne）关于国际法院的著作、克劳福德（Crawford）关于国家责任的著作等，以及一些多位学者合作的著作，如西玛编辑的关于《联合国宪章》的著作、由齐默尔曼（Zimmerman）等人编辑的关于《国际法院规约》的著作，以及由马尔科姆·埃文斯（Malcolm Evans）爵士编辑的关于国际法的一般性著作（2018年第5版）。

观点以支持其所提出的主张,这表明诉讼当事方希望这些学术观点能够对裁决者的决定产生一些影响。

当然,在法律发展方面,国际学术意见仍然可能产生较为普遍和持续的影响,即并非在确定某一具体法律要点所需权衡的因素方面,而是在各国的立法进程方面。在制定一般造法性公约时,这种影响是显而易见的;[64] 当国家可能(也可能不)调整其在某一特定领域的行为并进而影响能够产生习惯或改变习惯的实践过程时,这种影响就不那么明显了。学术观点本身不能构成法律确信,因为这是国家本身的主观属性,或者更确切地说,这是指导其事务的国家的主观属性,但毫无疑问,这两者相辅相成。[65] 联合国国际法委员会的报告和其他出版物是特例,但在这里是相关的,因为它们结合了个别学者的观点、集体工作的成果以及各国的回应。其结果是,诸如这些内容在司法上被引述为表达了有关这一点的法律,即使这些内容从未在条约或其他可确定为真正"渊源"的文本中有所体现。[66]

然而,对于国际法学者在决定或指导国际法方面的实际作用,人们可能存在截然不同的看法。一方面,人们已经发现了一个由国际法学者组成的"隐形学院"(invisible college),其在这方面具有重要作用:它"在制定新法和扩大现有法律以满足新需求的过程中发挥了作用"。[67] 另一方面,一位学者

---

[64] 应注意个别法学家作为委员(《国际法委员会章程》第 2 条第 1 款)或作为咨询专家(《国际法委员会章程》第 16 条第 5 款)对国际法委员会工作的投入。

[65] 同样地,在对法律渊源采取截然不同的方法的背景下,达斯普勒蒙并不认为法学家是"法律适用的权威",因为"他们不适用法律,而是对法律进行解释和评论"。参见 J. d'Aspremont, *Formalism and the Ascertainment of International Law* (Oxford: Oxford University Press, 2011), 210. 他们可能会创造它吗?他认为,学者们可能发明了一个特定的概念,"为自己提供了额外的原材料,从而减少了关注同一研究对象的学者人数"。参见 J. d'Aspremont, 'Softness in International Law: A Self-Serving quest for New Legal Materials', 5 EJIL (2008), 1090.

[66] 参见 A. Papaux and E. Wyler, 'Doctrine as Constitutive of International Law', in Besson and d'Aspremont (eds.), *The Oxford Handbook on the Sources of International Law* (Oxford University Press, 2017), 513 at 532–3. 他们把这作为**学说**的例子。

[67] O. Schachter, 'The Invisible College of International Lawyers', 72 New York University LR (1977–8), 217. 另见 S. Villalpando, 'The "Invisible College of International Lawyers" Forty Years Later', *European Society of International Law*, 5th Research Forum: International Law as a Profession (May 2013).

对这一立场的评价更为发人深省,而且(有人认为)其也更为准确:

> 国际法学者尽管并非法律查明实践的起源……但毫无疑问,他们参与了对法律查明正式标准的微调和简化,而这些标准反过来又被参与适用国际法律规则的社会主体所采用。换言之,法学家开始发挥正式法律查明中类似语言学家的作用,他们将法律与非法律的区分标准系统化。[68]

然而,永远要记住的事实是,"学者们并非总是能够清楚地区分法律本身和其所希望的法律"。[69]

---

[68] J. d'Aspremont, *Formalism and the Sources of International Law*, 209.
[69] ILC Commentary on the Work of the 68th Session, p. 111, para. (3).

第 6 章 渊源间的互动或位阶

由于国际法的渊源不止一个,而且这些渊源曾彼此独立运作,所以存在这样一种不太常见的情形:源自不同渊源的规范能够约束同一事务或关系。一方面,这些规范事实上可能并不冲突。例如,一项条约或公约可以规定与先前存在的习惯法相同的义务,赋予相同的权利。但另一方面,如果这些规范不一致,就可能会产生问题,引发许多有关渊源间位阶的学术辩论;不过在实践中,这似乎不会造成太大的影响。其中,一个问题是,源自公认渊源的规范是否仅仅因为这个原因而优于来自其他渊源的规范,即来自渊源 A 的规范是否**总是**高于来自渊源 B 的规范;但也有可能存在一个特定的规范,由于其内容或性质,而与所有其他规范相比,具有强制性。这涉及强行法的概念,将在第 7 章进行探讨。

另一个问题是,国际法规范之间是否可能通过其他方式而产生冲突。例如,一项规范的制定或出现时间晚于一项冲突规范[前法(*lex prior*)和后法(*lex posterior*)];或存在一项偏离一般规则且适用范围有限的法律规范[特别法(*lex specialis*)]。❶ 然而,此类冲突并非在确定相关规范的渊源的基础上得以解决,在此不予赘述。

---

❶ 例如,参见 E. de Wet, 'Sources and the Hierarchy of International Law', in Besson and d'Aspremont (eds.), *The Oxford Handbook of the Sources of International Law* (Oxford University Press, 2017), 628–30.

6.1 条约和习惯法规定的同时和相同的义务

如前所述，如果条约中规定的义务也是习惯法中的义务，那么非条约缔约方可能存在该义务。❷ 存在三种能够分析此种情形的情况。❸ 第一种情况是指，起草条约（通常是多边公约）的目的可能在于专门编纂或记录有关国家已经认可的习惯法所强加给它们的义务；或者，更常见的是，此种公约的部分内容可能意在创新，试图宣布尚未成为习惯法（或在这方面的地位尚不确定）的规则，并在公约的总体框架内提及未受质疑的规则，而该规则是义务整体模式的组成部分。❹ 在这种情况下，就习惯法义务而言，公约作为一项条约是否对争端当事方具有拘束力，或是否真正生效，都无关紧要。然而，在这种情况下，必须明确的是，所依据的公约具有编纂的效力，以及支持或反对这一结论的标志之一可能是公约获得的批准数量。在庇护权案中，哥伦比亚将1933年在蒙得维的亚签订的《美洲国家间关于政治庇护权的公约》*作为一套体现拉丁美洲所承认的外交庇护规则的汇编，尽管被诉国（秘鲁）并非该公约的缔约方。国际法院不仅发现"批准该公约的国家数量有限，这揭示了这一主张的缺陷"，而且还发现即使哥伦比亚所主张的习惯"只存在于某些拉丁美洲国家之间，其也不能被援引以对抗秘鲁，因为秘鲁非但没有接受这一习惯，反而明确拒绝批准《美洲国家间关于政治庇护权的

---

❷ 为了简单起见，此处的讨论将条约作为一个单元，正如条约的全部内容以其所表明的方式之一与一项习惯规则或一套规则相对应。当然，实践中，情况会更加复杂。需要注意国际法委员会在起草关于"习惯国际法的识别"的结论时，故意忽略了习惯国际法与其他法律渊源之间关系的任何问题，参见关于该主题的第五次报告，A/CN.4/717，para.27.

❸ 国际法委员会关于"习惯国际法的识别"的结论11以稍有不同的措辞阐述了这些问题。

❹ 许多造法性条约是在国际法委员会的工作基础上发展起来的，国际法委员会根据《联合国宪章》第13条第1款（a）项的授权，致力于"国际法的逐渐发展和编纂"。国际法委员会并不总在其报告和草案中指出，哪些内容被视为对现行法律的简单编纂，哪些内容被视为"逐渐发展"。

* 该公约通常简称为1933年《蒙得维的亚政治庇护公约》，其与后来的1939年《蒙得维的亚公约》（全称为《美洲六国关于政治庇护与避难的公约》）均属于引渡条约。在庇护权案发生时，前一公约获得了11个国家的批准，后一公约仅获得了两份批准。——译者注

公约》"。❺ 同样地，在北海大陆架案中，国际法院认为，各国显然对批准一项据称正在编纂的公约缺乏热情，这使人对该公约注定要编纂的习惯规则的存在产生怀疑。❻

第二种情况（在观念上和第一种情况不同，但在实践中可能难以区分）是指，在缔结条约之前，就出现一种习惯性实践并得到广泛遵守，但观察员难以说明它是否取得了一项法律规则的地位。通过一项"正在编纂"的公约可能会产生具体效果，其结果的矛盾之处在于仅仅通过公约就能使其中所载规则对所有国家具有拘束力，以至于签署和批准公约在此可能被视为徒劳。❼

当然，第三种情况是指，这种具体化过程发生在公约通过之后的某个日期，这可能是由于非公约缔约方越来越广泛地参与公约所述的实践，或者存在越来越明确的证据表明各国普遍将这种实践视为习惯义务的事项；本书第 3 章也探讨了实践与法律确信这一主观要素之间的关系。然而，国际法院在北海大陆架案中注意到了另一个困难。通过回顾第 3 章关于习惯形成的规定，需要表明的是广泛而一致地参与有关实践，被视为表明确信存在或应当存在一项规定了习惯的规则。国际法院正在考虑自《日内瓦大陆架公约》通过以来是否存在这种实践，并采用了该公约为大陆架划界而规定的原则。法院指出：

> 已经有超过一半的国家成为或将成为《日内瓦大陆架公约》的缔约方，因此，据推测，这些国家实际上或潜在地在适用《日内瓦大陆架公约》方面采取了行动。根据其行为，我们不能合理地推断是否存在一项支持等距离原则的习惯国际法规则。❽

---

❺ ［1950］ICJ Rep 277，278. 哥伦比亚还依赖于后来的 1939 年《蒙特维的亚公约》，该公约只获得两份批准书。可以将秘鲁的态度解释为"一贯反对者"（参见第 3 章第 3.5.1 节）；但这也是一种地方或区域习惯，不能依赖于未明确接受它的国家（不必明确地"否认"它）。

❻ ［1969］ICJ Rep 42，para. 73.

❼ 《国际刑事法院罗马规约》第 10 条是一项非同寻常的规定，其中明确宣布，除规约本身的目的外，规约的任何规定不能影响"现有或发展中的国际法规则"。这是为了避免影响有关战争罪的习惯法的发展。参见下述解释，L. van den Herik, in *Custom's Future* C. A. Bradley（ed.），（Cambridge: Cambridge University Press，2016），Ch. 9，240 – 1.

❽ ［1969］ICJ Rep 43，para. 76.

成为公约缔约方的国家数量越多，可以用以确定是否存在习惯规则的国家实践就越少。如此看来，通过一项多边公约可能会对其拟编纂的一项或多项规则的发展产生瘫痪性的影响。[9] 这一观点可能过于严格，且在后续的判决中并未被重复提及。

实践中，往往不易确定条约规定何时伴随着相同的习惯法义务。如果一国对另一国的主张可以基于它们之间生效的条约规定，那么在习惯法中是否可能存在相同义务的问题当然与国际层面无关（尽管其可能会在国内法中产生影响[10]）。国际法院倾向于谨慎地处理这一时间问题（temporal problem），但仅限于回答习惯规则在与所涉案件相关时是否存在的问题。例如，在刚果境内进行的武装活动案（刚果民主共和国诉乌干达）中，国际法院明确表示，《关于各国依联合国宪章建立友好关系及合作之国际法原则之宣言》（联合国大会第2625号决议）的规定"是对习惯国际法的宣示"。[11] 但这是否意味着在该决议通过时，它宣告了习惯法（这可能会引起争议）；或者，它所宣布的内容在2005年作出判决之日时已成为习惯法，从而适用于该案中各当事方的行为？[12] 在同一判决中，法院提及"1907年《海牙第四公约》第42条反映的是习惯国际法"；[13] 同样地，时间要素被排除在外：它是当时反映了，还是已经反映了？相比之下，国际法院针对在巴勒斯坦被占领土上修建隔离墙的法律后果案发表的咨询意见中表示，"1907年《海牙第四公约》的

---

[9] 这一观点与法院所述观点之间可能存在一些不同之处，即多边公约的批准数量有限，这与该公约旨在编纂一项习惯规则的意图相悖。参见所引段落的续文。

[10] 似乎许多国家的宪法将习惯国际法纳入国内法（有时具有更高的效力），而条约仅仅与国内法规并列。参见 B. Simma and P. Alston, 'The Sources of Human Rights Law', 12 Australian Yearbook of International Law (1988 – 9), 82, citing A. Verdross and B. Simma, *Universelles Völkerrecht: Theorie und Praxis*, 3rd edn. (Berlin: Duncker & Humblot, 1984), sect. 1234.

[11] [2005] ICJ Rep 227, para. 162.

[12] 然而，判决书中这段话的法文文本"revêtent un caractère déclaratoire du droit international coutumier"似乎更接近于一项声明，即该决议在通过时具有宣示性。

[13] [2005] ICJ Rep 226 – 7, p. 229, para. 172. 法院还提到了"一项反映在1907年《海牙第四公约》第3条中的具有习惯性质的既定规则"（[2004] ICJ Rep 1345, p. 242, para. 214）。例如，在使用武力的合法性案（塞尔维亚和黑山诉英国）的判决中几乎使用了同一句话——"反映的是习惯法"（[2004] ICJ Rep 1345, para. 98）。

规定已成为习惯法的一部分"。❶ 也就是说，事实并非如此，或者在1907年不一定如此，但在当时成为该案的事实。❶ 当然，通常情况下，国际法院通常只裁定与案件相关的法律状态，并且可以对何时达到这种状态的问题置之不理，无论这一问题对学者而言多么有趣，或者实际上是为了解决其他争端。

如果在某一领域已经存在一定程度的习惯法的情况下，通过了一项多边公约，那么该公约在这一领域的运作是否应被视为按照公约缔结时的习惯法条款来确定？如果习惯法继续发展，是否必须"冻结"公约中的法律条款，从而愈加偏离发展中的习惯标准？在国际投资协定（IIAs）的背景下，存在一个类似该问题的例子：对于公平与公正待遇标准（FET standard）的解释，即一国对其境内的财产或对其控制的另一国国民的财产给予公平与公正待遇的标准。正如联合国贸易与发展会议（UNCTAD）所指出的那样，"国际投资协定中提到的公平与公正待遇引发了争议，争议的焦点在于公平与公正待遇标准具有自主性（即有其自己的内容），还是仅限于习惯国际法规定的外国人最低待遇标准（因为这一标准在判决时已然存在）"？有观点指出，在仲裁裁决中，"出现了一种明显的仲裁实践趋势，即从传统习惯国际法中关于外国人待遇的标准（即公约中被冻结的标准）到对该标准相对宽松解读的转变"。❶

6.2 渊源的位阶

就"渊源的位阶"这一术语而言，其用法不止一种。其中，最常见的用

---

❶ [2004] ICJ Rep 172, para. 89, 在刚果境内进行的武装活动案（刚果民主共和国诉乌干达）的判决中被引用，参见 [2005] ICJ Rep 243, para. 217; cf. also 244, para. 219.

❶ 这是一个在习惯法制定过程中缺乏理论秩序的现象的例子，这使得法律的创制时间难以确定或不可能确定，而这一现象往往对解决争端的作用无关紧要，其问题在于法律是否已经发展，而非何时发展。

❶ UNCTAD, 'Fair and Equitable Treatment: A Sequel', Series on Issues in International Investment Agreements II, (2012), p.6. 该出版物并不主张对这一问题提出解决方法，而是指出这种实践处于"发展阶段"，并就各国如何影响这种发展提出建议。

法是指，从一个公认渊源派生的规则是否在此基础上会凌驾于从另一个渊源派生的规则。而这一术语的另外两种用法将在本节末尾指出。

我们假设两个或两个以上源自不同渊源的规范适用于或似乎适用于相同当事方之间在某些特定法律领域产生的相同问题。理论上，所涉及的规范可以是：习惯规范和条约规范；条约规范和一般原则；以及习惯规范和一般原则。实际上，这只是可能引起问题的第一种情形。条约可以包含与一般原则不符的条款，但除非所涉及的一般原则具有强行法性质，否则条约将优先；条约可能已经准备好应对一般原则不能产生满意结果时的特定情况。习惯与一般原则之间的相互作用更难以**抽象地**分析，但作为习惯基础的互惠国间的互动赋予了习惯一种"现实性"，并使所谓矛盾的"一般原则"变得不太可能发展起来。[15]

即使在习惯和条约的碰撞中，冲突也不一定是最终结果。国际法委员会指出，"普遍接受的原则是，当若干规范涉及同一问题时，应尽可能加以广泛地解释，以便生成一套兼容的义务"。[18] 由此可见，一项规范只是"有助于解释另一项规范"。[19]

《国际法院规约》第 38 条第 1 款按顺序列出了渊源种类：条约、习惯、一般原则、辅助渊源，但并未具体说明所列顺序是否也表明其适用顺序。[20]《国际刑事法院罗马规约》则采取了不同的做法，[21] 这可能会缩小新设立的法

---

[15] 这一建议考虑到了一项非常深入的研究，参见 T. Kleinlein, 'Customary International Law and General Principles: Rethinking Their Relationship', in Lepard (ed.), *Reexamining Customary International Law* (Cambridge: Cambridge University Press, 2017), 131–58. 但该建议并不完全符合该研究所提供的结论。

[18] *Conclusions of the Study Group on the Fragmentation of International Law: Difficulties Arising from the Diversification and Expansion of International Law* (2006), in *Report of the ILC* (A/61/10), para. (4).

[19] *Report of the ILC* (A/61/10), para. (2).

[20] 对一些人而言，通常情况应该是这样，但有时又并非如此，因此这让人难以理解何时以及为什么应该遵循不同的顺序。例如，参见莫雷诺·昆塔纳（Moreno Quintana）法官在印度领土通行权案中的反对意见，[1960] ICJ Rep 90; I. Brownlie, *Principles of Public International Law*, 6th edn. (Oxford: Oxford University Press, 2003), 5.

[21] 根据这项规定，国际刑事法院应适用"（a）首先，适用本规约、《犯罪要件》和本法院的《程序和证据规则》；（b）其次，视情况适用条约及国际法原则和规则……；（c）无法适用上述法律时，适用一般法律原则……"另外，还存在一个限定条件，即"依照本条款适用和解释法律，必须符合国际公认的人权……"（第 21 条第 3 款）。

院的自由裁量范围。然而，在正常情况下，似乎清楚的是，源自特定条约的规则或义务，**在该条约缔约方之间**，排除了原本管辖该事项的任何与其不一致的习惯规则的实施。㉒ 强行法理论认为，某些义务（主要是习惯法）具有特殊性，因为它们不能通过条约解除，㉓ 该理论建立在这样一种假设之上，即习惯法的所有其他义务都能被免除。事实上，如果一项条约没有改变其缔约方之间的法律状况，那么订立条约通常毫无意义。

在彩虹勇士号仲裁案（新西兰诉法国）中，法国特工炸沉了绿色和平组织的彩虹勇士号船只，有观点认为，在条约法（适用于违反条约问题）和国际责任法（适用于确定违约后果）之间存在适用冲突。在此基础上，有人认为，法国不能通过援引在该法律领域被视为排除责任的情形为自己辩护，以主张其免受违约责任。但是，仲裁庭否定了这一论点，认为"就本案裁决而言，条约习惯法和有关国家责任的习惯法均是相关且适用的"。㉔ 然而，在加布奇科沃－大毛罗斯项目案中，国际法院裁定，"条约法和国家责任法"是"国际法的两个分支，显然属于不同的范围"；㉕ 在这种情况下，"匈牙利选择将其置于……国家责任法的范围内"，这对它在不履行条约义务方面的立场产生了影响。㉖ 一般而言，在适用两项均来自同一渊源的规范的情况下，不应出现冲突问题。但是，如果同一问题涉及两个不同的子体系或国际法中有所重叠的专门领域，并且其中一个体系适用的规范源于另一个体系以外的渊源，那么就很容易出现冲突的问题。有观点建

㉒ 参见第1章脚注32中引用的《法国民法典》的规定。在哥斯达黎加与尼加拉瓜关于航行权和相关权利的争端案中，国际法院指出，如果圣胡安河是一条"国际河流"，那么它"将需要适用习惯国际法的某些规则"，然而，"在没有能够排除这些规则效力的条约规定的情况下，这些习惯国际法规则才能生效"（［2009］ICJ Rep 233, para. 35）。

㉓ 如第6章所述。

㉔ UNRIAA, XX. 251, para. 76.

㉕ ［1997］ICJ Rep 38, para. 47.

㉖ ［1997］ICJ Rep 39, para. 48. 这部分裁决还很不明确：请参见相关评论，Thirlway, 'Treaty Law and the Law of Treaties in Recent Case-Law of the International Court', in M. Craven and M. Fitzmaurice (eds.), *Interrogating the Treaty: Essays in the Contemporary Law of Treaties* (Nijmegen: Wolf Legal, 2005), 13–20.

议，在这种情况下，应援引最初提出的适用于国际私法领域的"对话"体系。㉗

根据这一提议，与以上级规范（强行法）概念为特征的规范之间的"纵向"位阶关系不同，"对话"体系旨在横向运作。它以反对国际体系规范之间冲突的推定为基础，而该推定是多年前在造法性条约的背景下以学说形式提出的。㉘ 这就成为一种假设，即在制定规范的过程中，各国应考虑已经生效的规则，以努力确保新旧法律之间的和谐。㉙ 有观点认为，这种假设与国际法院在印度领土通行权案判决中的表述相吻合："这是一种解释规则，即政府制定的条款原则上必须被解释为具有法律效力并旨在基于现行法律产生效果，且不得违反现行法律。"㉚ 当然，这并非两个独立体系的规范相冲突的案例：法院拒绝了一种对葡萄牙接受管辖权的解释，该解释会导致葡萄牙试图做或保留做不可能的事情，即在法院已经有效受理针对葡萄牙的诉讼之后，葡萄牙试图回避法院的管辖权。在当今国际关系的背景下，政府可能同时履行两个相互矛盾的义务，因为在不同的部委和办公室之间，各部门难以知晓对方的行为。由于引用的段落中保留了"原则上"这一词汇，所以一致性推定可能是一个有用的工具。㉛

杜·阿米尔（do Amiral）认为，国际法律体系并非各种规范的集合，而是包含不同程度位阶优势的结构性规则，这些规则定义了规范之间的关系。

㉗ 仅有的专门针对这一主题的研究似乎是：A. do Amiral Júnior, 'El "dialogo" de las fuentes: fragmentación y coherencia en el derecho internacional contemporaneo', *Revista Española de Derecho Internacional*, 62/1, (2010), 61. 例如，关于经济法与环境法的协调，可参见 E. -U. Petersmann, *International and European Trade and Environmental Law after the Uruguay Round* (Boston: Kluwer, 1995), 3 – 5; J. A. Peters, 'How to Reconcile Trade and Environment', in W. P. Heere (ed.), *International Law and The Hague's 750th Anniversary* (The Hague: T. M. C. Asser, 1999), 309.

㉘ W. Jenks, 'Conflict of Law-making Treaties', 30 BYIL (1953), 401.

㉙ do Amiral, 'El "dialogo" de las fuentes', 73.

㉚ [1957] ICJ Rep 142. 杜·阿米尔还引用了1962年联合国某些费用案的判决内容："当本组织采取行动，声称其适合实现联合国的一项既定宗旨时，可以推定这种行动并未超越权限"（[1962] ICJ Rep 168）。

㉛ 参见威胁使用或使用核武器的合法性案的咨询意见中对生命权［体现于《公民权利和政治权利国际公约》(the International Covenant on Civil and Political Rights) 第6条］与战争法的关系的处理，参见 [1996 – I] ICJ Rep 239 – 40, paras. 24 – 5.

157

长期以来，标准一直建立在不矛盾的逻辑规则（如时间和位阶关系）以及特殊性原则的基础上，其作用是通过压制一种相互冲突的规范以维持体系的一致性。㉜ 尽管它们具有内在价值，但基于目前的规则结合以及国际法碎片化的隐性风险，还是建议采用一种不同的方法，即力图确定相互冲突的规范之间的一致性，并仅在绝对必要时才适用传统的冲突管辖标准。"对话"是规范之间的相互关系，每个规范为相关案例提供了解决方案；每个规范的目的在于为确定共同主张而提供指导。解释者并非根据解决不一致问题的传统原则而选择单一的解决办法，而是同时适用两个或两个以上的规范。㉝ 可能的"对话"按其目标被定义为具有一致性、协调性、适应性以及互补性。㉞ 毫无疑问，这些目标通常被认为是可取的，但对于如何在实践中实现这些目标的描述并不太明确：所举的例子大多涉及关税与贸易总协定和世界贸易组织法律的具体领域，这与本书的研究范围无关。

一个引人注目的例子是，人权法运作和与环境保护有关的国际法之间的相互关系，这两者看似是各自独立且自成一体的制度。艾伦·博伊尔（Alan Boyle）在其撰写的一篇有影响力的文章中提出了这样一个问题："为何要将环境保护视为人权问题？"并回答道："最显而易见的是，与国际环境法的其余部分相比，人权观点直接研究环境对人类个体的生命、健康、私人生活和财产的影响，而非对其他国家或环境的影响。"㉟ 早在1994年，联合国人权理事会就制定了一份研究报告和宣言草案，但并未获得各国的支持；但自那时以来，联合国人权理事会和联合国环境规划署就一直在继续研究该问题。㊱ 然而，这里所涉及的似乎更多的是一种相互关系，其趋向于实现共同目标，

㉜ do Amiral, 'El "dialogo" de las fuentes', 86.

㉝ 当然，这已是国内法院的惯例（原则上所有规范的定义都来自同一渊源），例如宪法法院被要求平衡诸如不歧视、安全、保护家庭等权利和自由。

㉞ do Amiral, 76–80.

㉟ A. Boyle, 'Human Rights and the Environment: Where Next?', 23 EJIL (2012), 613.

㊱ 2012年8月，约翰·诺克斯（John Knox）先生被联合国人权理事会任命为首位与环境相关的人权义务问题独立专家，他于2018年8月被戴维·R. 博伊德（David R. Boyd）先生所取代。2013年，联合国人权理事会和联合国环境规划署与独立专家共同设立了一个联合项目。在此背景下正在开展的工作，请参见联合国人权委员会关于这方面框架原则的报告，UN doc. A/HRC/37/59.

而非冲突；特殊体系之间的其他互动或许不太可能立即实现和谐。

然而，在这一特定背景下，习惯法与条约规定之间的普遍关系，也许还具有更多内容。当然，条约可能会重新制定现有的习惯法规则，从而使其作为条约规则适用于条约的缔约方，这是多边造法性公约中的一种普遍现象。条约体现习惯法规则的事实并不意味着各国有义务成为条约的缔约方，即使有关规则是强行法。同样地，国际法委员会在其《关于条约保留的实践指南》中指出，"条约规定反映习惯国际法规则，这一事实本身并不阻碍对该项条款提出的保留"。㊲

另外，在缔结一项排除习惯法规则的条约时，该习惯法规则当然继续存在，并且对除条约缔约方之外的国家具有拘束力。这也可能是条约在某种程度上"重新制定了"习惯法规则，以至于缔约方必须在两个不同的基础上遵守它们。通常来说，在条约取代缔约方之间习惯法的基础上，习惯规则的适用完全是一个理论问题。然而，在国际法院审理的案件中，管辖权异常导致了一种情况，即法院在条约缔约方之间解释并适用了习惯法，而习惯法实际上就存在于条约的"背后"。法院认为，在两个或两个以上国家的关系中，如果习惯和条约看似相关，那么"即使属于两个国际法渊源的两个规范在内容上看起来完全相同，即使有关国家在条约法层面和习惯国际法层面上都受这些规则的约束，这些规范仍然独立存在"。㊳ 作出这一声明的情况非同寻常；根据美国接受管辖权的条款可知，法院被禁止裁决该国是否违反了包括《联合国宪章》在内的国际条约，但可以确定其是否违反了习惯法。㊴ 这些情况不太可能反复出现，而且事实上也并未在法庭上再次发生。

然而，最近发生的两起案件引起了人们对条约和习惯法之间相互关系的关注，尽管在第一起格陵兰和扬马延海域划界案中，这一点并不明显，判决

㊲ 2011年《关于条约保留的实践指南》第3.1.5.3条。如果保留"不符合条约的目的和宗旨"，那么情况可能有所不同，参见第2章的讨论。

㊳ 参见在尼加拉瓜境内和针对其的军事与准军事活动案（尼加拉瓜诉美国），[1986] ICJ Rep 14.

㊴ 进一步参见 Thirlway, *The Law and Procedure of the ICJ*, i. 132ff.

也并未提及，所有有关方面可能都忽略了这一点。简言之，⑩ 该案的当事方丹麦和挪威都是1958年《日内瓦大陆架公约》的缔约方，但不是1982年《联合国海洋法公约》的缔约方，而且该公约在当时尚未生效。1958年，大陆架向海延伸作为一个概念，在习惯法和公约中是相同的。关于这一点的习惯法当然可以发展，但原则上那些已成为1958年《日内瓦大陆架公约》缔约方的国家已经商定了一项常规定义，该定义只能通过它们之间的协议来加以改变，而且原则上也不会受习惯法后续发展的影响。

如果根据1958年《日内瓦大陆架公约》的标准，距离海岸线200海里的地方确定属于缔约方的大陆架区域，那么就没有必要进行划界，因为两个海岸的大陆架都会延伸到足以与另一个大陆架相遇的近海。

本案当事双方似乎理所当然地认为，根据习惯法，它们有权在更大程度上享有1982年《联合国海洋法公约》所界定的大陆架；当事双方似乎不担心它们在提出这种主张的同时，需要承认受1958年《日内瓦大陆架公约》的约束。法院认为，1958年《日内瓦大陆架公约》"管辖待生效的大陆架划界"，但对该公约是否也管辖待划界的大陆架的定义问题不予理会。1958年《日内瓦大陆架公约》的影响在于对大陆架进行了适当划界，但实际上大陆架的定义是根据1993年习惯法所确定的。显然，该公约所创设的协议关系，并不能阻止丹麦和挪威根据习惯法获得拥有完整200海里大陆架的权利。⑪

从另一个角度来看，国际法院审理的石油平台案也涉及两国之间条约义务的关系以及对它们具有同等拘束力的习惯法背景。根据1955年《友好

---

⑩ 有关此案的更详细说明，参见 Thirlway, 'The Law and Procedure of the International Court of Justice', 76 BYIL (2005), 84 – 6, reproduced in Thirlway, *The Law and Procedure of the International Court of Justice: Fifty Years of Jurisprudence* (Oxford: Oxford University Press, 2013), ii. 1180 – 2.

⑪ 参见刚才提及的在尼加拉瓜境内和针对其的军事和准军事活动案的判决。因此，对格陵兰和扬马延海域划界案的一种可能的看法是，两国（丹麦和挪威）沿海的实际大陆架远至200米深度线（或1958年《日内瓦大陆架公约》所规定的开采限度，无论是什么），都受1958年《日内瓦大陆架公约》的规定管辖，并超出习惯法的限度。在此基础上，1958年《日内瓦大陆架公约》第6条的划界条款在两国之间并不适用，因为如前所述，两国的"公约大陆架"（Convention-shelves）在任何地方都不相连。"习惯大陆架"（custom-shelves）的划界理应受习惯法管辖。当然，在考虑国际法中"大陆架"一词的两种不同含义时，会有些尴尬；沙哈布德恩法官在其单独意见中认为，"同样的事实不可能同时受制于两个相互矛盾的规则"（[1993] ICJ Rep 134）。

条约》*（1955 Treaty of Amity）第20条第1款（d）项，该条约并不"排除履行缔约方义务……以及保障基本安全利益……的必要措施的适用"。美国声称，其军队对伊朗石油平台的袭击就是采用此种措施；特别是美国还在提交安全理事会的信函中，表明这些攻击是行使固有自卫权的正当行为。

法院的管辖权源于1955年《友好条约》的仲裁条款（第21条第2款），美国主张法院不必（也不应该）处理自卫问题：

> 然而，（美国）并不主张该条约免除其在缔约方之间使用武力的国际法义务，而只是主张当某一缔约方根据第20条第1款（d）项为某些行动辩护时，该行动必须完全根据该条款的标准加以检验，而条约第21条第2款赋予法院的管辖权仅限于此。⓬

作为对条约的解释，法院驳回了这一主张。然而，法院也提出以下观点：

> 此外，根据1969年《维也纳条约法公约》所体现的条约解释的一般规则可知，解释必须考虑到"适用于当事国间关系之任何有关国际法规则"［第31条第3款（c）项］。法院不接受1955年《友好条约》第20条第1款（d）项的内容，因为该条款的目的在于完全独立于国际法有关武力使用的相关规则，以便其能够成功地在因非法使用武力而违反条约的有限情况下被援引。因此，适用与这一问题有关的国际法规则是1955年《友好条约》第21条第2款赋予法院解释任务的组成部分。⓭

---

* 即1955年美国与伊朗签署的《友好、经济关系和领事权利条约》，简称《友好条约》。值得注意的是，美国于2018年10月宣布终止该条约。——译者注

⓬ ［2003］ICJ Rep 181，para. 39.

⓭ ［2003］ICJ Rep 182，para. 41. 另见格陵兰和扬马延海域划界案的结论，即《日内瓦大陆架公约》在解释和适用时，不能"不参照有关这一问题的习惯法"（［1993］ICJ Rep 58，para. 46）。希金斯法官不同意石油平台案判决的这一部分，特别是不同意法院将《维也纳条约法公约》第31条第3款的内容解读为"就使用武力而言……其包含了实体国际法的全部内容"（［1993］ICJ Rep 58，237，para. 46）。

从某种意义上来说，所提出的问题与在尼加拉瓜境内和针对其的军事和准军事活动案中发生的问题如出一辙。在该案中，法院无法适用其所知的当事方之间已经存在的协定法（conventional law），并且即使在当事各方的实际关系中习惯法已经被协定法所覆盖或取代，法院也必须对同一主题适用一般习惯法。在石油平台案中，法院仅有权判断美国的行为是否违反了条约，却不能宣布美国违反了关于武力使用的习惯法，无论其行为看起来多么明目张胆。引用的这段话是法院设法评价和驳回美国关于其武力使用是出于自卫抗辩程序的关键之一；但这一方面与本书的研究并不相关。⓮

这些案例再次证实，通过将习惯规则纳入条约而将其编纂成法，并不导致该规则作为习惯法的一部分而被废除或消失，即使在同为相关条约缔约方的两个国家之间的关系中也是如此。根据上文概述的条约法和习惯法之间的一般关系，在这方面产生的任何问题通常由条约的规定管辖。习惯法的背景与条约未涉及的问题有关，且很可能有助于条约的解释，例如《维也纳条约法公约》第31条第3款（c）项。⓯ 另外，习惯规则虽然是无形的，但却鲜明存在的。

最后，我们应该注意到，在某些情况下，冲突或明显的冲突可以通过遵守一种规范构成另一种规范的公认例外来解决。在斯库诺交易号诉麦克法登案中，领土管辖权原则与主权豁免原则之间的冲突就是一个很好的例子。⓰ 这场冲突起因于美国对其领土（包括船舶停靠的港口）的主权权利和法国对其一艘军舰所主张的国家豁免权之间的矛盾。美国法院［由马歇尔（Marshall）大法官作出］的判决中，将国家豁免视为基于领土主权的管辖权的"放宽"

⓮ See D. H. Small, 'The *Oil Platforms* Case: Jurisdiction through the (Closed) Eye of the Needle', 3 Law and Practice of International Tribunals (2004), 113; Thirlway, *The Law and Procedure of the ICJ*, (n. 40 above), ii. 1636–7.

⓯ 关于条约解释，"此处应与上下文一并考虑……（c）适用于当事国之间关系的任何相关的国际法规则"。正是通过援引这一条款，法院在石油平台案中得以处理有关自卫的习惯法；对其推理的有力批评，请参见比尔根塔尔（Buergenthal）法官的单独意见，[2003] ICJ Rep 279, para. 22.

⓰ 11 US (7 Cranch) 116 (1812).

(relaxation)问题，因此国家豁免是领土管辖权原则的例外。[17]

那么，国际法的第三个公认渊源，即一般原则，又是什么呢？作为原则，它们可能具有一定的重要性：如果一项条约或一个习惯违背了这项原则，那么它是否无效？该答案取决于第38条第1款（c）项所设想的一般原则的类型。这些原则已在第4章有所讨论，在此，我们可以简单地指出，基本上只有当源自条约或习惯的规则不能解决法律问题时，才需要这些原则。在提交给第三方解决的争端中，这类情况很少发生，[18]而且在任何情况下，这些原则都不会与其他规则相抵触。

"位阶"一词的第二种用法是指，源自同一渊源的规范存在冲突的情况。例如，一国可能同时成为一项多边公约和一项双边条约的缔约方，且这两份文书互不相容，或者实际上双边条约的当事方都可能处于这一境地。对于优先考虑哪一份文书，存在一些标准：例如，一项强行法规范可能在两个相互冲突的条约中的其中一个有所规定，并且必须在此基础上优先考虑。在有些情况下，可以根据当事方的推定意图，优先考虑两份文书中较新的一份。[19]习惯法规则之间发生冲突的可能性较小，因为习惯法的形成方式在理论上涉及整个国际社会对这一领域发展的认识与默示。正如第3章第3.5.2节所述，地方或区域习惯因其有别于一般习惯，而得以在其建立的共同体成员之间优先适用。一些学者主张国际法中存在专门的"子体系"，并认为其中一个体系中存在的规范可能与另一个体系或一般国际法中存在的规范相冲突，这一问题将在第8章第8.1节加以探讨。

"位阶"的第三种用法是将或多或少具有"硬法"性质的强制性规范（强行法）与"软法"规范之间的关系视为一种等级制度，这两种规范分别

---

[17] 对该案例的详细分析，参见 Caplan, 'State Immunity, Human Rights, and *Jus cogens*: A Critique of the Normative Hierarchy Theory', AJIL 2003, 741 at 749ff.；以及在国家管辖豁免案（德国诉意大利）中，对国家豁免法律规定中所谓的"侵权例外"的讨论（[2012] ICJ Rep 127, para. 64）。

[18] 参见第4章正文及脚注27、28。

[19] 参见《维也纳条约法公约》第59条规定。

163

位于该制度"天平"的两端。[50] 这些概念将在第 7 章加以探讨。在这一点上，我们只需要回顾，强制性规范是指不允许背离的规范，以至于国家之间违反该规范的任何协定均无效;[51] "软法"是指国家或其他国际行为主体之间达成的协定，无论是基于缔结协定时所采用的形式和程序，还是由于所使用的语言，这些协定都不要求缔约方采取任何具体的行动或不采取行动，而只是要求缔约方（例如）"尽其最大努力"确保某些特定目标的实现。在最后一种情况下，冲突可能难以想象。一国可能因受某一文件约束而必须"尽其最大努力"实现某个目标，同时又受另一条约限制，要采取行动阻挠或妨碍该目标的实现；但"尽其最大努力"的义务不能被理解为暗示违背另一条约所确定的义务。[52]

---

[50] 在此意义上，参见 D. Shelton, 'Normative Hierarchy in International Law', 100 AJIL (2006), 291.

[51] 参见《维也纳条约法公约》第 53 条和第 64 条规定。

[52] 特别是由于这种形式的"软"义务可被视为"行为义务"或"手段义务"，并有别于"结果义务"，因此其实质上是"硬法"性质的强制性规范而非"软法"，这是国际法委员会国家责任问题报告员 R. 阿戈（R. Ago）所持的态度。参见 J. Crawford, *The International Law Commission's Articles on State Responsibility: Introduction, Text and Commentaries* (Cambridge: Cambridge University Press, 2002), 20 - 2.

第 7 章 特殊法律渊源：强行法、对世义务与软法

7.1 优先适用的规范及其渊源：强行法和对世义务

在国际层面上，究竟应适用所谓的"绝对"法律概念还是"相对"法律概念，是有关国际法渊源的一个争论焦点。正如多年前的一位评论员所解释的那样，绝对立场明确区分了（有约束力的）绝对法和（没有约束力的）任意法。规则要么是（有约束力的）绝对法的一部分，要么是政治或道德的半影（penumbra）。然而，相对立场使得不同位阶的法律规范得以兼容。就国际法而言，一些相对主义者认为，从任意法到强行法是一个连续的统一体。❶

"相对规范性"（relative normativity）一词是由法国学者威尔提出的,❷他（对这些术语）持绝对观点。尽管他强烈呼吁在法律中应当适用绝对概

---

❶ Goldmann, 'Inside Relative Normativity: From Sources to Standard Instruments for the Exercise of International Public Authority', 11 German LJ (2008), 1865-1908 at 1872 (fns. omitted). 在这个连续的统一体的最底端，可能还可以进一步区分，参见 F. Johns, *Non-Legality in International Law: Unruly Law* (CUP, 2013), 该文作者在一开始就写道（p.1）"法学人不仅在日常工作中制定法律，还制定任意法律"，并指出对"非法性、法外性、合法性前和合法性后、超合法性和次合法性"进行区分是可能的（*ibid.*）。从违背法律规范的意义上讲，非法性似乎有其渊源，即法律规范；但对于其他特性而言，渊源的概念似乎并不恰当，或者至少这一关系确实需要在这里研究。

❷ P. Weil, 'Vers une normativité relative en droit international', RGDIP (1982), 5; P. Weil, 'Towards Relative Normativity in International Law', 77 AJIL (1983), 413.

念，但现今大多数法律著作似乎都普遍采用相对主义的观点；❸ 至少在各国的司法实践中，强行法的概念［及其稳定的伙伴对世义务（obligation erga omnes）］得到了广泛认可。尽管使用"软法"这一术语的相关案例远多于强行法的案例，但是该术语的存在及性质可能更具争议性，同时"软法"也是相对论对立面的一种法律类别。

国际法的一个相对较新的发展在很大程度上仍停留在理论层面，但其实际上已成为一种认知或信念，即并非所有国际规则都属于任意法领域。也就是说，规则可以在无相反协议的情况下予以适用，但也可以因两个或两个以上国家之间的协议而搁置。❹ 与其相反，人们认识到，无论有何相反协议，强行法规则仍然适用。在国内法律秩序中，这一现象显然是必要的，因此往往并未明确承认其是一种法律类别，或者至少没有与拉丁语标题一起得到承认。当今国际社会至少在一般意义上承认这类规则的存在，也称其为"强制性规范"；这一承认最确切、最早的例子体现于《维也纳条约法公约》第53条。该条款规定，"条约在缔结时与一般国际法强制规律抵触者无效"；后面的术语"一般国际法强制规律"的定义是"国家之国际社会全体接受并公认为不许损抑且仅有以后具有同等性质之一般国际法规律始得更改之规律"。❺ 作为《维也纳条约法公约》的一项规定，该条款仅对公约缔约方具有约束力，但这如同习惯法或"一般国际法"，所有国家均已普

---

❸ 人们认识到，S. 贝森（S. Besson）后来的一些悲观预言已经成为现实。See S. Besson, 'Theorizing the Sources of International Law', in S. Besson and J. Tasioulas (eds.), *The Philosophy of International Law* (Oxford: Oxford University Press, 2012), 174.

❹ 关于国内法院在国际法中对这一概念的早期承认，参见 S. 里森菲尔德（S. Riesenfeld）对德国联邦宪法法院1965年判决的讨论。S. Riesenfeld, '*Jus dispositivum* and *jus cogens* in the Light of a Recent Decision of the German Supreme Constitutional Court', 60 AJIL (1966), 511. 特别是对世义务概念的出现，可以与国家间国际社会概念的发展联系在一起，正如 S. 维拉尔潘多（S. Villalpando）所阐述的那样。S. Villalpando, *L'Émergence de la communauté internationale dans la responsabilité des États* (Paris: Presses universitaires de France, 2005), particularly 293ff.

❺ 《维也纳条约法公约》第64条规定："遇有新的一般国际法强制规律产生时，任何现有条约之与该项规律抵触者即成为无效而终止。"显然，从绝对数量来看，这种情况甚至是**不成比例**的。此外，类似条款还出现在国家和国际组织之间的平行公约中。

第 7 章 特殊法律渊源：强行法、对世义务与软法

遍承认这一规则的适用。❻ 尽管这种承认催生了大量规则，但在国家间的广泛实践中并未获得支持。❼ 不过，国际法院在有关种族灭绝的指控中对这一概念表示认可；❽ 基于已经有足够多的实践经验，国际法委员会认为审议该问题的时机显然已经成熟。❾

根据《维也纳条约公约》第 53 条，强行法规范仅仅是使任何旨在违背或规避该规范的协议无效。学者们不可避免地倾向于对这一概念施加更广泛的影响，因为从定义上讲，强行法规范是一种仁慈的规范，因此要给予尽可能大的范围。例如，有人声称，强行法规范可以克服国际法院在管辖权方面的缺陷，或者可以凌驾于国家豁免之上，但国际法院并不接受这种说法。相关判例法将进一步予以印证。❿

原则上，一国可以自由选择其在条约关系中的伙伴，这是作为任意法的

---

❻ 还有一类不受限制的国际法，它们可能也有可能不适当地被归为强行法。一般而言，公认的强行法规范的地位归因于其准伦理性质：用最简单的术语来说，通过使用武力或实施种族灭绝来获得让步，通常被认为是"错误的"。然而，有些法律规则仅作为公认的现代法律关系结构的一部分而自动适用于各国：每个沿海国都只对其海岸以外的大陆架享有某些权利的规则，就是一个很好的例子。这种权利范围可能——事实上必须——通过与邻国的协议来确定，而且一个国家在原则上似乎没有理由不能放弃其与某一特定海岸线有关的所有大陆架权利以利于邻国，这可能是为了换取其他地方或其他类型的特许权。然而，这将是对既得权的处置：有人认为，两个国家不可能同意某一海岸线没有大陆架或对其没有任何权利。参见帕迪利亚·内尔沃（Padilla Nervo）法官（ICJ Reports 1969，p. 97）、田中（Tanaka）法官（p. 182）和索伦森（Sørensen）法官（p. 248）在北海大陆架案中的意见，他们都使用强行法来指代大陆架制度（关于对 1958 年《日内瓦大陆架公约》的保留问题的态度）。

❼ 布朗利教授于 1988 年指出"车辆经常离不开车库"（此处用比喻的方式指出规则经常离不开实践的支持——译者注），参见 Cassese et al. （eds）*Change and Stability in International Law-Making*（Berlin: Walter de Gruyter, 1988）p. 110；另见 Espaliu Berdud, 'El *jus cogens*-¿Salió del Garaje?', 67 Rivista Española de Derecho Internacional (2015), 95–121. 埃斯帕柳·贝尔杜德（Espaliu Berdud）承认，与直接的国家实践相比，这一概念在条约、国际司法裁决和国际组织的声明中更能获得认可。

❽ *Application of the Genocide Convention (Bosnia v. Serbia)* [2007–I] ICJ Rep 43; *Application of the Genocide Convention (Croatia v. Serbia)* [2008] ICJ Rep 412 and [2016–I] ICJ Rep 3. 45–47.

❾ 国际法委员会的特别报告员迪雷·特拉迪（Dire Tladi）关于强行法的第一次、第二次和第三次报告：UN Doc. A/CN. 4. 693, 8 March 2016; UN Doc A/CN. 4/706, 16 March 2017; UN Doc. A/CN. 4/714, 12 February 2018. 参见 2018 年 7 月 26 日起草委员会在国际法委员会 2018 年会议结束时临时通过的 14 项结论草案，附件为起草委员会主席的声明，http://legal.un.org/docs/? path =../ilc/documentation/english/statements/2018_dc_chairman_statement_jc_26july. pdf&lang = E.

❿ 另见 J. Vidmar, 'Rethinking *jus cogens* after *Germany v. Italy*: Back to Article 53?', 60 Netherlands ILR (2013), 2.

167

传统国际法的另一个特点。这类权利和义务由特定的法人承担，并可在诉讼中强制执行。这些法人要么是相关义务的特定对象，要么属于特定类别。这就是条约（以及国内法中的合同）的相对效力，即只有条约缔约方有义务履行其规定，并要求另一方或多方也遵守该规定。但在国际法中，产生于其他渊源的义务通常也是如此。在国家责任方面，一国对另一国主权或合法权利的损害，在传统上被视为后者有权寻求补救（停止、赔偿）；原则上，其他国家或机构都不会对此事有任何关切。然而，现代国际法已经认识到一类对国际社会非常重要的义务，这些义务有可能由国际社会强制执行；或者更确切地说，鉴于缺乏真正代表国际社会的机构，国际社会的任何成员都可能强制执行这些义务。这些义务被称为"对世义务"，即"对所有人的义务"。人们通常会提到一类更广泛的"对世权利和义务"，但其必须被视为"对世义务和相应权利"的简称，即要求履行对世义务的权利，因为"对世权利"是其所有者有权对所有其他法律主体主张的权利；除条约所产生的权利外，大多数权利都具有这种性质。[11]

鉴于学者和国家或国家代表所作的声明中都普遍承认对世义务和强行法规范的存在，由此产生了它们的来源问题。[12] 认为它们可能来自一个独特的、未列入《国际法院规约》第 38 条渊源的想法是不切实际的，但有人提出，由于它们体现了国际社会的基本价值观，因此它们独立于国家意志而存在。[13] 有人认为，问题在于，为什么或者为何会出现这样的情况？即由一个公认渊

---

[11] 然而，在常设国际法院和国际法院的判例中，该词最初是作为权利附加使用的。See S. Villalpando, 'Some Archaeological Explorations on the Birth of Obligations *erga omnes*', in M. Kamga and M. M. Mbengue (eds.), *Liber Amicorum Raymond Ranjeva* (Paris: Pedone, 2013), 625–6.

[12] 学界在两个概念的关系问题上还未能达成一致意见。参见一项有价值的研究：C. Tams, *Enforcing Obligations* Erga Omnes *in International Law*, Cambridge Studies in International and Comparative Law (Cambridge: Cambridge University Press, 2005), 139ff. 就本书的目的而言，唯一与这种关系相关的方面是：通过适当的国家实践确定一类习惯义务的存在，是否意味着需要接受相同的义务作为另一类义务？例如，如果国家实践表明，禁止对环境造成无法弥补的损害义务被视为强行法义务，这是否意味着它必然也是一项对世义务？从理论上讲，同样的问题也可能出现在条约所规定的义务中，但这可能由相关条约的条款来解决。

[13] ILC Fragmentation Report (n. 44), para. 361.

源产生的某些规范具有或要求具有强行法或普遍法的特性。事实上，大多数规范并不具有这种性质。在渊源的适用中是否存在某种东西，使规范自始就具有这两种性质中的一种；或者，正是由于某个渊源的新干预，规范才随后获得了这样的特性？

这主要涉及对习惯法的研究；在条约法领域，虽然人们通常不以这些名称援引强行法规范和对世义务的概念，但它们似乎是存在的，也将被进一步加以验证。强行法规范可能直接来自《国际法院规约》第38条第1款（c）项的"一般法律原则"，但这种可能性并未得到有力的支持；⓮该问题似乎已经与它们是否可能来自自治渊源（autonomous source）的问题合并，本章将对该问题进一步讨论。

是否所有的对世义务都属于强行法问题，或者是否所有的强行法规范都必然规定对世义务，并不是本书在此需要确定的问题；但显而易见的是，这两个概念是相互关联的，并且两者都不能完全独立地进行讨论。然而，关于法律渊源的目的，本书将依次对其予以讨论。

7.1.1 对世义务的渊源

国际法委员会在制定《国家对国际不法行为的责任条款草案》时，承认一国对"整个国际社会"负有此类义务。首先，在一般情况下，一国对违法行为的责任主要由受害国援引；但该草案第48条第1款进一步规定：

> ……在下列情况下，受害国以外的任何国家均有权对另一国援引责任：
>
> ……
>
> （b）被违背的义务是对整个国际社会承担的义务。

⓮ 尽管这是对以下陈述所作的一种解读，即"承认对世义务的存在打破了国际法律义务对双方均有约束力的传统结构，且预设了一套对国际社会更为重要的价值观"。See A. Bianchi, *International Law Theories* (OUP, 2016), 49.

这项规定显然是以关于对世义务问题的经典司法文件为基础的，但实际上它相当于一项附带意见，对判决而言（最多）只是边缘（marginal）意见。在巴塞罗那电力公司案中，国际法院审查比利时对西班牙提出的索赔要求，该索赔涉及比利时股东在西班牙的一家加拿大公司所遭受的损害，据称该公司是为了西班牙的金融利益而被非法清算的。国际法院指出，缔约方有义务允许外国投资或外国国民进入其领土，并继续表示：

> 一国对整个国际社会的义务与其在外交保护领域中对另一国产生的义务之间应有本质区别。就其性质而言，前者是所有国家关切的问题。鉴于所涉权利的重要性，可以认为所有国家在对外保护中都具有合法利益；它们是对世义务。[15]

国际法院随后列举了许多例子，[16] 并且上述整段话已成为法院判例中引用最多的段落之一。由于比利时的主张很明显属于外交保护领域，因此上述判词在判决中起到的作用很小或根本没有起到任何作用；但这并不妨碍其产生广泛影响。"对世义务"一词通常用于这方面，但国际委员会会避免使用该词，因为它所指向的信息不如所引用的公式那么明确，而且可能与多边条约中一方对所有其他缔约方所负的义务相混淆。[17]

如果一项国际义务作为对世义务存在于习惯法体系中，那么支持这一习惯的实践必然包含以下事实，即各国一般不违反该义务，而那些违反该义务的国家将面临任何国家的索赔，只要该国的公民或利益据称因该行为而受到损害。作为一般习惯法规定的具有对世义务特征的义务的基础，必须存在这样一种实践，即涉嫌非法行为的责任国能够受到与该行为没有直接联系的国

---

[15] [1970] ICJ Rep 32, para. 33.
[16] 规定禁止侵略和种族灭绝，以及一些人权原则，如禁止奴隶制和种族歧视，参见 [1970] ICJ Rep 32, para. 34.
[17] J. Crawford, *The International Law Commission's Articles on State Responsibility* (Cambridge: Cambridge University Press, 2002), 278, para. 9.

家（通常是通过其公民）的成功索赔。这些都是很苛刻的要求，但迄今为止，是否存在任何一个实例能够证明支持这种实践，仍值得怀疑。[18] 更普遍地说，西玛和奥尔斯顿在一段关于强行法但也适用于对世义务的文章中，敏锐地指出：

> 我们很难掌握各国在强行法方面的既定实践，因为大多数（如果不是全部的话）强行法规则在实质上都是禁止性的，它们是弃权规则。如何收集弃权的相关确凿证据？弃权本身（per se）毫无意义；只有结合其背后的意图加以考虑，弃权才有意义。[19]

同样地，特林达德法官在关于或起诉或引渡的义务问题案中提出了一个有趣的论点，即强行法义务事实上是结果义务，而不是行为义务。[20]

另外，克里斯蒂安·塔姆斯（Christian Tams）[21] 的一项广泛研究包含了对国家实践的全面阐述和分析，这些实践表明存在对世义务，其包含"行动、声明"和其他形式的行为，它们可能有助于评估对世义务概念是否实际影响反措施规则。[22] 塔姆斯在其研究报告中专门用了一节来讨论"渊源问题"，其中包括"对世义务"概念是否与强行法[23]概念重叠的问题；这种背景

---

[18] 在强行法规范的情况下，该问题更加突出，参见本章正文及脚注 34、35、36。

[19] B. Simma and P. Alston, 'The Sources of Human Rights Law', 12 Australian YIL (1988–9), 82 at 103–4, citing the International Law Association Report, p. 16. 在同一意义上，参见 M. E. O'Connell, 'Jus cogens: International Law's Higher Ethical Norms', in D. E. Childress III (ed.), The Role of Ethics in International Law (Cambridge: Cambridge University Press, 2012), 80. 同样地，M. J. 格伦农（M. J. Glennon）面对实证主义者对强行法可能持有的反对意见，认为国家已经接受了强行法的存在，并针对性地询问哪里可以找到支持性先例加以证明。参见 M. J. Glennon, 'De l'absurdité du droit imperatif (jus cogens)', RGDIP (2006), 529 at 532.

[20] Separate opinion, sect. V, paras. 44ff, [2012] ICJ Rep 505–6. 假设这一区别在国际法中是有意义的，那么其很可能是这样的。但从逻辑上讲，很难看出如何从一个简单的前提得出该结论，即不能在协议中放弃这些义务。当然，条约可以对任何一类义务作出规定。

[21] Tams, Enforcing Obligations Erga Omnes (本章脚注 12)。

[22] Tams, Enforcing Obligations Erga Omnes, 207.

[23] Tams, Enforcing Obligations Erga Omnes, 149.

下提及的"实践"主要是各国在国际法委员会关于国家责任的工作中向其提供的意见,以及各国国内法院的一些零散判决。人们对已经采取或威胁采取的反措施给予了高度重视。正如塔姆斯所指出的那样,根据对世义务采取反措施的权利具有根本的重要性:这种权利"不受管辖权限制,可由所有国家行使,更重要的是,可以**针对**所有国家行使"。[24] 通过收集从1971年(乌干达案)到2002年3月(津巴布韦案)的大量材料并加以研究,塔姆斯发现,通常难以区分依据一般法而采取的真正反措施与(特别是)基于特定条约而采取的合理制裁:例如,对于某些国家而言,针对阿根廷"入侵"马尔维纳斯群岛的措施可以基于《关税与贸易总协定》第21条中的国家安全豁免规定。[25]

国际法院在巴塞罗那电力公司案的判决中指出,与它所认为的对世义务相对应的一些保护性权利已"被纳入一般国际法体系",即习惯法,但"其他权利是由具有普遍性或准普遍性的国际文书赋予的"。[26] 那么,根据此类文书产生的对世义务,多边条约的缔约方之间相互约束当然是正常的。然而,这不仅仅是一个受约束的问题:对世义务的实质是,国际社会的任何成员(在该案中,指的是条约缔约方)都可以强制执行这些义务,即使违反义务没有对该成员造成损害,也可能(或可能没有)对其他成员造成损害。尽管很难在多边条约中找到任何具体而明确规定的例子,但这无疑也可以在条约中作出规定。然而,国际法院判决已经对这一点予以明确,特别是在本章进一步讨论的关于或起诉或引渡的义务问题案中。在适当情况下,多边条约规定的义务可以视为可由任何其他条约缔约方强制执行,因此该义务尽管不是国际法任何其他主体意义上的对世义务,但其是缔约国间对世义务(obligations erga omnes partes)。当然,这与对条约的解释问题有关。[27]

如果条约将习惯法中被视为对世义务的内容加倍,例如在《防止及惩治

---

[24] Tams, *Enforcing Obligations* Erga Omnes, 198.
[25] Tams, *Enforcing Obligations* Erga Omnes, 215–16.
[26] [1970] ICJ Rep 32, para. 34.
[27] 在本案中,判决强调"所有其他缔约方"的"共同利益",而不是对条约缔约方或起草者意图的解释,参见本章后文的进一步讨论。

第 7 章　特殊法律渊源：强行法、对世义务与软法

灭绝种族罪公约》中，该条约实际上可能增加的唯一内容是一个折中条款，如赋予国际法院管辖权，但这只对条约缔约方有效。因此，该条约的非缔约方可能援引习惯法，以便对另一国（无论该国是否属于条约缔约方）被指控的违约行为作出适当反应，但不能通过国际法院强制执行其主张，除非存在单独的一般管辖权基础。❷⁸

因此，多边条约可以规定缔约方的义务，即使违反义务的行为对申请执行的缔约方没有影响，任何其他缔约方仍可强制执行这些义务：此为传统的缔约国间对世义务。如果在条约中明确规定了这一义务，则无须多言。反之，多边条约在什么情况下可以被适当地解释为包含这种义务？这是国际法院在关于或起诉或引渡的义务问题案中对《联合国禁止酷刑和其他残忍、不人道或有辱人格的待遇或处罚公约》（以下简称《联合国禁止酷刑公约》）的解读，但这一判决并非一目了然。

在该案中，相关义务是 1984 年《联合国禁止酷刑公约》规定的义务。比利时指控塞内加尔没有履行其根据《联合国禁止酷刑公约》对哈布雷先生所承担的义务（起诉或引渡涉嫌实施或授权实施酷刑的人），但塞内加尔认为没有任何证据表明比利时所指控的受害者拥有比利时国籍。❷⁹ 然而，塞内加尔一方的律师在回答特林达德法官提出的问题时表示，塞内加尔认为，"禁止酷刑这一国际义务的性质发生了重大变化。作为一项具有相对效力的传统义务，它具有一种普遍效力"。❸⁰ 同样地，比利时认为，《联合国禁止酷刑公约》规定的权利"……可以对抗公约的**所有**缔约方"。❸¹ 那么，这种变化是通过怎样的过程来实现呢？一项条约可以规定其所创设的权利对其所有缔

---

❷⁸　例如，根据"任择条款"无条件接受国际法院的管辖权。
❷⁹　See [2012] ICJ Rep 448, para. 64.
❸⁰　引自特林达德法官的单独意见，[2012] ICJ Rep 529, para. 107. 塞内加尔一方在回答多诺霍（Donoghue）法官的问题时，还提出了一个相当模糊的论点，即所涉义务属于"可分割的对世义务"的范畴，这显然意味着该义务不是普遍的。参见 [2012] ICJ Rep 458, para. 103, 以及对国际法院法官提出的问题的答复，网址为 http：//www.icj-cij.org/docket/files/144/17642.pdf, 2013 年 12 月访问，第 52 页。
❸¹　[2012] ICJ Rep 528, para. 106.

173

约方都具有对抗性，即可以规定也可以不规定针对所有缔约方的义务；在后一种情况下，这种权利只能由因违反条约有关规定而受损害的一方强制执行。而为了使这些权利随后**具有**可对抗性，则需要对条约进行重新修正或修订。在此情况下，条约可能必须符合1984年《联合国禁止酷刑公约》第29条（修正条款）和《维也纳条约法公约》第40条规定。㉜或者（人们可能怀疑这更接近特林达德法官的问题与答复中所反映的思想），1984年《联合国禁止酷刑公约》规定的禁止使用酷刑的义务反映了习惯法规则，根据该规则，这项义务是真正的对世义务；在这种情况下，特林达德法官强调的公约缔约方或非缔约方的地位，似乎就无关紧要了。

虽然国际法院在开始分析时确实引用了《联合国禁止酷刑公约》的序言（规定其目标和宗旨为"在全世界范围内……更为有效地打击酷刑"），但其似乎并不认为这是一个条约解释问题，而这意味着要考虑1984年《联合国禁止酷刑公约》起草者的意图。相反，国际法院对1984年《联合国禁止酷刑公约》的适用反映了法院20多年前在巴塞罗那电力公司案判决中的态度，其认为所有缔约方都有一个"共同利益"，即各方都应遵守《联合国禁止酷刑公约》规定的调查并酌情起诉涉嫌酷刑的案件的义务，并继续将这些义务界定为"缔约国间对世义务，即每个缔约方在任何特定情况下都有遵守这些义务的利益"。㉝

区别也许就在这里。比利时在答复问题时指出："《联合国禁止酷刑公约》的所有缔约方都有权确保遵守……每一缔约方对所有其他缔约方承担的公约义务。"㉞然而，这正是对世义务被弱化的表现，国际法委员会担心其可

㉜ 假定该规定在这一点上与习惯法相符。
㉝ 国际法院还引用了1951年其对《防止及惩治灭绝种族罪公约》保留案的咨询意见："在这样一项公约中，缔约方本身没有任何自己的利益；它们只有一个共同利益，即实现公约宗旨的崇高目标。"See [1951] ICJ Rep 23. 这里强调的不是共同利益的存在，而是个人利益的缺失。如果法院认定的"共同利益"产生了对世义务或权利，则其对保留意见作进一步探讨是不恰当的，或者至少必须进行大幅度修改。因此，这句引文看起来似乎支持2012年法院（在巴塞罗那电力公司案中——译者注）的论点，但实际上并非如此。
㉞ 正如特林达德法官在其单独意见中所总结的那样，[2012] ICJ Rep 528, para. 106.

第 7 章　特殊法律渊源：强行法、对世义务与软法

能与对国际社会承担的真正义务相混淆。㉟ 简言之，《联合国禁止酷刑公约》的缔约方有义务不对其他缔约方国民使用酷刑，如果在其领土上发现涉嫌犯有酷刑罪的人，那么其有义务采取某些措施。如果 A 国对 B 国国民实施酷刑，或未能在 B 国领土上拦截被指控的实施酷刑者，那么 B 国可以向 A 国提出承担责任的要求，但 C 国不能。然而，如果这项义务是一项对世义务，即"面向所有国家"，那么 C 国也可能提出指控。㊱ 这可能意味着 C 国可以与 B 国合作以强制执行 A 国的义务，但并不意味着 C 国**有义务**基于此目的而与 B 国合作，正如巴塞罗那电力公司案中所争论的那样。当事各方和特林达德法官所争论的不是一项对世义务，而是一项普遍义务，即所有人共同承担的义务。

在该案判决中，这种混淆实际上是显而易见的。国际法院列举了追究酷刑罪的传统义务，并称：

> 所有其他缔约方在被指控罪犯所在国遵守这些义务方面具有共同利益。这一共同利益意味着，任何缔约方对《联合国禁止酷刑公约》的所有其他缔约方都负有相关义务。所有缔约方在保护相关权利方面具有"合法利益"（巴塞罗那电力公司案判决，［1970］ICJ Rep 32，para. 33）。这些义务可以被定义为"缔约国间对世义务"，因为在任何情况下，每个缔约方都具有遵守这些义务的利益。㊲

因此，对国际法院来说，该义务是一项**条约义务**，仅由公约缔约方承担。法院可能很乐意宣布存在与传统义务平行的习惯法义务，但这样做可能会超出管辖的范围。㊳ 对此，尽管条约义务没有在文本中阐明，但它是否

㉟　参见本章脚注 12。
㊱　比利时的观点是："公约规定，不论受害者的国籍如何，每一缔约方都有权要求履行有关义务，因此可以援引因不履行义务而产生的责任。"引自［2012］ICJ Rep 449，para. 65。
㊲　［2012］ICJ Rep 449，para. 68。
㊳　事实上，比利时的确根据习惯法提出了一项主张，援引了当事各方依据第 36 条作出的接受管辖权的声明；国际法院认为其在此无管辖权，理由是"在提出申请时，当事双方之间的争端不涉及违反习惯法规定的义务"，比利时在该阶段仅援引了塞内加尔根据《联合国禁止酷刑公约》所应承担的义务。See［2012］ICJ Rep 445，para. 55。

175

一直存在呢？如果没有阐明，该条约义务又如何产生？如前所述，国际法院援引了《联合国禁止酷刑公约》的序言部分，并指出其目标是"在全世界范围内……更为有效地打击酷刑"，这意味着其试图解读已经包含了对世义务的文本。人们可能认识到，无论是不是有关公约的缔约方，所有国家在制止酷刑、种族灭绝和类似罪行方面都具有"利益"（尽管不一定是法律利益）。[39]在此，需要注意的是，《联合国禁止酷刑公约》的缔约方有可能退出该公约，[40]且不再承担其传统义务；该缔约方仍将受制于任何具有类似效力的习惯法义务，但这显然不一定是对世义务，也不会得到管辖权条款的支持。

国际法院继续表示：

> 遵守《联合国禁止酷刑公约》规定的相关义务的共同利益，意味着公约的每个缔约方都有权要求另一缔约方停止涉嫌违约行为并提出索赔。如果为此目的需要特别利益，那么在许多情况下，任何国家都无法提出这种要求。因此，公约的任何缔约方均可援引另一缔约方的责任，以查明其涉嫌未履行公约第6条第2款和第7条第1款所规定的缔约国间对世义务的行为，并终止这种未履行的行为。

这似乎是对条约有效适用原则的呼吁。国际法院没有说明在什么情况下"任何国家都无法"要求遵守《联合国禁止酷刑公约》，但其很可能已经考虑到酷刑受害者的国籍国不是该公约的缔约方，或者受害者实际上是无国籍的状态。"共同利益"的存续时间尚未确定。如果在起草和签署公约时，各国被问及《联合国禁止酷刑公约》是否表明一方当事人可以在没有任何直接利害关系的情况下要求另一方当事人承担责任，那这是否属于各国对《联合国禁止酷刑公约》效力的普遍看法，是值得怀疑的。

但已经有足够多的证据表明，一项义务的对世性可以在构成该义务基础

---

[39] 也不应忽视《联合国禁止酷刑公约》的缔约方很可能根据该公约第31条退出公约，此后其不再承担任何传统义务。

[40] 《联合国禁止酷刑公约》第31条。

的同一法律渊源（即条约法或习惯国际法）的基础上添加到该义务中；并且在这方面，不需要对渊源的经典学说进行任何扩展或修改。

7.1.2　强行法规范的渊源

强行法的概念最初并非基于任何与前述引用的巴塞罗那电力公司案判决类似的司法声明；事实上，其的确与存在此类义务的问题有关，因为只有法院的判决才能权威性地使国家之间违反强行法的协定无效，从而证明强行法的存在。⓫然而，潜在的强行法规范在西南非洲案的判决中得到了一定的承认，当时国际法院驳回了基于人道主义考虑的主张，并解释称，法院"只有在道德原则以法律形式得以充分表达时，才能考虑这些原则"。⓬今天所看到的这一概念实际上是由国际法委员会在其条约法工作中确立起来的。因此，如前所述，它得到了《维也纳条约法公约》第53条和第64条的承认，即只要条约与强行法规范相冲突，条约就属无效；但这意味着其适用范围非常有限，因为如果一项条约明确具有这一属性，各国则不太可能缔结违反这种规范的条约；⓭如果两个国家确实通过条约同意以这种方式不当行事，则任何一方都不太可能希望根据《维也纳条约法公约》宣布该条约无效。就其本身而言，《维也纳条约法公约》的这些条款仅仅是条约法，仅对公约缔约方有约束力，但这并不当然意味着事情到此为止。最近，国际法委员会的一个研究小组已经对这一概念及其运用进行了审查和报告。⓮

现在看来，"以法律形式得以充分表达"，似乎已经或多或少地通过一些规范有所实现。实践中，什么样的规则被称为强行法？国际法委员会研究小

⓫ 条约的缔约方在理论层面可能会后来达成协定，认为其条约因违反了强行法而无效，但实际上这种情况很少会发生。

⓬ *South West Africa*, *Second Phase* [1966] ICJ Rep 34, para. 49.

⓭ 在此意义上，参见 J. Vidmar, 'Rethinking *jus cogens* after *Germany v. Italy*: Back to Article 53?', 60 Netherlands ILR (2013), 2.

⓮ ILC Study Group on Fragmentation of International Law: Difficulties Arising from the Diversification and Expansion of International Law, Report, UN doc. A/CN. 4/L/682, Section E (paras. 324 – 409), (hereinafter 'Fragmentation Report').

组指出以下最常引用的规则：

（a）禁止侵略性使用武力；（b）自卫权；（c）禁止种族灭绝；（d）禁止酷刑；（e）危害人类罪；（f）禁止奴隶制和奴隶贸易；（g）禁止海盗行为；（h）禁止种族歧视和种族隔离；（i）禁止针对平民的敌对行动（"国际人道主义法基本规则"）。[15]

至少国际法院从未被要求根据《维也纳条约法公约》* 第65条第3款、第66条（a）项或其他规定，宣布一项违反强行法的条约无效。但至少在三个连续案件中承认或者假定了该概念的存在，[16] 此问题我们将在本节中进一步讨论。[17] 然而，在这些案件中，国际法院都没有要求直接根据一项判决来判断某一规范是不是强行法。但是，在每个案件中，这一概念的存在和性质都与判决的背景有关，且当事各方和法院都毫无疑问地将其作为国际法框架的一部分予以讨论。正如国际法院在巴塞罗那电力公司案中所做的那样，国际法院实际上是通过其判决确定了一些与实际作出的判决在法律上无关的东西。[18] 令人震惊的是，在处理与强行法运作有关的争论时，法院的判决在很大程度上将该概念视为21世纪法律体系中无可争议的一部分。[19]

2012年，涉及强行法争论的一项判决是国家管辖豁免案（德国诉意大利）的判决：有人就德国在第二次世界大战期间犯下的罪行向德国提出赔偿要求，称德国违反了武装冲突法的规则，这些主张是以国家豁免法为依据提

---

[15] ILC Fragmentation Report, para. 374.

* 此处原文为《联合国宪章》，但经查证，此处应为《维也纳条约法公约》。——译者注

[16] 在刚果境内进行的武装活动案（刚果民主共和国诉卢旺达），[2006] ICJ Rep 32；2000年4月11日逮捕令案（刚果民主共和国诉比利时），[2002] ICJ Rep 24，该判决实际上并未使用"强行法"一词；以及国家管辖豁免案（德国诉意大利），[2012 - I] ICJ Rep 140.

[17] 关于在国内法院提出的强行法问题，参见 ILC Fragmentation Report, paras. 370 - 3.

[18] 另一方面，国际法院的法官对强行法持不同意见，并对其进行了大量讨论。例如，国际法院2016年报告的索引列出了22页（有些是多页的）参考意见，而非决定性参考意见。

[19] 例如，[2012 - I] ICJ Rep 140, pp. 141 - 2, paras. 95 - 7.

第 7 章 特殊法律渊源：强行法、对世义务与软法

出的。有人辩称，这类豁免因据称违反的规则具有强行法性质而被排除在外。但法院不接受这一主张，因为这两套规则（武装冲突规则和豁免规则）并不冲突，它们解决的是不同的问题。"国家豁免规则是程序性规则"，"与提起诉讼的行为是否合法的问题无关"。[50] 因此，法院的判决仅限于认定德国的豁免权受到侵犯，而无须作出任何其他判决。具体而言，国际法院无法裁定德国是否犯下了被指控的战时行为，这些行为是否违反了武装冲突法的规定，以及——对于本书的目的而言，最重要的是——这些规定是否属于强行法，甚至该范畴是否属于国际法的一部分。[51]

既然强行法规则主要存在于条约规定的范围之外，那么它们能否通过运用其他公认的渊源，以与其他任何规则相同的方式而存在呢？对此，丹尼尔·科特斯洛（Daniel Cottesloe）教授[52]的著作对强制性规范进行了最新且最深入的研究：不幸的是——于本书的目的而言——他对这一问题并没有定论，因为其研究的主题是这类规范的存在和运作后果。[53] 然而，奥拉赫拉什维利在其著作《国际法中的强制性规范》（*Peremptory Norms in International Law*）中对该问题进行了深入研究。[54] 他研究了强行法本身就是一个自治的法律渊源的可能性，以及这种规范可能衍生于条约、习惯和一般法律原则这种

---

[50] [2012 – I] ICJ Rep 140, para. 93.

[51] 法院还援引了其早先关于在刚果境内的武装活动案（刚果民主共和国诉卢旺达）中的判决（[2006] ICJ Rep 32），以及 2000 年 4 月 11 日逮捕令案（刚果民主共和国诉比利时）时的判决（[2002] ICJ Rep 24），其中后者实际上并未使用"强行法"一词。

[52] D. Cottesloe, *Legal Consequences of Peremptory Norms in International Law* (Cambridge University Press, 2017).

[53] 科特斯洛指出，"在这场长期的争论中，并没有达成更多共同点"，而且关于渊源的学术共识"不是适用这些规范及其法律后果的必要条件"，参见前注第 2 页。

[54] Oxford University Press, 2006. 这当然不是关于这个问题的最后结论，但却是一个有用的参考点。更多资料参见 E. Canizzaro (ed.) *The Present and Future of Jus Cogens* (Rome: Sapienza Università Editrice, 2015); R. Kolb, *Peremptory International Law—Jus cogens—A General Inventory* (Hart Publishing, 2015); T. Weatherall, Jus Cogens: *International Law and Social Contract* (CUP, 2015); E. de Wet, 'The Place of Peremptory Norms and Article 103 of the UN Charter within the Sources of International Law', in Besson and d'Aspremont (eds.), *The Oxford Handbook on the Sources of International Law* (Oxford University Press, 2017); T. Weatherall, Jus Cogens: *International Law and Social Contract* (Cambridge University Press, 2015); and the review of some of these by T. Kleinlein, 28 EJIL (2018), 295 – 315.

传统渊源的形式。[55] 然而，这一问题是否可以通过声明排除？例如，声称强行法规则是从所有国家的共同价值观演变而来的，因此"确立这些规则不是构成性的过程，而是宣告性的过程"。[56] 这样做具有更大的诱惑力，因为**根据假设**，这种规范所认可或保护的价值观显然是必须受到认可或保护的。国际法委员会的国际法"碎片化"研究小组没有直接提出渊源问题，但指出这种方法存在一个"令人不安的循环"："如果强行法的目的是限制各国可能合法协商的内容，那么其内容能否同时取决于各国的协商？"[57] 当然，还存在一种危险，即"整个国际社会"的接受可能只存在于观察员的头脑中，而不是存在于国际关系的确凿事实中。这种立场与强行法规范构成"一个独立于任何国际法渊源的、由高级规则组成的自治体系"这一更大胆的主张，没有实质性区别。[58]

该论点存在很多问题，其中经常被忽视的一个问题非常简单，甚至可能微不足道：国际法院承认强行法的概念，并宣布且适用了属于这一范畴的某些规则。如果这些规则不属于《国际法院规约》第 38 条第 1 款的范围，那么法院在没有**越权**的情况下，可以在什么基础上适用这些规则？国际法院本身从未明确指出其已承认的强行法规范的形式渊源（如果有的话）是什么，

---

[55] 正如奥拉赫拉什维利观察到的那样，"许多强制性规范可能无法满足习惯产生过程中国家实践的需要"。参见 A. Orakhelashvili, *Peremptory Norms in International Law* (Oxford: Oxford University Press, 2006), 113. 但在他看来，它们不需要满足这些要求（见本章第 7.1.2 节内容）。卡塞斯教授是强行法学说的主要倡导者，他提供了实践案例来予以支持. 'For an Enhanced Role of *Jus Cogens*', in A. Cassese (ed.), *Realizing Utopia: The Future of International Law* (Oxford: Oxford University Press, 2012), 158–71 at 160–2. 然而，没有一个例子表明国家间承认试图否定一项被认定为强行法的规则的无效性，这些例子包括北海大陆架案（见本章脚注 6）和《防止及惩治灭绝种族罪公约》适用案中法官的一些口头评论、瑞士联邦法院的两项裁决以及南斯拉夫问题仲裁委员会 1992 年 7 月 4 日第 3 号意见。最后这一项确实适用了"公认的国际法原则，即以武力改变现有边界或国界不可能产生任何法律效力"，但引用了一些文件来支持该说法。

[56] C. Tomuschat, 'Obligations Arising for States without or against their Will', 241 Recueil des cours (1993), 307. 同样地，西玛认为，一旦规则得到整个国际社会的承认，强行法规范的形式渊源就或多或少是无关紧要的。参见 B. Simma, 'From Bilateralism to Community Interest', 250 Recueil des cours (1994–VI), 292. 另见 G. I. Hernandez, 'A Reluctant Guardian: the International Court of Justice and the Concept of "International Community"', 83 BYIL (2013), 38–9.

[57] Fragmentation Report, para. 375.

[58] Orakhelashvili, *Peremptory Norms*, 109.

第7章 特殊法律渊源：强行法、对世义务与软法

但它通常不需要具体指出其适用规则的渊源，除非这是确定受其约束的当事方所必需的（例如，条约缔约方与受一般习惯法约束的当事方不同）。

此外，强行法规范的概念意味着规范的位阶；根据定义，强行法规则优先于相反的条约规定。[59] 这表明，强行法规范的渊源不仅必须是与其他公认渊源同等的自治渊源（《国际法院规约》第38条第1款中的兜底条款），而且必须比第38条第1款（a）项至（d）项中的渊源处于更高的位阶，或者换言之，其属于公认的渊源规范之外的渊源，且位阶更高。[60]

那么，强行法规范是否构成一般习惯国际法的一部分？[61] 如果是这样，它们必须像源自这一渊源的任何其他规范一样，由适当的国家实践和法律确信的心理因素相结合而产生。[62] 然而，这些因素的共同作用不仅在于指出某一特定领域中习惯法的存在，还在于要界定其特征。为了支持一项既禁止种族灭绝又规定这一义务是一个强行法问题的习惯规则，所援引的实践必须包括一次或多次试图通过条约或非正式协议逃避适用该规范的失败尝试——"失败"意指人们接受了该规范，接受或者官方声明该规范凌驾于协议之上。这种国家实践的例子并不容易找到，大多数研究似乎只关注国家的言论而非其行动，或者把国际法院判决视为（实际上是）制定规范。[63]

因此，如果这些规则完全存在于习惯法中，那么它们要么必须通过传统实践与法律确信相结合的方法产生，要么必须有一些额外的因素，即一些额外的混合成分，以区分发展中的习惯法规则和非契约化的规则。卡塞斯直接解决了这个问题：

---

[59] 事实上，根据《维也纳条约法公约》，整个条约应属无效，参见该公约第53条规定。

[60] 然而，这一观点遭到 R. 科尔布（R. Kolb）的反对，他认为问题不在于规范的产生，而在于规范的冲突。参见 R. Kolb, 'Formal Source of *Jus Cogens* in Public International Law', 53 Zeitschrift für öffentliches Recht (1998), 76; 进一步参见本节内容。

[61] 例如，I. Brownlie, *Principles of Public International Law*, 7th edn. (Oxford: Oxford University Press, 2008), 510; 另见 L. Hannikainen, *Peremptory Norms (Jus Cogens) in International Law* (Helsinki: Finnish Lawyers' Publishing Company, 1988), 226–42.

[62] 当《维也纳条约法公约》对强行法作出规定时，国际法委员会没有说明这种规范是如何产生的。参见 G. Danilenko, 'International *jus cogens*: Issues of Law-Making', 2 EJIL (1991), 42, 43.

[63] 例如，参见本章脚注12中已提及的塔姆斯的研究，该研究与对世义务有关。

为了确定一项强行法规则或原则是否已经演变，我们是否应该采用惯常的方法来确定一项国际法习惯规则是否已经产生，即通过惯例（*usus*）＊和法律确信来确定这种规则是否已经在国际社会扎根？或者我们应该采用不同的方法？[64]

他的结论是，这方面"不需要惯例和法律确信这两个要素"。[65] 其依据显然是，如果按照《维也纳条约法公约》第53条的规定，一项规范"被整个国际社会接受并承认为［不可克减］"，那么就已足够了。当然，除了通过实践和法律确信，这种方法还需要确切地解决如何证明这种接受和承认已经存在的问题；但也有人认为，无论条约被多么广泛地批准，在条约规定中寻求**习惯**立法方法的渊源都是一件很奇怪的事情。

然而，根据国际法院对尼加拉瓜案的判决，这一观点似乎得到了奥拉赫拉什维利等的广泛支持。[66] 在该案中，法院认定存在关于不使用武力的强行法原则，该原则体现在不具有约束力的大会决议以及国际法委员会的报告中，[67] 各国对该原则的态度提供了法律确信。对强行法的认定并不是判决本身的必要条件，因为没有任何迹象表明各方试图摆脱强行法；这只是认定该规则作为具有约束力的一般规则存在的一个步骤，而且显然它唯一可以归入的公认渊源是习惯，（在笔者看来，）该规则具备习惯这类渊源所包含的所有要求。[68] 然而，奥拉赫拉什维利认为，"法院的判决确认的是，一旦某一规则

＊ *usus* 意为惯例，是一个替代性术语，用于描述支持习惯存在的实践。——译者注

[64] Cassese, 'For an Enhanced Role of *jus cogens*', 164.

[65] Cassese, 'For an Enhanced Role of *jus cogens*', 165. 与之相反的是，C. Focarelli, 'I limiti dello *jus cogens* nella giurisprudenza più recente', in *Studi in onore Vincenzo Starace* (Naples: Editoriale Scientifica, 2008), 269. C. 福卡雷利（C. Focarelli）认为，援引强行法的失败尝试［例如，在刚果境内进行的武装活动案（刚果民主共和国诉卢旺达），［2006］ICJ Rep 52, para. 125］，可以构成法律确信和有助于产生新规范的实践，但如果该规范诞生，它将成为任意法的一般规则。

[66] 在尼加拉瓜境内和针对其的军事和准军事活动案，［1986］ICJ Rep 14.

[67] ［1986］ICJ Rep 100‑1, para. 190; cf. separate opinion of President Nagendra Singh ［1986］ICJ Rep 153. 此外，美国（该案当事方）曾援引该原则，认为其具有这种地位。

[68] See H. Thirlway, *The Law and Procedure of the International Court of Justice: Fifty Years of Jurisprudence* (Oxford: Oxford University Press, 2013), i. 229–31.

第 7 章　特殊法律渊源：强行法、对世义务与软法

属于强行法，其习惯地位可以通过不同于适用于其他规范的标准加以证明，而个别国家的同意与社会的接受并不重要"。❽ 这是一种可能的解释，但判决中没有予以明确说明，而且该解释适用了"奥卡姆剃刀定律"。如果强行法规范的存在不需要遵循习惯产生的过程，那么为什么要将其归入习惯而不识别为其他类别呢？

同样重要的是，国际法院在最近的判例中注意到的强行法规范的性质。在其中一个案例中，国际法院似乎已经认识到强行法规范是根据通常程序从习惯法中产生的，或作为习惯法的一种形式。在关于或起诉或引渡的义务问题案的判决中，国际法院特别指出，"法院认为，禁止酷刑是习惯国际法的一部分，它已成为一种强制性规范（强行法）"。❼ 国际法院认为，"这项禁令是以广泛的国际实践和各国的法律确信为基础的"。在这方面，国际法院列举了许多具有普遍适用性的国际条约，以及"几乎所有国家的国内法都已纳入这项禁令；最后，酷刑行为经常在国内和国际法庭上受到谴责"。❶ 国际法院没有更确切地指出这些因素如何支持这一观点，即此处不仅存在习惯法规则，而且具有强行法的特征。唯一能够明确确立禁止酷刑规范的强行法性质的做法是，缔约方之间在某种程度上允许或承认有关酷刑的国家间协定，该协定可能被某一当局或机构视为无效，或被缔约方一方谴责且宣布无效。然而，这种协定本质上是保密的，因此现在和过去都不太可能出现这种情况。一种可能的分析是，即使没有实践支持或证明这种观点，也应该有合理数量的证据表明它们**是**强行法（或涉及对世义务）。

正如国际法院在前文所引判例中所指出的那样，存在一种趋势，即把强行法规范视为超级规范，以至于其不仅凌驾于国家间关于搁置这些规范的任

---

❽ *Peremptory Norms*, 119.
❼ ［2012］ICJ Rep 457, para. 99.
❶ ［2012］ICJ Rep 457, para. 99. 须注意的是，在亚伯拉罕法官看来（其观点是正确的），在判决之下，这一结论只不过是附带性意见。参见亚伯拉罕法官的单独意见，［2012］ICJ Rep 477, para. 27.

何协定之上,而且凌驾于任何会妨碍其运行的渊源或种类的规范之上,但这种趋势并未得到法院的支持。就在刚果境内进行的武装活动案而言,为了克服缺乏管辖权基础的问题,法院试图通过诉诸据称被违反的这些规则和原则的普遍性来行使管辖权。同样地,在国家管辖豁免案(德国诉意大利,希腊参加诉讼)中,法院认为,主权豁免的一般规则不适用于在国内法院提出的针对外国的索赔,也不适用于明显违反强行法规范的行为。在先前的案件中,法院认为"有必要"回顾"争议所涉对世权利与义务或一般国际法的强制性规范(强行法)这一事实本身不能构成对其管辖权始终取决于当事方同意这一原则的例外"。[72] 在国家管辖豁免案中,国际法院指出,这一论点"取决于一项或多项强行法规则与要求一国赋予另一国豁免权的习惯法规则之间存在的冲突",并继续表示:

> 然而,法院认为,并不存在这种冲突。为此,假设这些(据称被违反的)规则……是强行法规则,那么这些规则与国家豁免规则之间就不会存在冲突。这两套规则处理的是不同的问题。国家豁免规则具有程序性,仅限于确定一国法院是否可以对另一国行使管辖权。它们不涉及提起诉讼的行为是否合法的问题。[73]

这两项判决表明,在国际法院看来,强行法规范的唯一特点在于它是强行法且具有支配地位,因为它不能被协定排除在外。在其他方面,它符合(无论分析难度有多大)从公认渊源中推导国际法律规范的常规模式,并且不因其"超规范"地位而绕过这些渊源。

关于习惯法传统思维的另一个方面,需要考虑与强行法有关的规则:国家一贯反对适用新发展中的习惯法规则,即"一贯反对者"。[74] 如果强行法规

---

[72] [2006] ICJ Rep 52, para. 125.

[73] [2012] ICJ Rep 140, para. 93. 对于本案判决的批判性观点,参见 S. Talmon, 'Jus cogens after Germany v. Italy: Substantive and Procedural Rules Distinguished', 25 Leiden JIL (2012), 979.

[74] 参见第 3 章第 3.5.1 节。

则有实现和保持这种地位的可能性，那么在适用方面就会存在一些概念上的不一致以及一些可能出现的实际困难。[75] 然而，如果强行法规则与一贯反对者的地位相冲突，那么这种情况会如何产生？拉克斯（Lachs）法官在北海大陆架一案中，讨论了通过实践和法律确信形成习惯规则的问题，其评论并承认了"一贯反对者"地位的有效性，但他对强行法问题持保留态度。[76] 拉克斯似乎认为，如果强行法规则得到发展，那么任何主体都不能声称自己是一个一贯反对者；这是一致的，但产生了一个问题，即如何将正在形成中的强行法规则与正常规则区分开来？意见和实践必须只能基于从一开始就将其视为如此的立场来解释吗？一贯反对者虽然不会阻止正常规则的出现，但其亦不受这类规则的约束。如果一贯反对者的地位不符合正在形成中的强行法规则，那么普遍性是否要求排除这种地位？抑或是，一贯反对者的存在是否与各国对该规则的假定期望的普遍性相矛盾，以至于这种普遍性不是阻止规则的出现，而是阻止规则作为强行法出现？

面对这些问题，或从原则上讲，由于认为强行法规范需要有不同于一般国际法的渊源，因此必须存在这样一种渊源。早在1983年，摩纳哥就主张条约法和习惯法的位阶对等，任何一方都不能凌驾于另一方之上，并据此推断强行法规范必须源于国际习惯以外的某种渊源，因为它的确凌驾于条约规定之上。[77] 与此相反，科尔布认为，必要的位阶划分并不存在于渊源之间，而是存在于规范之间；习惯或传统规范"在效力位阶上优于普通规范，这些普通规范源自由其强行法性质所决定的法律渊源，而非形式渊源"。[78] 另一种做法是从国际共识中衍生出强行法规范，这种共识可能与习惯法不同，因此也

---

[75] 这可能不仅仅是一种假设：伊斯兰国家对人权法某些条款的立场似乎是合乎情理的，如果没有其他理由，他们就是一贯反对者。进一步参见第8章第8.2.3节内容。

[76] "一项不具有强行法性质的一般规则不能阻止一些国家采取不同的态度。它们可能从一开始就反对这项规则，并可能单方面或与其他国家达成协定，从而就有关问题的不同解决方案作出决定"，[1969] ICJ Rep 229.

[77] R. Monaco, 'Observations sur la hiérarchie des normes de droit international', in *Festschrift für Hermann Mosler* (Berlin: Springer, 1983), 106ff.

[78] 'The Formal Source of *Jus Cogens*', 76.

不受习惯法的相关约束。[79] 强行法概念在现代普遍流行，或者至少得到了口头上的支持，这使得该主张具有一定的现实意义。然而，仍有一个关于渊源的一般性问题，即如果共识可以以这种方式运用的话，那么它与第38条规定的渊源的固定类别有何关系？[80] 也有一种观点认为，强行法规范可能从自然法中汲取其特殊性；科尔布则认为，自然法可以确定规范的内容（本质上是公正的或人道主义的），但不足以确定其优先于其他规范的性质。这一概念在其历史发展中确实得到了印证：在禁止种族灭绝的规范成为强行法之前，种族灭绝同样令人厌恶。然而，一些学者认为，强行法规范的确可能直接源自道德伦理，而且确实如此。

强行法规范本质上是一般习惯法的一个特征，因为其显著特征之一是普遍适用，并且不可能通过协定即条约将其排除适用。然而，从某种意义上来说，一项仅源自条约渊源并由此仅适用于该条约缔约方的规范，在该背景下是否可能具有强行法的性质？如果该规范也属于习惯法，那么该问题可能毫无意义；无论条约的两个缔约方之间达成搁置该规范的协定是否违反该条约，其只要与平行的习惯规范相冲突就是非法的。[81]

然而，多边条约可能包含被视为条约基本组成部分的具体条文，且这些条文往往以排除对它们作出保留的条款来表示，或明确排除对条约作出保留的可能性，如《联合国海洋法公约》第309条所述之情况。这样的条款是否对所设想的条文内容赋予了一种强行法性质？在北海大陆架案中，国际法院有时会考虑《日内瓦公约》中的一项条款（第12条），该条款排除了对该公约某些关键条文的保留。该条款对法院的重要性在于，它表明这些条文被视

---

[79] N. V. Onuf and R. K. Birney, 'Peremptory Norms of International Law: Their Source, Their Function and Future', 4 Denver JIL and Policy (1974), 193ff.

[80] 'The Formal Source of *Jus Cogens*', 77。正如科尔布所指出的那样，如果强行法可以由共识产生，那么为什么只能通过共识而不能通过习惯或条约产生呢？（脚注42）。

[81] 然而，这并不能使问题完全学术化。如果条约中有这样的折中性条款，例如赋予国际法院对有关条约解释或适用争端的管辖权，就相当于赋予了对协定是否违反条约的争端管辖权，而不会赋予对协定是否违反习惯规则的争端管辖权。参见波黑和克罗地亚根据《防止及惩治灭绝种族罪公约》第9条对南斯拉夫联邦共和国提起的适用该公约的案件。

第 7 章　特殊法律渊源：强行法、对世义务与软法

为"反映或具体化了习惯国际法的公认规则或至少是新兴规则"。[82] 这种推论基于这样一种考虑，即"在普通法或习惯法规则和义务下，'作出单方面保留的权力'不被允许，因为这些规则和义务就其性质而言，必须对国际社会的所有成员具有同等效力，因此其中任何一方不能为自身利益而随意行使单方面的排除权"。[83] 然而，这一论断必须在《防止及惩治灭绝种族罪公约》保留案所确立的多边公约保留效力有限的背景下解读，因为这种保留在任何情况下都只在保留国和接受保留的有关公约的其他缔约方之间有效。《日内瓦公约》第 12 条等条文的效果或预期效果必须如此，如果一项多边条约禁止保留（或排除对某些条款的保留），那么即使是对不反对保留的国家提出保留也不被视为有效，然而有多少不反对保留的国家呢？在此情况下，被排除在可保留范围之外的条款具有某种强行性。此外，即使没有保留，载有这类条款的公约缔约方之间也可能被禁止订立与准强制性条款相抵触的协定——或者更确切地说，这种协定应被视为无效。

然而，强行法的概念与规则的概念之间有明显区别，因为规则"就其性质而言，必须对国际社会的所有成员都具有同等效力"。如前所述，强行法的概念包含一个不可磨灭的道德要素：它排除了任何国家都不应该做或不应被允许做的行为，即使该行为得到任何其他受影响国家的同意。《日内瓦大陆架公约》中规定不得作出保留的条款有：第 1 条，界定大陆架；第 2 条，界定可在大陆架上行使的权利；第 3 条，保留上层水域和领空的法律地位问题。这一问题不涉及任何道德因素，[84] 但出于纯粹的实用原因，正在建立的法律制度的基本特征对所有相关国家都是一样的。

因此，规定不得作出保留的条约或条约条文并不一定构成强行法事项。

---

[82]　[1969] ICJ Rep 39, para. 63.

[83]　[1969] ICJ Rep 38, para. 63. 这里有点儿模棱两可，但很明显法院似乎没有考虑到所有的"一般法或习惯法规则和义务"，而仅考虑了那些"就其性质而言，必须对国际社会的所有成员具有同等效力"的规则和义务。规则的普遍性不一定意味着它不能通过协定而有所偏离。该判决书的法语文本的词序以及"qui par nature…"一词而非"lesquels par nature…"的使用，使判决在这个意义上是明确的。

[84]　参见本章脚注 6。

相反，宣布强行法事项的公约不一定要明确规定排除保留（例如，《防止及惩治灭绝种族罪公约》就没有采取这样的做法）。国际法委员会关于该问题的结论草案13对反映或代表强行法规范的条约条文作出保留的效力问题给出了结论。根据该结论，这种保留"不影响该规范的约束力，该规范应继续适用"，并且"不能以违反一般国际法的强行法规范的方式排除或修改条约的法律效力"。[15] 条约能否创造强行法规范似乎值得怀疑，其可以说明已经存在的具有此种性质的规则，抑或其可以构成国家实践或证明法律确信存在的一个要素，以支持强行法规范的存在或有助于使其存在，但其作用仅此而已。

如前所述，《联合国海洋法公约》第309条完全排除了保留；此外，第293条规定，根据《联合国海洋法公约》第15部分第2节，拥有管辖权的法院和法庭应适用"本公约和其他与本公约不相抵触的国际法规则"。对那些法院和法庭而言，这是否使公约在这一程度上成为强行法？在类似的案件中，当事方能否同意适用与本公约**不相符合**的一般规则？能否限制各国在背离《联合国海洋法公约》的基础上开展双边关系？[16] 实际上，只要当事各方预见到这一问题，它们就可以商定由一个**不是**根据《联合国海洋法公约》第15部分设立的法庭来裁决争端。

当然，在《国际法院规约》第38条所列举的渊源中，仍然有一般法律原则。如果诉诸这一渊源来解释当今国际法普遍承认的强行法规范的存在，那么接下来会发生什么呢？需要注意的是，《国际法院规约》第38条所设想的一般法律原则超出了第4章所讨论的以法哲学为基础的逻辑原则。举个极端的例子，虽然当今几乎每一个有思想的人都反感种族灭绝，其原因可能是基于尊重人权和生命权原则，但历史表明这些原则并不总被视为公理。无论

---

[15] UN Doc A/CN4/714. 另见《关于条约保留的实践指南》第3.1.5.4条，国际法委员会第63届会议报告，A/66/10，第75段；以及在刚果境内进行的武装活动案（刚果民主共和国诉卢旺达，新诉请书：2002年）中，希金斯、库伊曼斯（Kooijmans）、埃拉比（Elaraby）、大和田（Owada）以及西玛法官的联合单独意见，[2006] ICJ Rep 72, paras. 27–9.

[16] R. 沃尔夫鲁姆（R. Wolfrum）对此评论说，那些法院和法庭"**至少在理论上**"不能自由地"全面适用国际法"。'Sources of International Law', in R. Wolfrum (ed.), *Max Planck Encyclopedia of International Law* (Oxford: Oxford University Press, 2012), ix. 299–313 at 301, para. 8.

第 7 章　特殊法律渊源：强行法、对世义务与软法

如何，这不是真正的问题所在。一个不包含种族灭绝禁令的国际法体系是完全可以想象和可行的：事实上，它到近期也一直存在。[87] 随着国际法的发展，如果现在实行这种禁令，那么这将是一种更为人道的做法。其本身表明它并不是基于一般法律原则，而是由国际社会选择并引入法律的。这一运行的适当过程——渊源——是习惯，而非一般法律原则。

　　与强制性规范的渊源有一定关联的一个问题是：这些规范的性质是凌驾于其他规则或义务之上的，但是这些其他规则或义务又是什么呢？从本质上讲，强制性规范标志着对协定权力的法律限制，它们是否也可以使非协定的内容无效？例如，通过单方声明或安全理事会决议？[88] 为此，《维也纳条约法公约》第 53 条及其习惯法上的对应条款似乎并不足够。国际法委员会宣布"与国际法强制性规范相抵触的单方声明是无效的"，并解释道，这"源自与《维也纳条约法公约》第 53 条相似的规则"："源自"一词在此使用得并不准确，关于安全理事会决议的立场更为模糊，对其进一步研究对本书而言也无甚意义。[89]

7.2　软法

　　人们似乎普遍认为，无论好坏，在国际法律领域中，至少存在一个概念性的"软法"范畴与"硬法"（即法律约束力被普遍认可的法律）并驾齐

---

[87]　古代历史上，有许多征服者试图消灭战败国的例子。另见特林达德法官在关于或起诉或引渡的义务问题案中的单独意见中，认为禁止酷刑"是文明的一项决定性成就，不容倒退"（第 84 段）。在该意见的大部分讨论中，正如在许多领域援引强行法一样，该术语的使用似乎意味着其"非常重要"。

[88]　在科特斯洛著作《国际法中强制性规范的法律后果》（*Legal Consequences of Peremptory Norms in International Law*）第 4 章和第 5 章详细研究了这种情况，但正如前文和脚注 53 所解释的那样，其并没有探究这种可能性的渊源。

[89]　前注提及的科特斯洛著作、本章脚注 53 以及第 4 章中的详细论述，受到了推崇。科特斯洛特别提请注意，前南斯拉夫问题国际刑事法庭上诉庭在检察官诉塔迪奇案中认为，"《联合国宪章》的文本和精神都不认为安全理事会是不受法律约束的"。See Decision on Defence Motion for Interlocutory Appeal on Jurisdiction, 465, para. 28.

驱。对大多数学者而言，"软法"的约束力在某种程度上是缺乏或减弱的。⑩令人信服的是，在快速变化和发展的世界秩序中，软法是迈向更严格的约束力体系的重要过渡阶段，并允许尝试和快速修改。⑪然而，不幸的是，该术语的确切含义究竟是什么，该术语所指的内容是否真实存在，或者是否应该允许它有一个真实的存在，国际社会对此仍然存在很大的分歧。⑫

2012 年，《莱顿国际法杂志》（*Leiden Journal of International Law*）在相关栏目中对"软法"进行辩论时，编辑们指出该概念已成为"严厉批评的对象，并导致国际法学界出现分歧"。

有些人认为，法律的二元性质不能解释多元化世界中国际公共权力行使的复杂性，或者他们将软法视为硬法发展的（程序性）工具。这些软法概念遭到了那些认为软法概念多余的人的反对，因为它要么变成硬法，要么根本就不是法，要么是为行业的私利服务，要么削弱了法律的一般权威。⑬

---

⑩ 该词的一个特殊用法，参见 D. Kennedy,'The Sources of International Law', University Journal of International Law and Policy (1987), 1, 21-2."在渊源的论证中，一种典型的做法是试图说服某人，一个目前认为遵守特定规范不符合其利益的国家无论如何都应该这样做。渊源一词提供了两种修辞或说服风格，我们可以称之为'硬'和'软'。'硬'的论点将遵守规范建立在'同意'受约束的基础上；'软'的论点依赖于一些超越共识的善或正义的概念。"这当然是一个真实且有用的区别，但 D. 肯尼迪（D. Kennedy）的用语是独特且令人困惑的，因此这里不会使用。

⑪ 例如，参见 M. E. O'Connell,'The Role of Soft law in a Global Order', in D. Shelton (ed.), *Commitment and Compliance: The Role of Non-Binding Norms in the International Legal System* (Oxford: Oxford University Press, 2000), 100. 这本书集的另一篇文章认为，"社会公正在本质上被认为是软法问题，或者国家可能过于干涉国内管辖权而无法成为具有约束力义务的主体"。参见 C. Chinkin, 'Normative Development in the International Legal System', in Shelton, *Commitment and Compliance*, 21 at 28.

⑫ 甚至有人提出，"软法"这一概念是由学者们发明的，"为自己提供额外的材料以供研究，从而减少专注于同一研究对象的学者人数"。参见 J. d'Aspremont, 'Softness in International Law: A Self-serving quest for New Legal Materials', 5 EJIL (2008), 1090. 另一种观点认为，这一想法可追溯至第三世界国家利用其在联合国大会中的多数席位，通过本身不具有约束力的文件（如决议、宣言等）来推动改变法律。这些文件虽然不具有约束力，但仍然是法律的一部分，也就是说，软法仍然是法律。参见 A. Bianchi, *International Law Theories* (OUP, 2016), Ch. 10, 214.

⑬ J. d'Aspremont and T. Aalberts, 'Which Future for the Scholarly Concept of Soft Law? Editors' Introductory Remarks', Symposium on Soft Law, 25 Leiden JIL (2012), 309. 此处引用的反对软法的主要作者是：J. Klabbers ['The Redundancy of Soft Law', 65 Netherlands JIL (1996), 173], 以及 J. d'Aspremont ['Softness in International Law: A Self-serving Quest for New Legal Materials', 19 EJIL (2008), 10075].

第 7 章　特殊法律渊源：强行法、对世义务与软法

　　因此，冒险进入这个论战是危险的，但有一点确实需要我们予以关注：假设存在软法，那么它是否通过《国际法院规约》第 38 条第 1 款所列举的某个公认的渊源而产生。或者必须承认，至少就这种法律确实存在并且是国际法的一种形式而言，它源于一个独立而新颖的渊源；如果是这样的话，那么这个渊源的性质又是什么？

　　我们可以撇开这个词的用法进行讨论：它有时被用来指代潜在的法律，也就是说，在国际关系中不被承认的法律规则或规范，在实践中得到充分支持和反映后，极有可能成为公认的具有约束力的规则或规范，也许这个过程很短。[94] 这一类别通常被归类为"应然法"，但该词可能暗示该规则**应**出于某种原因而被采用，[95] 对这里考虑的所有潜在规范而言，并不一定都是这样的。在此情况下，不存在渊源的问题，因为没有人断言这些规范已经纳入国际法。无论如何，"应然法"还不是法律，其渊源显然是通过条约、公约或习惯等形式表现出来，目前对此尚无争议。

　　因此，从严格意义上讲，软法的存在和确切含义是有争议的，但就目前而言，我们可以认为它确实存在并且具有通常赋予它的一般属性，以及必须来源于某处，即它必须有一个渊源。它本身可能构成一种**实质**渊源，即一项不具有约束力的文件（如大会宣言）可以规定一些此后通过惯常程序成为习惯法规则的内容。[96] 然而，从这个意义上看，如前所述，它实际上是"应然法"的同义词，此处无须赘述。软法的渊源是公认的传统渊源之一，但可以说软法是以不同的方式运作的；或者可以说软法是以完全不同的方式产生的，

---

　　[94] 例如，参见 Besson, 'Theorizing the Sources of International Law', 170. 这似乎也是戈德曼在列举软法可能的功能时所要表达的意思，其认为软法"可能证明习惯法的形成"，参见本章脚注 108。外层空间是经常被视为"软法"规范或规则的一个专业领域，这意味着这是或可能是它们走向真正法律的过渡阶段。例如，参见 F. G. von der Dunk, 'Customary International Law and Outer Space', in Lepard (ed.), *Reexamining Customary International Law* (CUP, 2017), 346, 以及其引用的参考文献。

　　[95] 拉丁语法形式的动名词具有这一含义，例如老加图 (Cato the Elder, 公元前 234 年—公元前 149 年) 痴迷于摧毁罗马的最大对手迦太基 (Carthage)：*delenda est Carthago.*

　　[96] 在此种意义上，参见 A. Boyle and C. Chinkin, *The Making of International Law* (Oxford: Oxford University Press, 2007), 212.

即它拥有自己的渊源或渊源体系；甚至软法也可能"在传统的国际法渊源之外，其本身就构成一种渊源"。[97]

仅就本章的目的而言，建议将"软法"定义为一种国际承诺或义务体系，并且其在某种意义上不被视为具有约束力。因为衡量是否具有约束力的一个重要标准为，是否可以按照国际法本身规定的方式加以实施。[98] 但这不仅仅是一种政治姿态，即使没有法律义务，也有对自觉遵守的可期待性。[99] 应当强调的是，为了方便起见，这里的做法必须站在上述争议的一边，把软法纳入国际法律体系，而不是与之分离。[100] J. 克莱伯（J. Klabbers）在1996年的一篇文章中指出，"各国可以缔结协定，但同时否认此类协定将构成硬法，这一点并不明显"；"条约"是一个不可改变的法律概念，"条约（即硬法）是否成立，必须遵循客观标准，而不能仅仅取决于缔约者的意图"。[101] 不论当时这种系统唯名论（systematically nominalist）的观点是否正确，但其随后的实践可能仅符合对国家条约制定权的扩大解释。

软法可以分为两种或两类，[102] 继阿比-萨博[103]之后，达斯普勒蒙将其命名

---

[97] 丹尼尔·图勒（Daniel Thürer）在《马克斯·普朗克百科全书》中提出了这一主张（*Max Planck Encyclopedia*, ix. 273, para. 18）并予以驳斥（ix. 274, para. 24），其主要理由显然是，虽然国际法的编纂是一个缓慢而艰难的过程，但国际组织"为协调法律意见提供了一个框架，并且……可以在相对较短的时间内完成法律项目"。这似乎假设所有软法都是新生法，是"真正的"法发展的一个初级阶段；但很多软法都运作良好，且未从编纂或僵化中受益。图勒认为软法"在国际法的演变过程中可发挥重要作用"，但这似乎并不总是它的功能（ix. 276, para. 32）。

[98] 关于这一点，请注意第1章开头给出的定义。

[99] 康多雷利认为，还有一个额外的因素，即按照软法规则行事未必是非法行为。参见 Condorelli, *La Pratique et le droit international*, Colloque de Genéve（Paris：Pedone, 2004），292. 但这是真的吗？——大概总会受到强行法的制约。

[100] 相反观点，例如 P. F. Diehl and C. Ku, *The Dynamics of International Law*（Cambridge：Cambridge University Press, 2010），52；J. L. Charney, 'Compliance with International Soft Law', in D. Shelton (ed.), *Commitment and Compliance：The Role of Non-Binding Norms in the International Legal System*（Oxford：Oxford University Press, 2000），115.

[101] J. Klabbers, 'The Redundancy of Soft Law', 65 Nordic JIL (1996), 167 at 172.

[102] 例如，康多雷利就此意义作出了论述，尽管他并没有使用"软法"来描述它们。Condorelli, in *La Pratique et le droit international*, 291.

[103] G. Abi-Saab, 'Éloge du "droit assourdi"：Quelques reflexions sur le role du *soft law* en droit international', in *Nouveaux itinéraires en droit：Mélanges en hommage à François Rigaux*（Brussels：Bruylant, 1993），61 – 2.

第7章　特殊法律渊源：强行法、对世义务与软法

为"软谈判"（soft negotium）或"软合意文本"（soft instrumentum）。[104] 一方面，为作出承诺而诉诸的手段（即合意文本），可通过这些手段（如正式条约）确立一项具有充分约束力的义务。但有关人士可能已经明确表示，其意图是实现某种程度的软法承诺（谈判）。[105] 这也许是最常见也是最容易理解的一种软法；在国际法院的一些判决中，这一点已经得到承认（尽管没有明确称其为"软法"）。[106] 为了扩大软法的定义，可以援引一位权威作者的列举，即软法包括国际组织的决议、行动纲领、尚未生效或对特定行为没有约束力的条约文本、国际公约的解释性声明、不具有约束力的协定和行为守则、国际机构或国际会议通过的建议和报告，以及国际关系中用来表示承诺的类似文件和安排。从严格意义上讲，这些类似文件和安排的效力强于政策声明但弱于法律。[107]

在很大程度上，即使过程漫长，这些也可能最终被追溯到一项条约或公约以作为其渊源。通过条约可以建立一个组织，并赋予特定机构权力，以对条约缔约方作出具有约束力的决定。该权力可以合法地赋予一个附属机构，甚至是一个附属机构的子机构，并依此类推。到目前为止，基于传统的"硬法"仍然存在，附属机构可能会超越其特定权力，且其行为可能被容忍（若不被接受，将产生传统的"硬法"），但会被容忍为"软法"。或者根据已经做出的区分，决定所用的措辞可能只是提供指导或非约束性指示，因此其所产生的是软法。正如一位评论员所观察到的那样：

---

[104] J. d'Aspremont, 'Softness in International Law: A Self-Serving Quest for New Legal Materials', 19 EJIL (2008), 1081ff.

[105] 国际法协会习惯法形成委员会提到"条约中的'软法'条款"时，显然考虑到了这种可能性。参见 Report of the Committee, 53 n. 137.

[106] 例如，在石油平台案中，伊朗援引了1955年其与美国签订的条约中的妥协条款（第1条），大意是"伊朗与美国之间应存在坚定持久的和平与真诚的友谊……"（引自 [1996 - II] ICJ Rep 812, para. 24）。法院认为，这"必须被视为确定了一个目标，并据此解释和适用条约的其他条款"，而不是规定了一项具有约束力的义务，一旦有某些危害和平与友谊的行动发生，该义务就会被违反。因此，该条款本身就是一种软法的形式。然而，法院在解释条约的其他条款时，认为确实可以考虑第1条。参见 [1996 - II] ICJ Rep 820, para. 52；这是否表明该"硬法"条款也许只是一个术语问题。

[107] Thürer, 'Soft Law', *Max Planck Encyclopedia*, ix. 270, para. 2.

国际法的渊源（第二版）

众所周知，国际组织，例如联合国这样的正式组织和八国集团这样的非正式组织，越来越频繁地采用其起草者认为不具有"法律约束力"的规则，尽管它们在其他方面具备有约束力的国际条约或国际组织有约束力的决议的所有文本特征。[108]

乍看之下，即使是司法裁决本身，根据其内容，也可能在某种程度上相当于软法。在著名的水利工程加布奇科沃－大毛罗斯项目案中，法院指示当事方进行谈判，而这些谈判是他们根据法院的特别协定所作的承诺，并表示他们"负有法律义务……在1977年《条约》*的范围内，考虑以何种方式最好地实现《条约》的多重目标，同时铭记所有这些目标都应得到实现"。[109] 很难确定一方是否未遵守该指令，除非完全拒绝考虑其中一个目标（而且不一定会就这些目标达成一致）。[110] 然而，这种软性（softness）体现于裁决对条约条款的解释，而不是裁决本身。

另外，可以订立或设定一项承诺，根据其内容，该承诺可以被解读为明确的和决定性的，但其设定方式使得该承诺不能或不能明确地产生具有约束力的结果。这类法律包括一类非常重要的软法，有些人视其为典型形式：根据国际"硬法"，其指的是缺乏权威的机构采取的具有约束力的立法行动。当然，这些类别可能重叠。一个没有宪法（即基于条约）约束力的国际机构

---

[108] M. Goldman, 'We Need to Cut Off the Head of the King: Past, Present and Future Approaches to International Soft Law', Symposium on Soft Law, 25 Leiden JIL (2012), 335.

* 此处1977年《条约》指的是匈牙利和捷克斯洛伐克就开发利用多瑙河水资源于1977年缔结的"修建和运行加布奇科沃－大毛罗斯水利设施"的双边条约。——译者注

[109] [1997] ICJ Rep 77, para. 139.

[110] 也有人认为，国际法院在卡塔尔和巴林海洋划界与领土问题案中作出的第一项判决在这方面具有重要意义，因为它表明"具体形式"的义务是"相当不确定的"。因此，它不必被看作"软法"，但它表明"法律如何在不失去其约束力的情况下，公正地对待政治"。参见 J. Klabbers, 'The Redundancy of Soft Law', 65 Nordic JIL (1996), 167 at 181. 然而，在该案中，巴林提出的关于《多哈会议纪要》（Doha Minutes）不具有约束力的观点是完全可能的，这也可能正是当事方的意图，即使法院的判决并非如此。法院裁定，"巴林外交部长在签署这一文件后，无法称其意图签署一项'记录政治谅解的声明'，而不是一项国际协定"（[1994] ICJ Rep 122, para. 27）。简言之，如果一项文件只是为了创造软法，那么就必须明确这样做的意图。

的决议，可以用最具体和最具强制性的措辞来表达，但它本身仍然只是软法。（当然，它可以表达具有约束力的习惯法原则或规则，但需要将这两种规范性基础分开。）与已经讨论过的软法相比，"软性"在这些情况下可能并非有意为之。如果选择在一个文本中使用缺乏约束力的语言，而该文本的性质可以体现出具有约束力的承诺，那是因为该文本负责人并不打算使其具有约束力，即他们故意创造了软法。然而，以联合国大会决议为例，起草者和投票赞成者可能热切希望制定一项硬法，并确立具有约束力的义务，但该法案无法承担起这一责任，其结果原则上最多只能是软法。因此，人们致力于为此类文件寻求"更坚实"的法律基础。

在这些情况下，"软法"承诺的起源显然可以追溯到一个公认的渊源：条约。[11] 如果存在无法追溯到条约渊源的权威判决，或者存在无法归因于条约基础的软法，那么就会出现一个更为棘手的问题。也就是说，即使在适用传统法律渊源的情况下，软法也不能通过"条约和公约"之外的方式产生？软法的性质似乎排除了其通过适用"一般法律原则"而产生的可能性；那么一般法律原则在其运作中能是软性的吗？[12] 由于在通常的实践中，软法的概念已经得到承认，因此该问题的本质是软法是否可以通过"国际惯例"而产生。在某种意义上，这里有一个明确的例子，即国际法院在北海大陆架案中提到的"许多国际行为，例如在礼仪和礼节领域，这些行为几乎无一例外地予以执行，但其动机仅仅是出于礼貌、方便或传统，而不是出于任何法律责任感"。[13] 这通常不被视为软法，但有观点认为其恰好存在于软法的定义范围之内。也有人提出，可将"礼让和诚实信用等不成文原则"列入软法范畴，并

---

[11] 在加布奇科沃－大毛罗斯项目案中，虽然该判决内容使得最终的义务呈"软性"，但是该"软性"源于特别协定，即一项条约。

[12] 似乎有人建议，他们可以在国际投资法领域制定软法。参见 S. W. Schill, 'General Principles of Law and International Investment Law', in T. Gazzini and E. de Brabandere (eds.), *International Investment Law: The Sources of Rights and Obligations* (The Hague: Nijhoff, 2012).

[13] [1969] ICJ Rep 44, para. 72. 这种软谈判的例子已在第1章中提到过：见该章正文和脚注22。

指出不遵守礼让原则"可能导致报复行为"。⓯ 这个有趣的观点相当于认为，不遵守软法义务可能导致软法报复，从而在整体上表明存在某种"法律"。

在此背景下，大陆法系的法学人所熟知的一个区别非常具有启发性，但对于英美法系的法学人，甚至是一般以英语作为日常用语的法学人而言，他们并没有注意到这个区别，**即法律行为和法律事实**（fait juridique）之间的区别。它们的共同之处在于，每种行为都可以产生法律后果；但不同之处在于，法律行为中这类后果是行为人意志的直接结果，法律事实中这类后果则是法律运作的结果，而法律运作仅仅是由行为人有意引发的。⓰ 正如达斯普勒蒙所解释的那样，这种区别的重要性涉及软法是否真的可以被称为法律的问题，但其也可以被解读为排除通过习惯程序创造软法。最后，达斯普勒蒙指出：

> 从实证主义的立场来看，国际法软性的主张不适用于那些无视国家意愿而产生法律效力的行为（法律事实）。此外，**软性的国际法律事实并不存在**。按照实证逻辑……只能在严格意义上结合法律行为来设想软性，因为这必然是主体意图的结果，而不是国际法律体系中既有规则的结果。⓱

换言之，习惯国际法对国家施加的义务，仅仅是由于国家采取了国际法赋予其自动后果的措施（无论国家是否有意为之），而这些始终是"硬法"问题。⓲ 这一结论可能看起来令人惊讶，但合乎逻辑：软法义务不仅需要双

⓯ C. Chinkin, 'Normative Developments in the International Legal System', in Shelton (ed.), *Commitment and Compliance*, 25.

⓰ 为了用英语清楚地解释这种区别，参见 d'Aspremont, 'Softness in International Law', 1078–80.

⓱ d'Aspremont, 'Softness in International Law', 1080. 需要注意的是，达斯普勒蒙在这里解释了他人的观点，并在其论文中对该观点继续进一步阐述和批判性审查。

⓲ 乔纳森·查尼（Jonathan Charney）教授"至少在理论上"也持类似观点："一个规范要么是国际法，要么不是。如果一个'软性'规范符合国际法渊源理论的要求，那么它就是'硬法'。如果不符合，那它就不是法律；选择是二元的。"然而，不具有约束力的国际协定不属于国际法范畴，而可能被归入"软法"规范。参见 Jonathan Charney, 'Compliance with International Soft Law', in Shelton (ed.), *Commitment and Compliance*, 115.

方同意，还需要双方同意义务的"软性"，而施加自动义务的法律规则必须假定该规则受益人的意愿，即该义务具有约束力。

然而，莱帕德对此持相反观点，他认为习惯法不仅包括具有约束力的规范，而且包括"有说服力的规范"，其原因在于"国家本身认为可以存在有说服力而非约束力的法律权威规范"，并且其认为这类规范"在解决某类问题时，可发挥独特且有益的作用"。[16]

他举例称，人们有改变宗教或信仰的权利或自由，其前提是"有令人信服的证据"，"各国普遍认为1981年《联合国消除基于宗教或信仰原因的一切形式的不容忍和歧视宣言》中的规范与之前世界宣言中的规范相同，至少应该是具有说服力的法律权威，各国必须在决策中高度重视其所赋予的自由"。[17] 然而，这是一项赋予个人的权利，而不是作为国际法主体的国家的权力。与许多软法类似，不遵守这类具有说服力规范的后果尚不清楚。[18]

总之，在承认软法存在并被正确归类为一种"法律"形式的基础上，其表现形式似乎完全可以根据传统公认渊源（即习惯和条约）的运用来解释，而不需要假设任何新的或附加的渊源。

---

[16] B. D. Lepard, *Customary International Law: A New Theory with Practical Applications* (Cambridge: Cambridge University Press, 2010), 372. 同样地，在莱帕德的文章《走向习惯国际人权法的新理论》(*Towards a New Theory of Customary International Human Rights Law*) 中，他考虑到一些国家对法律效力的观点，即一项预期的习惯规则可能只施加一项"说服性"义务。参见 B. D. Lepard (ed.), *Reexamining Customary International Law* (Cambridge University Press, 2017), 233 at 263.

[17] Lepard, *Customary International Law*, 361.

[18] 通常也很难确定一个国家没有"高度重视"这种考虑，因为根据定义，他们最终没有给予宗教自由这一事实不会自动构成对该规范的违反。这可能是许多（如果不是大多数）软法义务的典例。

第 8 章　国际法的次级体系

8.1 "自足制度"及其局限性

作为讨论国际法渊源的起点，我们已经在第 1 章假定国际法在渊源层面是一个同质体系，即各个专门领域的法在内容上都采用了相同的渊源。[1] 在海洋法、航空法等主要领域，情况确实如此，这些领域都以国际公约为主（《联合国海洋法公约》和《芝加哥公约》及其两个附件），以国际习惯为辅。然而，现在可以适当考虑由一个或多个其他专门领域构成"自足制度"（self-contained regime）的可能性。

这一术语在国际法学者语义库内，是指一般国际法体系中具有鲜明特征的一个次级体系，但其准确定义并不容易确定。一位权威人士甚至表示："至少在目前，国际法中没有任何次级体系有资格成为一项自足制度。"[2] 在美国驻德黑兰外交和领事工作人员案中，国际法院把"外交法规则"称为"自足制度"。[3] 显然，这意味着接受国有权采取相应的措施来处理派遣国违

---

[1] 参见第 1 章第 1.3 节。即使在某些领域，与普通法相比，"它们也并非完全相同"。参见 P. Weil, 'Le Droit international économique', in *Aspects de droit international économique: Élaboration, contrôle, sanction*, Colloque SFDI, Orléans (Paris: Pedone, 1972), 3. 一种完全不同的做法是法律多元化，其实质可能是两种或两种以上不同的法律制度存在于一个社会并在其中运作。在此情况下，是否有两套渊源似乎没有引起注意。关于渊源的一般概念，参见 Bianchi, *International Law Theories* (OUP, 2016), Chapter 11.

[2] E. Klein, 'Self-Contained Regime', in R. Wolfrum (ed.), *Max Planck Encyclopedia of Public International Law* (Oxford: Oxford University Press, 2012), ix. 97.

[3] [1980] ICJ Rep 40, para. 86.

反外交法的行为，直至断绝外交关系。该类措施本就是外交法预见到此类情况的发生而为其设定的，同时也**只能采用这些措施**来处理。该判决已提到，即便美国外交领事人员有违法行为，伊朗也不能以此为借口否认美国因其外交领事人员被扣押而提出的主张，因为"外交法本身就为外交或领事人员的非法活动规定了必要的预防和制裁措施"。❹ 这一判决遭到了严厉批评，自足制度的概念也受到了质疑：国际法委员会的国际法"碎片化"研究小组虽然承认存在特别制度，但是强调"适用特别法通常并不排斥有关一般法"，❺ 由此，在任何情况下似乎都不存在完全脱离一般国际法的自足制度。❻

然而，国际法中的一些次级体系，有时被认为至少在某种意义上是自足制度。❼ 关键的问题似乎是，该体系是否规定了对不遵守次级体系规则的特别补救办法，尤其是这些补救办法是否要排除在一般国际法所规定的补救办法之外。但是，就本书的目的而言，唯一的问题是：在有关制度的框架内适用的法律是否可以源自该制度所特有的某种渊源，而不是《国际法院规约》第38条所承认的渊源之一？❽ 为此，笔者对人权法、人道主义法、国际刑法、国际贸易法作了一些简要的考察，并特别参考了世界贸易组织和国际投

---

❹ [1980] ICJ Rep 38, para. 81. 试问此论点是否可以作为回应伊朗要求美国对所谓非法活动承担国际责任的依据。

❺ *Conclusions of the Work of the Study Group on the Fragmentation of International Law: Difficulties Arising from the Diversification and Expansion of International Law* (2006), para. (9). See UN doc. A/61/10. 最近一项由多位作者共同参与的研究得出了一个宽泛的结论，如果要归纳的话，目前的趋势更倾向于趋同，而不是碎片化。参见 M. Andernas and E. Bjorge (eds.), *A Farewell to Fragmentation: Reassertion and Convergence in International Law* (Cambridge: Cambridge University Press, 2015). 特别是该书中第2部分关于法律渊源的内容。

❻ 国际法"碎片化"研究小组的报告称，"在此程度上，'自足制度'的概念只是一种误导"，参见 A/CN.4/L.682, 82, para. (5).

❼ 参见第6章，软法本身可能是一种自足制度，而不讨论其非传统用法。参见 H. Hillgenberg, 'A Fresh Look at Soft Law', 10 EJIL (1999), 499. 抑或软法是戈德曼提出的"行使国际公共权力的标准文件"的某一类别，参见 'The Exercise of International Public Authority', 9 German LJ (2008), 1877, (this volume, Ch. VIII).

❽ 根据某一专门领域（国际投资法）的仲裁裁决，国际法院拒绝根据从一个专门领域（国际投资法）的仲裁裁决中得出结论，认为"一般国际法"中存在与该领域适用原则平行的原则，这似乎表明这些裁决是基于非一般性渊源，但事实上它们是基于对条约条款的适用。参见进入太平洋谈判义务案（玻利维亚诉智利），2018年10月1日作出判决，第162段。

资争端解决中心的争端解决体制的实践。

在此，笔者将在前述基础上进一步研究这些专门的次级体系，❾ 也就是说，在没有明确相反结论的情况下，笔者推定它们是国际法的分支，其相关条款和规定与其他分支的渊源相同。❿ 至于习惯作为一种法律渊源，国际法委员会虽然没有直接评论这一点，但在其关于习惯国际法识别问题的报告中，认为没有必要将国际法的任何特定领域单独列为不适用或不完全适用一般规则和程序的领域。⓫ 联合国人权理事会任命一位特别报告员调查非法运输和倾倒危险产品及废物的问题，该报告员在一份报告中通过一个例子说明不应忽视国际法作为一个整体的必要性。他发现一些国家之所以拒绝"进行建设性谈话"，是因为这些国家认为该问题属于环境机构而非人权机构。⓬ 这是各国目光短浅的表现吗？还是说联合国人权理事会作出了一个如此不明智的决定，以至于和另一个法律"领域"重叠？

至于人权法和人道主义法，它们被视为两个独立的学科，在其发展的大部分时期，它们的区别非常明显。人道主义法本质上是战争法的一个方面，而人权法是在国内政治基本稳定的环境中运行的。两者后来发生了某种融合，⓭ 但是将它们进行区分，有助于对渊源进行研究。

8.2 人权法

鉴于过去60年来人权问题在国际法律关系中发挥的作用大大增强，一些学者建议，不再把人权法视为一个独立的分支领域，尽管这一分支原则上仍

---

❾ 参见第1章第1.4节的内容。

❿ 关于人权法，应注意对"国际人权法"作为"一个独立的规范体系"这一观点的批判。参见 I. Brownlie, *Principles of Public International Law*, 7th edn. (Oxford: Oxford University Press, 2008), 554.

⓫ See UN document A/73/10.

⓬ 参见报告（UN Doc. A/HRC/9/22, 2008年8月13日），引自 A. Boyle, 'Human Rights and the Environment: Where Next?', 21 EJIL (2012), 613 at 619.

⓭ 对该过程的清晰解释，参见 R. Kolb, 'Human Rights and Humanitarian Law', in Wolfrum (ed.), *Max Planck Encyclopedia*, iv. 1043–5, paras. 16–25.

受一般国际法的调整；但事实上，其作为一种"人权主义"理论，在一般国际法中日益占据主导地位。可以看出，这是一种特定的法律技术，其力求容纳人权规范，或考虑扩大对个人的保护，要么通过在法律文本中明确地列入积极规则，要么通过对现有国际法规范进行更微妙的解释或调整，以符合保护人权的总体要求。❹

因此，这些学者认为，"越来越有可能把一般国际法作为人权义务的'渊源'"。❺ 然而，仔细分析后发现，这一观点本就是将人权问题和一般国际法规则相互关联的一种解读，但这并不表明除《国际法院规约》第38条所规定的渊源之外的任何渊源均可在该领域发挥作用。

8.2.1 条约中的人权法和作为习惯的人权法

许多人权法本质上起源于条约法，因此其对各国的约束力原则上取决于有关国家是否接受相关条约。从学术角度来看，条约法原则（实质上是条约对缔约方有约束力而对非缔约方没有约束力的基本原则）在人权领域的适用方式与其在其他法律领域的适用方式完全相同。然而，各国接受、适用甚至起草这些条约往往较为被动，之所以如此，主要是因为条约对原本不受审查的一国与其国民之间的关系有明显干涉。❻ 另外，法院和国际监督机构则表现出一种相反的干涉主义倾向。❼ 这两种现象至少表明一般条约法在这一领域的某种特质。

就条约而言，首先当然是《联合国宪章》第55条和第56条规定，其次是《防止及惩治灭绝种族罪公约》等多边公约。诚然，还有大量的宣言和决议，其中最重要的是《世界人权宣言》；它们并不是条约，其效力将进一步探讨。❽

---

❹ A. N. Pronto, '"Human-Rightism" and the Development of General International Law', in T. Skouteris et al. (eds.), *The Protection of the Individual in International Law: Essays in Honour of John Dugard*, LJIL Special Issue (Cambridge: Cambridge University Press, 2007), 27.

❺ Pronto, in Skouteris et al. (eds.), *The Protection of the Individual*, 31.

❻ 在此意义上，参见 Simma and Alston, 'The Sources of Human Rights Law: Custom, *Jus Cogens* and General Principles', 12 Australian YIL (1988–9), 82, 83–4.

❼ 例如，参见本书第2章正文及脚注39和40中讨论的洛伊齐杜诉土耳其案和伯利劳诉瑞士案的判决。

❽ 参见本章正文及脚注31。

一种思路是将其视为习惯法的法典化，这就提出了一个问题，即涉及国家和非国家主体（个人和团体）之间关系的人权法是否可以脱离习惯；如果可以，又是以何种方式脱离出来。

这并不完全是一个简单的问题。乍一看，把国际人权法建立在习惯的基础上是存在问题的。20世纪70年代，有学者曾自信地断言，"一个国家和其国民之间的关系……基本上不受发展中的习惯法的影响"，其原因是：

> 习惯法源自于对国际法主体间相互冲突的主张和利益的事实上（de facto）的调整，而且个人和私营公司并不是国际法的主体，这一直是（也许仍然是）国际法最基本的原则之一。[19]

但现在并非如此，国际法院明确指出，"禁止酷刑"（包括一国对其本国国民的酷刑）不仅是"习惯国际法的一部分"，而且已成为"一种强制性规范（强行法）"。[20] 事实上，甚至有学者会说，自《联合国宪章》通过以来，这种相反的观点很难站得住脚，[21] 但仍然存在一些问题。首先也是最重要的是，这种变化是如何发生的？《联合国宪章》的表述很宽泛，其本身无法改变创设习惯法规则的要求。只要个人在创设习惯方面仍不属于国际法主体范畴，那么国家对个人的任何行为就不能构成创设习惯法实践的开始。同样地，即使国家以符合人权理论要求的方式对待本国国民，它这样做也是出于自由选择（或确信它可以自由地选择），而不是为了履行如法律确信一样的义务。[22]

---

[19] H. Thirlway, *International Customary Law and Codification* (Leiden: Sijthoff, 1972), 7. 同样地，有人认为，即使把各国在对待本国国民方面的一贯做法作为惯例，"这在创造习惯的产生方面也毫无价值，因为一国与非国际法主体之间不可能产生任何国际法上承认的义务"。

[20] 关于或起诉或引渡的义务问题案，[2012] ICJ Rep 457, para. 99.

[21] 像比尔根塔尔教授这样的权威专家并不认为，"一旦《联合国宪章》生效，所有人权问题基本上不再是一国国内管辖的问题"。参见 Buergenthal, 'Human Rights', in Wolfrum (ed.), *Max Planck Encyclopedia*, iv. 1021 at 1023, para. 8.

[22] 这可能就是为什么早在2003年，布朗利教授就认为"人权公约往往忽视习惯法的作用或潜在作用"的原因。参见 I. Brownlie, *Principles of Public International Law*, 6th edn. (Oxford: Oxford University Press) 538. 这段内容在之后的2008年版本中并未保留。

早在1989年，T. 梅隆（T. Meron）就很好地解释了发展人权习惯法的问题：

> 人权公约的缔约方与宣扬人权宣言和决议的支持者，试图通过确保其相对方采取一致行为的方式来自然地促进人权的普遍性。但这种做法在人权公约缔约方倡导的重要人权价值与非缔约方的主权之间产生了矛盾。因此，国际人权的信誉要求其利用有效的法律方法来扩大其普遍性。[23]

梅隆或许还会补充道，这个问题的本质在于对人权的普遍**法律**效力持一种怀疑态度，即对人权本身的不留情面的质疑，因为许多人权被认为是神圣的。

即使一国对其国民的待遇不再局限于"保留领域"，创设习惯的"国家间"的因素即便不是法律上的障碍，也仍然是事实上的障碍。传统观点认为，习惯的本质在于其条款是在解决国家间日常交往中的利益冲突或争端时形成的。德国学者西玛和澳大利亚学者奥尔斯顿在一篇重要文章中进行了评论，并指出：

> 从广义上讲，相互作用是促使国家实践转化为习惯国际法的内在和关键要素……只有国家间通过分配或者划界的具体方式来产生相互作用，习惯国际法的进程才能启动并继续发挥作用。但是，至少在大多数情况下，当在国内达成的有关实质性人权义务的共识发展成为国际法时，情况并非如此。[24]

同样地，人们也注意到"传统习惯法产生的背景及其所涉及的问题与当代习惯国际法倡导者——特别是在人权领域——寻求适用习惯法规范的环境

---

[23] T. Meron, *Humanitarian Norms as Customary Law* (Oxford: Clarendon, 1989), 81.

[24] B. Simma and P. Alston, 'The Sources of Human Rights Law: Custom, *Jus Cogens* and General Principles', 12 Australian YIL (1988–9), 82 at 99；另见本书第3章脚注48。

203

之间存在着显著差异"。[25] 就这些历史上由习惯解决以及通过参与者之间的互动而得到解决的问题而言,"在大多数情况下,解决相关问题的原则比**正确地**解决这些问题本身更为重要"。[26] 当然,这并非表明其就是人权领域的一个合适范例。

一个可能的论点是,在人权领域,习惯由不同于一般的程序创设。因此,1991年,奥斯卡·沙克特(Oscar Schachter)将人权法置于国家法律、联合国和其他国际决议的规定以及一些国家法院的判决等的基础之上,并援引了巴塞罗那电力公司案中关于对世义务的判决。然而,他还说:"上述有关习惯的'说明'都不符合传统标准。"[27] 不过,他也承认,国际论坛上的国家实践可以根据具体情况提供"实践"和法律确信。[28] 为了表明国际人权法建立在习惯的基础之上,似乎有必要放弃国家间包括解决争端冲突在内的实践要求,从而一方面满足于国际舞台上的宣言,另一方面满足于国内立法和法院判决等内部因素。[29]

另一个论点是将人权法的最高权威归于《联合国宪章》第55条和第56条,该论点由索恩(Sohn)提出。根据这一观点,《世界人权宣言》构成对这些条款的权威性解释,以便使其普遍适用,或至少适用于《联合国宪章》的所有缔约方。在此基础上,"《世界人权宣言》作为一份权威的人权清单,已成为习惯法的基本组成部分,不仅对联合国会员国具有约束力,而且对所有国家都具有约束力"。[30] 这无疑是在**条约法**基础上几乎普遍适用的合理理

---

[25] E. Kadens and E. Young, 'How Customary is Customary International Law?', 54 William & Mary LR 885–920 (2013), at 914.

[26] Kadens and Young, 'How Customary is Customary International Law?', 917. 为了避免自然法则的潜移默化,可能更适合说"…而不是以最理想的方式解决它们"。

[27] O. Schachter, *International Law in Theory and Practice* (Dordrecht: Martinus Nijhoff, 1991), 137.

[28] Schachter, *International Law*, 138.

[29] 国际法协会习惯法形成委员会在关注国际决议等的作用(特别是在人权领域的作用)后得出结论:"这并不是说习惯法制定的基本原则已完全被推翻,但我们应意识到这些变化,并酌情加以考虑。"参见报告的结论3第3项。

[30] Sohn, 'The New International Law: Protection of the Rights of Individuals Rather Than States', 32 Am. ULR (1992), 17.

论基础，但实际情况似乎并非如此，因为规范的效力来自《联合国宪章》，而《联合国宪章》是一种几乎被普遍接受的法律文件，因此规范也被列为习惯法。[31] 就约束力而言，最终结果可能（几乎）相同，但法律制定的过程完全不同。

为了清楚地了解各种可能性，我们由此提出一个问题：为什么一个国家的机关违反公认的人权（暂且不论什么是"公认的"权利）就会使该国承担责任？这项责任应由谁承担，如何执行？对此，最简单的答案是，一国与另一国之间的关系受双边条约的约束，可能只有该国承担责任，其国民才会受到保护。再者，在违反规则的国家可能已成为该领域多边公约的缔约方之一的情况下，其责任和执行机制将由公约决定。在波黑和塞尔维亚之间以及克罗地亚和塞尔维亚之间关于《防止及惩治灭绝种族罪公约》适用案中，责任只能由国家承担，任何损害赔偿都应归于索赔国，而不是受损害的国民个人，并通过妥协条款（《防止及惩治灭绝种族罪公约》第9条）赋予国际法院管辖权来执行。然而，根据其他公约，特别是区域性公约，国家直接对受损害的个人承担责任，[32] 向其支付赔偿金，并通过区域组织强制执行，例如欧洲人权法院。迄今为止，该项国际规则的渊源并不存在争议，它属于有关国家接受的条约义务［《国际法院规约》第38条第1款（a）项］。

莱帕德最近提出了一个全新的关于人权的习惯国际法理论。[33] 然而，这与他关于一般习惯国际法的理论密切相关，并已在本书第一版第9章第9.2.2节中对该理论进行了评述。由于本书其他章节对此已做过详细论述，因此在此不再赘述，但在后面的章节中将考虑到其人权背景。

---

[31] 对梅隆而言，这种分析方法是"完全合法的"，尽管他认为很难将现有的一些人权条约与《联合国宪章》条款协调起来：*Human Rights and Humanitarian Norms*, 84.

[32] 另一个发展是，在某些案件中，人们已经认识到个人对个人的责任有可能通过这种方式变为可能，即所谓的**第三人效力**(Drittwirkung)，但这不是我们目前应该考虑的问题。例如，欧洲人权法院对普拉和普恩森诺夫诉安道尔一案的判决。参见 A. Clapham, *Human Rights Obligations of Non-State Actors*（Oxford: Oxford University Press, 2006）.

[33] B. D. Lepard, 'Towards a New Theory of Customary International Human Rights Law', in Lepard (ed.), *Reexamining Customary International Law* (Cambridge University Press, 2017), 233–65.

8.2.2 源于一般原则的人权

对这些案件和联合国委员会的做法中所体现的思维方式的另一种评价是，如果人权法依据的不是条约法，则其可能源于一般法律原则；这当然是在《国际法院规约》第38条的框架内进行讨论。西玛和奥尔斯顿两位学者尤其持这种观点，[34] 他们指出公约在这一领域的运作有限且不完善，以及为了执行人权规范而曲解习惯法的效果并不尽人意。

一种反对意见可能是，所涉法律原则传统上仅限于对国内法律的审查和比较。这一点已在第4章进行过讨论，在此不再赘述。对于西玛和奥尔斯顿而言，这种方法"只是因为有必要以可靠的方式验证一般法律原则"；在他们看来，"这不能被理解为关闭了另一种客观验证方法的大门"。[35] 他们在这一领域对一般法律原则的依赖并非建立在自然法基础之上，[36] 而是建立在一个协商一致的概念之上。例如，被普遍接受和承认的人权规范不应被视为习惯法，而应把这些规范确立为一般法律原则。相关材料"不能等同于国家惯例，而应从道德和人道主义的角度出发，通过各种方式寻求一种更为直接和自发的法律形式来表达"。[37]

这一做法有很多需要探讨的地方，特别是与将人权法的效力归于国际习惯的做法相比，后者（如前所述）实际上意味着放弃了传统做法所要求的所有要素。然而，在国际关系和国际法学中，对一般法律原则方法的任何支持似乎在本质上都是无效的。西玛和奥尔斯顿辩称，国际法院"明确地承认尊重基本人权是一般国际法规定的义务"，但也认为其重要意义是，在所有相

---

[34] Simma and Alston, 'The Sources of Human Rights Law', 82.

[35] Simma and Alston, 'The Sources of Human Rights Law', 102.

[36] 例如，A. Verdross, 'Les Principes généraux de droit dans la jurisprudence internationale', 52 Recueil des cours (1935 – Ⅱ), 204 – 6, 以及田中法官在西南非洲一案判决中的反对意见, [1966] ICJ Rep 298.

[37] Simma and Alston, 'The Sources of Human Rights Law', 105; 引自西南非洲一案的判决书, [1966] ICJ Rep 34.

关案件中,"法院没有提到这方面的习惯国际法"。❸ 至于表明"以法律形式进行直接和自发表达"的材料,未能一一列举出来;而且似乎存在同样的困难,正如西玛和奥尔斯顿在前面引用的段落中所指出的习惯法中的强行法规范:❸ 同这种性质的义务一样,许多与人权有关的义务是禁止性的,是弃权规则;而且"如何收集弃权的确凿证据?弃权本身毫无意义,只有对促使他们弃权的意图加以考虑时,弃权才有意义"。❹ 然而,西玛和奥尔斯顿坚持认为,他们所考虑的材料"不等于国家实践",这使他们能够依赖无数的决议、宣言和其他本身不具有约束力但对人权规范进行"解释"的文件。但"法律形式"被证明是某种循环论证——表述上合法,但其实际效果是否也合法?源自一般法律原则的人权法案例似乎必须被认为未经证实。

8.2.3 人权和伊斯兰教

本书第 1 章指出,将结合国际人权法审查这一问题,尽管所涉问题可能更为广泛。❹ 作为一个一般性问题,国际法协会的伊斯兰法和国际法委员会在其 2012 年的报告中,明确指出了伊斯兰法在国际法中的地位:

> 就如何通过伊斯兰范式解决任何冲突的规范或法律命令而言,目前的立场似乎是,伊斯兰法坚持其首要地位,而且由于其来源的神圣性和准神圣性,在发生任何冲突或矛盾的问题时,不允许任何人造法(暗含国际法)优先于其原则和规则。如果发生冲突,很有可能致使其凌驾于国际强行法规范之上。❷

---

❸ Simma and Alston, 'The Sources of Human Rights Law', 105 – 6, 引自科孚海峡案判决,[1949] ICJ Rep 22;《防治及惩治灭绝种族罪公约》保留案判决,[1951] ICJ Rep 23;美国驻德里兰外交和领事人员案判决,[1980] ICJ Rep 42.

❸ 参见第 7 章脚注 14。

❹ Simma and Alston, 'The Sources of Human Rights Law', 103 – 4.

❹ 该话题在下述论文集中进行了非常彻底的调查。参见 M. Frick and A. Th. Müller, *Islam and International Law*, *Engaging Selfcentrism from a Plurality of Perspectives* (Brill, 2013).

❷ International Law Association, Sofia Conference (2012), First Report of the Committee on Islamic Law and International Law, pp. 15 – 16.

只要国际法关注国家之间的关系，而不涉及个别国家与其国民之间的关系，那么伊斯兰法与一般国际法之间就没有理由形成冲突。正如国际法协会的伊斯兰法和国际法委员会在其2010年报告中所指出的那样，伊斯兰法确实包含"关于国际关系、条约与外交、战争与和平法、人道主义法、海洋法与国际经济关系的规定"，但这些规定在很大程度上与更广泛的观念相一致。报告指出，尽管"国际法在持续处理专门或更密切地涉及国家间共存和合作的问题时"出现了许多困难，但在现代，"国际法越来越多地对传统上认为属于国内法专属管辖的领域进行规范。伊斯兰法所包含的规则涉及生活的方方面面，例如受国内法调整的私人之间的关系，以及伊斯兰国家或民族的国际关系"。[13]

随着国际人权法的发展，伊斯兰国家在协调这类法律与伊斯兰法方面所面临的困难是众所周知的，这在第 1 章已经提及。双方的价值观都应受到充分的尊重，但这并不是说西方的人权观念在某种程度上是唯一真实可信的，而伊斯兰国家的人权观点是"落伍的"。[14] 事实上，人权的世界很容易被描绘成一个以西方的方法为规则、以伊斯兰国家的方法为例外的世界。这与其说是因为伊斯兰国家在世界上占少数，不如说是因为这一领域的主要国际文件是站在西方的角度起草的，而习惯法往往以这些文件为范本。

在此，我们所关心的问题是，伊斯兰国家在依据伊斯兰法来解释或证明其对于（我们或许可以合法地称之为）"一般人权法"的立场时，其所主张的内容是否根据其预期运作只能被归类为替代或附加的法律渊源。这似乎与先前引述的国际法协会研究中关于两种制度之间关系的一般性陈述相一致。在某些情况下，伊斯兰国家所采取的行动完全符合公认渊源的运行情况。例如，其在加入多边人权公约的同时，对公约中穆斯林不能接受的条款提出保

---

[13] International Law Association, The Hague Conference (2010), Draft Report of the Committee on Islamic Law and International Law Report, p. 6.

[14] 伊斯兰国家制定和为伊斯兰国家制定的国际人权条约的存在不应被忽视。参见1990年《开罗伊斯兰人权宣言》，以及2004年5月22日通过的《阿拉伯人权宪章》（2008年3月15日生效，卡塔尔、沙特阿拉伯和也门批准），参见 http://www1.umn.edu/humanrts/instree/loas2005.html? msource = UNWDEC19001&tr = y&auid = 3337655，2013年10月访问。

留，是一个完全正常和适当的步骤，当然，其前提是这种保留是由公约授权的。❺ 伊斯兰国家在接受《消除对妇女一切形式歧视公约》的同时，也提出了保留意见，其有时采取限制"第 X 条"的形式，以确保该公约在伊斯兰法规定的范围内得以执行，或者只要不符合伊斯兰法的规定，就排除该公约"第 Y 条"的适用。❻ 联合国消除对妇女歧视委员会认为其中一些保留是不可接受的，理由是它们不符合该公约的目的和宗旨。❼ 这一争议超出了本书的研究范围，因为有关国家仅仅是依据条约法规定的正常权利行事，而无所谓正确与否。

其中，一个可能存在冲突的问题是宗教自由，特别是改变宗教信仰的自由。莱帕德在其关于习惯国际法的著作中对这方面进行了全面的研究。❽ 莱帕德指出，令人惊讶的是，伊斯兰国家很少公开反对国际人权文本中明确规定的人们有改变宗教信仰的自由。❾《联合国宪章》第 55 条主张的"宗教自由"、《世界人权宣言》第 18 条规定的"改变宗教或信仰的自由"等内容，在伊斯兰国家弃权且没有投反对票的情况下通过。❿ 正如 M. A. 巴德林（M. A. Baderin）所解释的那样，虽然伊斯兰教声称叛教者将在来世受到严厉惩罚，但穆斯林学者的观点普遍认为，只有在叛教达到威胁公共安全、道德或他人自由的情况下，国家才应进行干预。⓫ 这与《世界人权宣言》第 18 条第 3

---

❺ 当然，保留意见也可被视为"与公约的目的和宗旨不相符"[《维也纳条约法公约》第 19 条 (c) 项]，但这将导致保留国被排除在外，而不是保留无效。参见第 2 章正文及脚注 39 和 40 对相关案例的讨论。

❻ 摘自巴林的保留意见，CEDAW/SP/2006/2, p. 9（Arts. 2 and 16）.

❼ 参见 http：//www.un.org/womenwatch/daw/cedaw/, 2013 年 11 月访问。

❽ B. D. Lepard, *Customary International Law: A New Theory with Practical Applications* (Cambridge: Cambridge University Press, 2010), ch. 24, 346ff. 另见 Lepard, 'Toward A New Theory of International Human Rights Law', in Lepard (ed.), *Reexamining Customary International Law* (CUP, 2017), 233 at 257–8.

❾ 然而，据了解，实际上存在比表面上更坚定、更有效的反对意见。

❿ 当前这项权利是习惯法问题，甚至是强行法规范问题，正如莱帕德所建议的那样，这将是另一回事。在这方面，他审查并否定了伊斯兰国家在认可宗教自由的习惯准则方面声称"一贯反对者"的可能性。参见 *Customary International Law*, 364–5.

⓫ M. A. Baderin, *International Human Rights and Islamic Law* (Oxford: Oxford University Press, 2003), 123–35.

款的规定相一致。[52]

另外，更难解决的是有关妇女地位的问题，特别是一夫多妻制问题。一夫多妻制具有明确的《古兰经》权威，但被西方学者和人权委员会[53]视为违反婚姻平等权原则，因为只有丈夫可以娶一个以上的配偶，而妻子不能。当然，这种情况似乎也不可能通过批准一妻多夫制来纠正（假设这将满足西方提出的反对意见），因为一致同意的一妻多夫制也违反《古兰经》的教义。[54]于是，巴德林提出了一个巧妙的"解决方式"，[55]即"国际人权法的重点将专门针对人权问题，而不是质疑宗教教义本身的基础，从而促成一种互补的方式来解决人权问题"。[56]如果他的建议被采纳，其结论将具有非常重要的意义。这是一个完全值得赞赏的立场，但这或许揭示了现代人权法和伊斯兰教义之间存在真正的冲突，如果不能达成某种调和，穆斯林的逻辑立场就只能是把宗教作为一种独立且高于一切的法律渊源。这可能永远不会实现，但从理论上讲，这也是无法回避的。

8.3 人道主义法

8.3.1 条约和公约

国际条约和公约在这一法律领域的作用十分明显，无须加以证明，至少在其直接运用方面即是如此。但是，这一领域也存在其他法律文件，这些文件本身不属于条约性质，不是国家之间直接缔结的，而是为了行使条约

---

[52] 另一个不应忽视的潜在冲突根源是言论自由权与伊斯兰对亵渎神灵（以及法律禁止和惩罚）的观念之间的关系。在此未进一步讨论的原因是，在一些伊斯兰国家，任何被视为批评伊斯兰教或先知的行为都遭到了暴力，通常是人身攻击。

[53] General Comment no. 28, 29 March 2000, CCPR/ C/ 21/ Rev. 1/ Add. 10.

[54] Baderin, *International Human Rights*, 142.

[55] 巴德林建议，应正式告知伊斯兰国家的妇女，根据伊斯兰法律，她们有权在婚前约定，若丈夫在婚后娶第二任妻子，则可以解除婚姻关系。参见 Baderin, *International Human Rights*, 142 - 4.

[56] Baderin, *International Human Rights*, 144.

所赋予的决定权和建议权而订立的。因此，虽然这些文件似乎也构成一种新的法律行为或法律渊源，但就法律渊源而言，它们同样是常规文件。这一问题在第 2 章和第 6 章第 6.2 节中结合条约或公约作为渊源进行了较为充分的讨论。

尽管如此，不直接源自某一特定条约的法律仍具有重要作用；除非存在任何专门针对国际人道主义法的渊源，否则其只能是习惯法。㊼ 并非所有这一领域的国际公约都能得到普遍接受和批准，除此之外，还存在日益严重的非国际冲突问题，而大多数普通规则并不具体适用于这些情况。㊽ 在这方面，似乎没有人提出任何独立渊源会起作用的建议；这一空白可能正在被国家实践所填补，并产生了与国际冲突条约平行的习惯法规则。㊾ 然而，过去曾有人建议为人道主义法设立一个附加的或特殊的渊源。

8.3.2 习惯法抑或独立的法律渊源

在第二次世界大战结束后的早期阶段，存在这样一种观点，即"人道主义考虑"可被视为一种独立的法律渊源，国际法院在前文提到的科孚海峡案的判决中支持了这一观点。㊿ 然而，这个案件经常被认为是国际法院援引一般法律原则作为其部分判决依据的特殊例子：阿尔巴尼亚政府具有警告英国军舰接近雷区的法律义务。

㊼ 正是由于这个原因，红十字国际委员会委托编写了一份关于这个问题的报告，并于 2005 年发表：J. -M. Henckaerts and L. Doswald-Beck (eds.), *Customary International Humanitarian Law* (Cambridge: ICRC/Cambridge University Press, 2005).

㊽ 例如，参见 Yves Sandoz, Foreword to Henckaerts and Beck, *Customary International Humanitarian Law*, i. p. xxii.

㊾ 例如，参见对第 151 条（个人刑事责任）的评论，Henckaerts and Beck, *Customary International Humanitarian Law*, i. 553.

㊿ See G. G. Fitzmaurice, 'The Law and Procedure of the International Court of Justice', 27 BYIL (1950), 17; reproduced in G. G. Fitzmaurice, *The Law and Procedure of the International Court of Justice* (Cambridge: Grotius, 1986), i. 17. 杰拉尔德爵士后来修改了这种观点，将人道主义考虑的力量归功于"公认的国际法规则"。参见 'Judicial Innovation: Its Uses and Perils', in *Cambridge Essays in Honour of Lord McNair* (Dobbsferry, NY: Oceana, 1965), 24.

具体地说，不是基于适用于战时的 1907 年《海牙第八公约》*，而是根据某些普遍和公认的原则，即人道主义的基本考虑……；海上航行自由原则；以及一国不得允许其领土被用于损害他国权利的行为的义务。[61]

然而，国际法院在西南非洲案的判决中指出，在这方面不存在任何新的和附加的渊源，并否定了"人道主义考虑本身就足以产生法律权利和义务"的观点。[62] 之后，在尼加拉瓜境内和针对其的军事和准军事活动案中，国际法院倾向于在尼加拉瓜港口被水雷炸毁的问题上发挥人道主义考虑的独立作用，但法院最终裁定美国违反的是"习惯国际法"。[63] 然而，在涉及 1949 年《日内瓦公约》时，国际法院认为这些公约"在某些方面是一种发展，而在其他方面仅仅是'人道主义法基本原则'的表达"。[64] 国际法院对美国"鼓动尼加拉瓜反政府武装组织"实施"违反人道主义法一般原则的行为"的指控的处理更为复杂。[65]

威胁使用或使用核武器的合法性案的咨询意见在这一问题上，表述得更为明确。国际法院在开始审查"国际人道主义法的原则和规则"时指出，"许多习惯法规则是由各国实践发展而来的，它们是与联合国大会提出的问题有关的国际法的组成部分"。[66] 它是指国际公约法典汇编和多边条约中的一些具体的禁止性规则。

---

* 即《关于敷设自动触发水雷的海牙第八公约》。——译者注

[61] [1949] ICJ Rep 4 at 22, quoted in Lepard, *Customary International Law*, 146.

[62] [1966] ICJ Rep 34, para. 49. 法院认为"人道主义考虑可成为制定法律规则的动机"，并补充了"《联合国宪章》序言部分"这一引人注目的例子，作为"此后制定的具体法律规定的道德和政治基础"（第 50 段）。这一判决在国际上遭到强烈反对，但原因与这一判决没有直接关系。有人认为，这一判决在当时是完全正确的。

[63] [1986] ICJ Rep 112, para. 215; 147 - 8, para. 292 (8).

[64] [1986] ICJ Rep 113 - 14, para. 218.

[65] [1986] ICJ Rep 148, para. 292 (9). 参见笔者对这一案件的讨论，H. Thirlway, 'The Law and Procedure of the International Court of Justice', 62 BYIL (1990), 9 - 13; reproduced in Thirlway, *The Law and Procedure of the International Court of Justice*, i. 144 - 7.

[66] [1996 - I] ICJ Rep 256, paras. 74 - 5.

随后，国际法院还列举了所谓的"一些文件中的基本原则"；此后，法院才引用了科孚海峡案判决中的"人道主义的基本考虑"一词。⑰ 法院这样做是为了表明，正是因为"在军事冲突中适用的许多人道主义规则对于尊重人格如此重要"，而且这也是最基本的考虑因素，所以"各国才普遍加入《海牙公约》和《日内瓦公约》"。⑱

因此，国际法院并没有仅仅基于人道主义考虑来确立国际法的规则或原则；它认为这些规则或原则是以习惯法和公约为坚实基础的。这一点很明显，从咨询意见的措辞，以及从维拉曼特法官、（特别是）沙哈布德恩法官的反对意见中都可以看出。维拉曼特法官将人道主义规则建立在《国际法院规约》第38条第1款（c）项的"一般法律原则"的基础之上。⑲ 沙哈布德恩法官辩称，1899年《海牙第二公约》*序言中著名的"马顿斯条款"（Martens clause）本身就具有规范性，其不仅是对既定习惯的声明，⑳ 而且是"对公众良知要求的明示"，完全没有必要通过调查来确定是否存在法律确信，㉑ 因为对其而言，有关法律义务的渊源不是习惯法。他没有就《国际法院规约》第38条的适用问题发表评论，该条并没有授权法院将人道主义作为一项渊源，同维拉曼特法官一样，他设想将其作为一般法律原则的一个方面以列入该条第1款（c）项之中。

国际法院还决定考虑在核武器发明之前就已存在的人道主义法原则和规则是否也适用于核武器，特别是因为"核武器与一切常规武器在质量和数量上都有区别"。㉒ 国际法院宣称，如果得出这些原则和规则不适用于核武器的结论，"将不符合有关法律原则所固有的人道主义性质，而这些原则贯穿于整个武装冲突法并适用于所有形式的战争和所有类型的武器，无论是过去的、

---

⑰ [1949] ICJ Rep, quoted in [1996-I] ICJ Rep 257, para. 79.
⑱ [1996-I] ICJ Rep 257, para. 79.
⑲ [1996-I] ICJ Rep 259, 493-4.
* 即《海牙陆战法规和惯例第二公约》。——译者注
⑳ 为了更充分地讨论这个案子，并参考沙哈布德恩法官的意见，参见 H. Thirlway, 'The Law and Procedure of the International Court of Justice', 76 BYIL (2006), 78-80.
㉑ [1996-I] ICJ Rep 409-10.
㉒ [1996-I] ICJ Rep 86.

现在的还是未来的战争和武器"。[73]

严格地说，就传统禁令而言，这是一个对相关文本如何解释的问题，即这些禁令是否旨在不仅涵盖当时存在的武器，还涵盖"未来的武器"？对此，法院的推理是，这些禁令的确旨在涵盖这些武器，并认为没有必要详细阐述这些解释。至于习惯法，可以认为这些规则和原则的范畴自始就足够广泛，足以支持新型武器的适用。[74]但结论是，"有关法律原则所固有的人道主义性质"并没有也无意在国际法渊源中增加任何关于人道主义法基础的内容。[75]

国际法院在其关于在被占领的巴勒斯坦领土上修建隔离墙的法律后果案的咨询意见中，对法律渊源问题采取了类似的传统做法：

> 国际法院现在将确定和评估与以色列所采取措施的合法性相关的国际法规则和原则。这些规则和原则载于《联合国宪章》、某些其他条约、习惯国际法以及联合国大会和安全理事会根据《联合国宪章》通过的相关决议。[76]

在该意见中，联合国大会和安全理事会决议的纳入是有道理的，因为法院在其法律意见中援引了这些决议，但这些决议本身并不会作为国际法的渊源。[77]无论如何，国际法院认为用"人道主义考虑"证明其关于以色列承担

---

[73] [1996 – I] ICJ Rep 86.

[74] 法院认为，此前没有任何国家主张既定规则不适用于核武器，这一事实可能具有重要意义。事实上，法院引用了几个国家的声明，但结果恰恰相反。参见 [1996 – I] ICJ Rep 259 – 60, para. 86. 这可能是一项表明存在法律确信的发现。

[75] 梅隆的结论是，按公认的解释，"马顿斯条款"可能是显而易见的陈述，但"确实服务于人道主义目的，因此并非多余。"但他接着说："除了极端情况，有关人道主义原则和公众良知的规定本身并不能使武力和战争方法非法化……"参见 T. Meron, 'The Martens Clause: Principles of Humanity and Dictates of Public Conscience', 94 AJIL (2000), 79.

[76] [2004] ICJ Rep 171, para. 86.

[77] "如果我们把安全理事会决议仅仅视为根据《联合国宪章》等条约授权的机构的产出，那么这些决议就不必挑战传统的渊源理论。参见 S. R. Ratner, 'War Crimes and the Limits of the Doctrine of Sources', in S. Besson and J. d'Aspremont (eds.), *The Oxford Handbook on the Sources of International Law* (Oxford University Press, 2017), 917. 然而，S.R. 拉瑟 (S.R. Rather) 继续说道："但是，针对具体情况的决议，其规范性影响已远超其本旨影响的范围"，并且有些决议"(如第1373号决议) 类似于一种即时的全球立法，很难符合单纯的条约授权的概念"。

义务的调查结果的正当性，很显然没有必要或不合时宜。

一般法律原则在这一领域的运用有两种形式：一是根据《国际法院规约》第 38 条第 1 款（c）项的规定，它们可以作为直接法律渊源来加以适用；二是有人认为，一项习惯规则也可以直接从某些原则（特别是人道主义法的原则）中发展而来，而不必满足存在实践和法律确信的常规标准。莱帕德教授在其 2010 年出版的著作《习惯国际法：一种具有实践应用的新理论》（*Customary International Law: A New Theory with Practical Applications*）中似乎持这种观点。他在书中指出，在发展习惯规则时，道德（人道主义）原则的应用可以追溯到某些常设国际法院和国际法院的判决。例如，他提到常设国际法院审理的荷花号案，[69] 并认为正是在"确保罪犯受到惩罚的基本道德原则"的指引下，法院才认为作为一项习惯法问题，在两船相撞的情况下，船旗国对该案均有管辖权，但同样有可能只是出于司法便利的考虑。此案中，法院确实提到了"公平公正的要求"，但也提到了"有效保护两国利益"的必要性。

同样地，在此情况下，《防止及惩治灭绝种族罪公约》保留案有时也会被援引（尽管莱帕德更倾向于认为，它只是揭示了"道德原则的背景作用"[70]）。例如，国际法院认为，公约的目标之一是"确认和保证最基本的道德原则"，但事实是公约的目标并未说明这些原则与习惯法之间的关系。实际上，如果习惯法曾受到或可能受到这些原则的影响，人们可能会质疑制定公约的必要性。

至于科孚海峡案，莱帕德认为该判决强调"涉及国际人道主义法的条约中阐明的许多准则现在已成为习惯法的一部分"。判决书并没有提到这一点，即从该原则派生出来的不是一项强加义务的习惯规则，而是一项简单而直接的义务。

---

[69] （1927）PCIJ Series A, No. 10, at pp. 30–1, discussed in Lepard, *Customary International Law*, 142–3. 莱帕德还重视阿尔塔米拉（Altamira）法官就一个略有不同的问题所表示的反对意见，该意见与莱帕德所表示的意见一致，但在 1927 年的荷花号案中未被承认为普遍接受的习惯法。

[70] Lepard, *Customary International Law*, 144.

毫无疑问，人道主义法构成习惯国际法的一部分。同样不容置疑的是，正是在"人道主义原则和公众良知"（引自"马顿斯条款"）的影响下，这种情况才会发生[80]（当然，这是与"既定习惯"一起提及的，而非作为其灵感来源）。但似乎尚未确定的是，这一法律领域是否提供了从高尚的道义标准直接过渡到习惯法的例子，且没有掺杂法律确信指导下的实践的中介作用，更不用说创造性作用。其更不支持这样一种观点，即这一过程一旦发生，就能够得到广泛的适用：如果一项习惯规则被需要，而传统机制没有提供或者尚未提供（无论是出于道德、实践还是其他原因），那么这种需要本身就能为立法提供依据。

8.4 世界贸易组织、国际投资争端解决中心：贸易与投资争端解决

如果说存在一个机构，即按照这里所设想的方式体现了自足制度，那就是世界贸易组织及其争端解决机制。关于在这一制度下设立的专家小组和上诉机构，是否可以适用一般国际法的规则和原则，是否超出建立这一制度的条约的严格范围，仍有待积极讨论。[81] 然而，对于持这两种观点的人来说，可适用的法律渊源主要或完全是"世界贸易组织法"，即基本上是以条约为基础的；[82] 而且，似乎没有迹象表明，除了一般国际法提供的渊源，《国际法

---

[80] 参见1977年《日内瓦公约第一附加议定书》第1条第2款，引用于 [1996 - I] ICJ Rep 257.

[81] 例如，参见 J. Pauwelyn, 'The Role of Public International Law in the WTO: How Far Can We Go?', 95 AJIL (2001), 535（限制性的观点）；以及 J. Trachtman, 'Conflict of Norms in Public International Law: How WTO Law Relates to Other Rules of International Law', 98 AJIL (2004), 855（更自由化的观点）。

[82] 或者是约斯特·鲍威林（Joost Pauwelyn）教授近期主张的"以条约为基础，以成员为驱动"。参见 J. Pauwelyn, 'Mantras and Controversies at the World Trade Organization', in Besson and d'Aspremont (eds.), The Oxford Handbook on the Sources of International Law. 关于世界贸易组织上诉机构对习惯国际法的具体参考，参见荷尔蒙案（《世界贸易组织上诉机构报告：澳大利亚——影响鲑鱼进口的措施》，1998年11月6日，WT/DS18/AB/R. para. 123；以及相关讨论，D. Pulkowski, 'Universal International Law's Grammar', in Fastenrath et al. (eds.), From Bilateralism to Community Interest, Essays in Honour of Judge Bruno Simma (Oxford: Oxford University Press, 2011), 144 – 5.

院规约》第 38 条所列举的渊源可以派生出任何与世界贸易组织法并列适用的法律。因此，似乎不会涉及渊源理论的问题。

但是，有学者建议要注意对一般法律的偏离和改变。国际法院和法庭的判决作为国际法的辅助渊源的作用早已被提及，正如《国际法院规约》第 38 条第 1 款（d）项所设想的那样，现代法中这类裁决或一些领域的某些裁决已成为主要渊源而不是辅助渊源。[83]

在世界贸易组织法律框架内，参考根据《争端解决谅解》*（Dispute Settlement Understanding）设立的专家组和上诉机构作出的裁决，可以特别有力地说明这一发展情况。争论的基本焦点是，这些司法机构是根据司法解释而不是根据文本的字面含义来适用所依据的法律的。卷入争端的国家已接受适用于涉及当事方的案件的解释，而且在已经作出解释的案件中，司法机构面临的事实与此不同。[84]

有人认为，在这种情况下（甚至在其他情况下），司法裁决实际上被视为判例，可供信赖、辩论或"区分"，但这并不意味着法院的司法裁决获得了比第 38 条所设想的"辅助渊源"更高的地位。这一原因之前已陈述过，[85] 即它们只不过是已经存在的法律工具，其存在归功于"非辅助渊源"（就世界贸易组织的裁决而言，即适用的条约条款）。对有关文本的司法"解释"似乎已经完全脱离或不符合这些规定，但这一事实并不影响司法裁决作为辅助渊源的原则。尽管如此，有关法律渊源的适用问题在该组织内仍旧引起了相当大的争议，不过过于关注细节会使本书偏离主题太远。对此，感兴趣的

---

[83] 参见第 5 章第 5.2.1 节的内容。

* 即《关于争端解决规则与程序的谅解》。——译者注

[84] 对此，参见 I. Venzke, 'Making General Exceptions: The Spell of Precedents in Developing Article XX into Standards for Domestic Regulatory Policy', 12 German LJ (2011), 1111; I. Venzke, *How Interpretation Makes International Law: On Semantic Change and Normative Twists* (Oxford: Oxford University Press, 2012). 世界贸易组织上诉机构支持遵循先例原则在这一领域的效力，并宣称"如果没有令人信服的理由，世界贸易组织的裁决机构将在随后的案件中以同样的方式解决相同的法律问题"。参见美国—不锈钢案（墨西哥）上诉机构报告，2008 年 4 月 30 日。

[85] 参见第 1 章第 1.2 节和第 5 章第 5.1 节的内容。

读者可参考鲍威林教授在《牛津国际法渊源手册》(*Oxford Handbook on the Sources of International Law*)中的相关论述。[86]

在国际投资法这一特殊领域,条约发挥的作用较为明显,但仲裁机构——特别是在国际投资争端解决中心主持下设立的仲裁庭——也充分利用了一般法律原则,这在一个新兴发展中的领域也许是意料之中的。然而,这并非这一领域的唯一传统渊源,因为尽管习惯法不复杂,但其也发挥了一定的作用。[87] 如果对国际投资法的渊源与一般国际法的渊源的同一性存在任何疑问,那么此种疑问的关键之处就在于两者属于不同的法律领域。对此,之前就有学者提到过[88]在国际投资法领域单方承诺的法律地位,并提到 M. M. 姆本格(M. M. Mbengue)教授的一项建议,即这种做法即便不能揭示一种可能的新渊源,但至少对国际投资法的渊源理论也是一种挑战。[89] 先前有学者提出(见第 1 章第 1.6.1 节和第 2 章第 2.4 节),尽管相关国家在核试验判决中作出了单方承诺,但这些承诺仍相当于未完成的早期条约,除非作出声明的国家明确或默示表明接受该行为的法律约束力,否则该承诺是无效的。姆本格教授认为,国际法院"应当重新考虑"其立场;与国际法院明确声明的"并非所有单边行为都意味着义务"的主张相反,[90] 他采取了一种绝对主义的立场,即"一国的行为要么是单边行为,要么不是","如果该行为是国家的单边行为,那么其就具有法律效力,且根据国际法对该国产生约束力"。[91] 有人认为,这种立场可能会给国际法律关系带来更多的确定性,但尚不清楚这一问题

---

[86] 参见本章脚注 78,莱帕德指出了三个问题:法理学作为与条约并列的渊源的作用、"所涉协定"类别之外条约的相关性,以及非约束性文书的相关性。

[87] 参见下述非常详尽的文章,d'Aspremont, 'International Customary Investment Law: Story of A Paradox', in Gazzini and de Brabandere (eds.), *International Investment Law: The Sources of Rights and Obligations* (Nijhoff, 2012);以及 P. Dumberry, *The Formation and Identification of Rules of Customary International Law in International Investment Law* (Cambridge: Cambridge University Press, 2016)。

[88] 参见第 2 章第 2.4 节及该章脚注 72。

[89] M. M. Mbengue, 'National Legislation and Unilateral Acts of States', in Gazzini and de Brabandere, *International Investment Law*, 183 at 185 (fn. omitted).

[90] [1974] ICJ Rep 267, para. 44; 472, para. 47.

[91] Mbengue, 'National Legislation and Unilateral Acts of States', 190 n. 37.

是否不仅仅是一个定义问题。基于此，在国际法院审理的边界争端案（布基纳法索和马里）[42]中，马里国家元首即兴发表的言论是没有法律约束力的单边行为，还是根本就不是一种单边行为？

总体来看，姆本格认为存在的问题是，国际法委员会所作的报告[43]将某些标准确定为国际法主体单边行为的标志，但国内投资法不符合这些标准。

> 首先，（这些法律）不针对第三国，也无意"与第三国建立新的法律关系"……其次，国际法委员会对单边行为自主权的解释与外国投资管理法规的理论不符……它首先植根于国家的国内法律秩序……[44]

严格意义上的单边行为完全源于一国行使"**国际法赋予**其的自由意志和自动限制权"，这会导致一种颠覆性的结果，即将国内投资法排除在国际法（严格意义上的）单边行为的范围之外。[45]

显然，正是基于这种推理，国际仲裁人员表明，他们不确定是否应将单边行为的地位归因于外国投资法。

就本书的目的而言，问题在于，为了使这些法律在国际社会有效，它们是否必须在公认的渊源制度之外获得一种地位。如第 2 章所述，如果单边行为被视为条约雏形，那么要想其产生法律效力，就必须通过明示或默示的接受行为来实现。如果考虑到与这类国内立法有关的争端发生时的法律情况，而不是在立法颁布时对法律进行分类，则更容易探究至少类似于违反条约的主张中的法律关系。这个问题也不像看起来那么新奇，姆本格指出，早在 1970 年莫雷利（Morelli）法官就在巴塞罗那电力公司案的单独意见中表示，

---

[42] [1986] ICJ Rep 573–4, paras. 39–40, 第 2 章第 2.4 节正文及脚注 70 已有引用。

[43] 参见第 2 章第 2.4 节。

[44] Mbengue, 'National Legislation and Unilateral Acts of States', 196.

[45] Mbengue, 'National Legislation and Unilateral Acts of States', 197. 引用之表述摘自国际法委员会报告，第 141 段。

国外投资者对国际义务的履行"取决于**国内法规定创造的事态**"。[96] 他的推论是，如果一国在国内法背景下单方承诺对外国投资进行保护，"那么根据国际法，所涉文件就初步获得了自主性单边行为的法律性质"，[97] 但出于前面提及的原因，他偏离了这个临时结论。

但是，莫雷利法官表达的意见较为中肯。在其意见中，他所讨论的一种情况似乎具有高度关联性：

> 国际法规定，一国在其国内法中赋予外国国民的权利，首先在于对这些权利的司法保护。任何国家如果将某些权利赋予外国国民后，又阻止他们为维护这些权利而诉诸法院，那么这种行为在国际法上构成拒绝司法（denial of justice）。此外，国际法规定，一国在某些限制和条件下，有义务在其行政机关甚至是立法机关的行为中尊重同一国家的国内法律秩序赋予外国国民的权利。这就是所谓的尊重外国人的既得权利。[98]

同样地，姆本格认为，国家投资立法"特别（inter alia）体现了投资待遇的实质性标准"，以及这些标准"作为有利于外国投资者和/或外国投资的法律承诺的基础"。[99]

简言之，引文中概述的内容表明，姆本格认为国家投资立法不符合（至少是国际法委员会所确定的）国际单边行为的条件，原因在于其仅适用于立法通过时的情况；而且外国或其国民的接受为有关行为增加了必要的国际色彩，并将其纳入早期（或者实际上已完成的）双边条约的范畴。当然，姆本格的文章中有更多关于国内投资保护立法的论述，但在本书看来，他并没有进一步探讨可能对国际法渊源的经典理论提出"挑战"的问题。

---

[96] [1970] ICJ Rep 234, para. 4.
[97] Mbengue, 'National Legislation and Unilateral Acts of States', 187.
[98] [1970] ICJ Rep 233, para. 3.
[99] [1970] ICJ Rep 185–6.

特别是 21 世纪以来，国际投资条约将赔偿问题归结于"公平公正待遇"标准，这不可避免地引发了关于其含义、应根据什么法律进行以及该法律的渊源是什么的问题。[⑩] 由于这一术语最初源自一系列的投资条约，所以从某种意义上来说，这更多的是一个条约解释问题，而非一般法律问题，同时还涉及援引习惯法或所有公认渊源的可能性问题，[⑪] 包括诚信原则。但在 2004 年，人们认为对公平公正待遇标准给予明确性解释还为时过早。[⑫]

8.5　国际环境问题

在过去 50 年里，一个旨在保护环境的强大的国际法律文件体系已经确立，[⑬] 国际环境法即使不是一个特殊的体系，但至少可以被视为一个专门学科。就本质而言，其所涉义务基本上是传统的，其特殊性在于其是为实现公约目标而确立的体系。特别是考虑到施行任何未能商定的规范都可能对多边甚至是普遍的利益产生影响，贯彻该体系与其说是基于对违反合同义务的双边索赔，不如说是旨在"提供援助和促进合作，以使各国能够履行国际义务"。[⑭] 然而，该体系的特点是涉及一个拥有决策权的机构的干预，这一干预通常是政治性而非司法性的。[⑮]

然而，与世界贸易组织体系一样，国际环境领域所适用的法律基本遵循有关国际环境组织所依据的公约。因此，虽然这一领域的一般法律体系较为

[⑩] 参见经济合作与发展组织的非常重要的研究报告《国际投资法中的公平公正待遇》（2014 年 9 月）。

[⑪] 参见《国际投资法中的公平公正待遇》的第 2 部分内容。

[⑫] 参见《国际投资法中的公平公正待遇》的最后一段。

[⑬] 有人认为，这不是一个单独的领域，而是国际经济法的一个分支。参见 P. M. Dupuy, 'Où en est le droit international de l'environnement à la fin du siècle?', 101 Revue générale (1997), 899. 从遵守程序的角度汇编的国际文件清单，参见 K. N. Scott, 'Non-Compliance Procedures and Dispute Resolution Mechanisms under International Environmental Agreements', in D. French et al. (eds.), *International Law and Dispute Settlement: New Problems and Techniques* (Oxford: Hart, 2012), 259 - 61.

[⑭] Scott, 'Non-Compliance Procedures and Dispute Resolution Mechanisms', 225 at 226.

[⑮] 例如，根据 1979 年《长程越界空气污染公约》设立的执行委员会，以及根据 1997 年《京都议定书》（Kyoto Protocol）设立的遵约委员会等。

复杂和高度制度化，并且与《国际法院规约》第38条所设想的国际组织的传统模式几乎没有相似之处，但是该法律体系并不涉及规约中没有提到的任何渊源或所谓的渊源。

环境问题是国际法院在乌拉圭河纸浆厂案中讨论的核心，但该案最终是在解释和适用当事方之间缔结的条约的基础上作出判决的，并没有援引一般法律原则或习惯法原则。如第4章所述，特林达德法官指出，当事方"笼统地"提到这些原则，但并没有援引它们来支持其观点。他认为，法院应当"详细地阐述国际环境法的一般原则"，因为"这符合人们对法院的普遍期望"。因此，他的意见包含了对预防、预防原则及其共同运作的广泛讨论，以及对"代际公平"原则的广泛讨论。

不可否认，关于气候变化的科学研究以及这在多大程度上是人类活动结果的研究表明，某些非必要但对国家有利的行为越来越受到一国的青睐，但这些行为在这方面被证明很有可能对人类有害，因此必须对此类行为进行合法控制。一项关于该问题具有执行力和普遍接受度的国际公约就可以达到这一效果，但其似乎无法实现。虽然令人欣慰的是，习惯法如果不以纯粹的必要性为基础，而以众多不具有约束力的文件为基础，那么就可以填补这一空白；但是，正如此处所分析的那样，习惯的本质使其不能以此种方式运作。然而，令人鼓舞的是，正是公约、不具有约束力的决议和宣言的结合在一定程度上促使这一领域制定新的法律。在此无须详细审查这些过程，但一位权威人士提请注意以下四个特点：

以一个与环境法有关的概念为例，其在任何公认渊源中都缺乏根基，参见现代的"可持续发展"概念。

单独意见，[2010] ICJ Rep 156 – 7, para. 54.

[2010] ICJ Rep 177 – 182. 特林达德法官认为由于这一概念似乎尚未在一般国际法中出现，因此无须在此进一步解释。

参见 Tesón, 'Fake Custom' in Lepard (ed.), *Reexamining Customary International Law*, 86, 93. 在这方面的批评，请参见 Kiss and Shelton, *International Environmental Law* (Transnational Publishers Inc., 2004), 206 – 12.

第一，条约制度对于明确国际环境法的主要和次要（辅助）规范具有相对重要性。第二，这一规范的制定过程是多元化和分散的，对机构和非国家主体具有独特的作用。第三，非正式的规范性渊源，即在环境背景下无法律约束力的文件或软法的相对重要性。第四，国际环境法清楚地说明了法律渊源类别的渗透性。其中，条约可以编纂或产生习惯，符合第38条第1款（c）项的一般法律原则或许可以在软法中找到。[10]

8.6 国际刑法

关于国际刑法运作的争议性问题可被视为根源于这一领域法律渊源的不确定性。这里提到的刑法当然是超国家的刑法，它直接根据国际法确立了个人的刑事责任。[11] 从本质上讲，这一领域的法律是以条约为基础的，[12] 所依据的法律文件主要是来自各国际刑事法庭的组织规约，国际刑事法庭包括国际刑事法院[13]（这一领域的唯一常设法庭）、前南斯拉夫问题国际刑事法庭和卢旺达国际刑事法庭（the International Criminal Tribunal for

---

[10] C. Redgwell, 'Sources of International Environmental Law', in Besson and d'Aspremont (eds.), *The Oxford Handbook on the Sources of International Law*, 939, 943.

[11] 因此，它与国际刑法的区别在于：（a）管辖国内刑法领域的国家法律；（b）国际刑事合作法；（c）跨国刑法。参见 Kreß in Wolfrum (ed.), *Max Planck Encyclopedia* v. 717 - 21, s. v. 'International Criminal Law'. 在其他语言中，国际刑法的歧义较少，无论是 *Völkerstrafrecht* 还是 *droit international penal*（含"命令"一词）都专门针对这一主题，参见 Kreß, 720, para. 14.

[12] 一个有深刻历史根源的特殊情况是海盗问题：各国对海盗犯罪的普遍管辖权无疑源自习惯法（以一种有些消极的方式，因为习惯法禁止一国干涉悬挂另一国国旗的船只，而海盗不得悬挂国旗航行）。《联合国海洋法公约》第100~107条对海盗行为进行规定，并在第101条中作出定义，但这可能是纯粹法典化的，以便符合现行习惯法。虽然骷髅旗可能不再出现在公海上，但海盗行为显然并没有消失，而是在非洲海岸以新的形式出现。关于这一问题及其与"失败国家"的联系的详细调查，请参见 R.-J. Dupuy and C. Hoss, 'La Chasse aux pirates par la communauté international: le cas de la Somalie', in M. Kamga and M. M. Mbengue (eds.), *Liber Amicorum Raymond Ranjeva* (Paris: Pedone, 2013), 135.

[13] 《国际刑事法院罗马规约》，1998年7月17日。

Rwanda，ICTR）。⓮ 除此之外，还有《防止及惩治灭绝种族罪公约》等主要相关国际公约。在设立第一法庭即前南斯拉夫问题国际刑事法庭时，审查了通过条约直接设立该法庭的可能性，但由于无法确定有关主要国家是否会批准该法庭而放弃设立。⓯ 最终，安全理事会根据《联合国宪章》第 7 章通过了一项规约，该方法在法律渊源方面仍是以条约为基础，其效力最终取决于联合国会员国作为《联合国宪章》缔约方所接受的承诺。⓰ 然而，在前南斯拉夫问题国际刑事法庭成立时，联合国秘书长在有关报告中指出，该法庭将适用国际人道主义法，并指出"尽管有些习惯国际法未在公约中规定，但一些主要的传统人道主义法已成为习惯国际法的一部分"，并且"国际法庭应适用已成为习惯法一部分的国际人道主义法规则，以免发生只有部分国家遵守公约而部分国家不遵守的问题"。⓱

然而，虽然国际公约对其缔约方具有约束力（暂不考虑联合国秘书长报告中提到的习惯法中可能存在的伴生义务），但国际刑事责任是由个人承担的。当然，各国没有理由不通过条约同意其国民因犯罪而受到刑事起诉，不论是在国际层面还是在彼此的领土内；通过同意这样做，它们放弃了主权，但这也是它们的权力。就法律渊源而言，所适用的刑法必然是以"现行条约或公约"为基础的；其可以通过协定本身创设，或者该协定可参照《防止及惩治灭绝种族罪公约》等国际公约的规定。⓲ 这可能是国际刑事法院的立场。⓳ 然而，

⓮ 前南斯拉夫问题国际刑事法庭：安全理事会于 1993 年 5 月 25 日通过第 803 号决议批准该法庭规约公约；卢旺达国际刑事法庭：安全理事会于 1994 年 11 月 8 日通过第 955 号决议批准该法庭规约。这两个刑事法庭都已完成任务，由国际刑事法庭机制取代，参见安全理事会第 1966 号决议（2010 年 12 月 22 日）。

⓯ UNSC, Report of the Secretary-General pursuant to para. 2 of Security Council resolution 808 (1993), UN doc. S/25704, para. 20.

⓰ 上诉分庭在检察官诉塔迪奇一案中详尽分析了这一法律立场，参见 *Prosecutor v. Tadić*, Decision on the Defence Motion for Interlocutory Appeal on Jurisdiction, paras. 28–48.

⓱ UNSC, Report of the Secretary-General pursuant to para. 2 of Security Council resolution 808 (1993), UN doc. S/25704, paras. 33, 34. 联合国秘书长认为具有这一地位的常规规定载于报告的下一段。

⓲ 无论有关国家是否属于公约的缔约方，但这似乎很有可能。因为公约在这里只是作为正式的法律渊源。

⓳ 《国际刑事法院罗马规约》的不同之处在于：它在第 6 条、第 7 条和第 8 条中载有受法院管辖的罪行的详细清单。然后，在第 9 条中规定了"犯罪要件"，作为协助法院解释和适用前三条的手段。

更具争议的是前南斯拉夫问题国际刑事法庭在检察官诉塔迪奇一案中的判决，即只要一项关于人道主义法的国际条约的规定对冲突各方都具有约束力，就可以衍生出战争罪的个人责任。[129] 法庭解释说：

> 《前南斯拉夫问题国际刑事法庭规约》起草人声明国际法庭适用习惯国际法的唯一原因是，避免在冲突一方不遵守特定条约的情况下，违反法无明文规定不为罪（nullum crimen sine lege）的原则。因此，除适用习惯国际法外，国际法庭有权适用下列任何条约：(1) 当被指控的犯罪发生时，对当事方当然具有约束力的任何条约；(2) 国际人道法的大多数习惯规则与国际法强制性规范不冲突，也没有减损。[130]

这里的混乱主要是与渊源理论有关，即法庭希望适用的人道主义法本身可能是以条约为基础或以习惯为基础，或两者兼而有之。然而，法庭适用的法律由其规约界定，该规约具体规定了应适用的公约和习惯法，未提及的公约不在此范围之内，无论它们对公约缔约方是否具有约束力。[131] 关于习惯法，各国际刑事法庭发现，它们很难根据各国的实际行动和做法确定必要的国家实践。因此，它们往往倾向于依赖"国家声明，包括国家立法和判例法、行为守则、军事手册"以及"国际组织的决议"。[132]

国际刑法的渊源事实上并不等同于适用于国家层面的国际人道主义法的判例渊源，因为后者的任何原则或规则都必然适用于个人的刑事责任。国际刑法以条约为基础，尽管其也可以援引习惯国际法，但不会通过传统的反致制度援引其本身。

《国际刑事法院罗马规约》第5~8条具体规定了国际刑事法院"拥有管

---

[129] *Prosecutor v. Tadić*, Decision on the Defence Motion for Interlocutory Appeal on Jurisdiction, para. 143.

[130] *Prosecutor v. Tadić*, Decision on the Defence Motion, para. 143.

[131] See Kreß in Wolfrum (ed.), *Max Planck Encyclopedia*, v. 720, para. 12.

[132] R. van Sternberghe, in S. Besson and J. d'Aspremont (eds.), *The Oxford Handbook on the Sources of International Law*, 896, 引用（除其他外）检察官诉塔迪奇案和柬埔寨法院特别法庭的判决。

225

辖权"的罪行。那么该规约是否成为法院适用国际刑法的唯一渊源?《国际刑事法院罗马规约》提到的罪行并非凭空产生:根据国际公约和习惯国际法,这些罪行早已存在,而且该规约的意图是编纂而非创造。因此,该规约与现有法律之间的关系并不完全清晰。但是,与前南斯拉夫问题国际刑事法庭的情况一样,《国际刑事法院罗马规约》将国家间的法律作为确定个人刑事责任的依据,在此意义上讲,就法律渊源而言,其并不存在问题。[124]

---

[124] 在程序规则的背景下,出现了涉及国际刑事法院内部有关渊源之间的位阶关系或其他关系的困难,G. 比蒂(G. Bitti)对此进行了详细的阐述。参见 G. Bitti, 'The ICC and its Applicable Law: Article 21 and the Hierarchy of Sources of Law before the ICC', in C. Stahn (ed.), *The Law and Practice of the International Criminal Court* (Oxford: Oxford University Press, 2015).

第 9 章　国际法渊源传统理论的替代方案

在本书第一版中，本章被分为两个部分，分别为"国际法渊源传统理论的替代方案"和"习惯法的新理论"。由于习惯法争议很大，这两个部分的区分并不明显，不仅没有意义，还容易产生误导，因此本版对此未再进行区分。本章还选取了其他已出版书中的学说，并针对每一种学说进行批判性分析。这些学说曾被认为是该领域具有代表性的理论，故而并未采用本书前几章所采用的广泛的实证主义方法。

鉴于其他国际法学家的评论，笔者认为，对广大读者而言，实证主义方法并不是最有帮助的方法，另一种处理方式似乎更为可取，即旨在记录和分析批评实证主义背后的一些思路和方法。近年来（第一版出版前后），一些学者在不同程度上也提出了一些国际法渊源传统理论的替代方案。笔者认为，与其说这些理论是错误的，还不如说它们是多余的：实证主义的观点解释了需要解释的内容，并与可观察到的国家实践相协调，这也是此观点首先得到广泛接受的原因。

当然，过去或现在都有很多"思考国际法"的方式。安德里亚·比安奇（Andrea Bianchi）在 2016 年出版的《国际法理论：对不同思维方式的探究》（*International Law Theories：An Enquiry into Different Ways of Thinking*）❶ 一书中进行了详尽巧妙的介绍。不过，比安奇教授的研究范围远比目前的研究广泛。例如，她除了研究批判性法律文学、纽黑文学派和第三世界的法律研究方法，还研究了马克思主义、女权主义、社会理想主义等倡导者看待国

---

❶ Oxford University Press, 2016.

际法的方式。该书有一章是专门介绍"传统方法"的。而本章试图探讨的内容属于该章的范围，但不同的是，本章的目的是研究最近或目前提出的一些观点，这些观点虽然试图提供一些新见解，但仍在传统方法的一般范畴内。

与此同时，国际社会仍在继续发展。过去，人们普遍认为，"科学已经证明"，根据航空原理，大黄蜂不可能飞行，但令人惊喜与诧异的是，这种昆虫其实会飞。❷ 在各国国家实践和学者们对传统渊源理论学说（特别是传统习惯国际法形成观点）的态度中，可以追溯到某种相似之处。国际法渊源理论的学说被普遍认为是过时和不充分的：特别是许多学者都乐于指出，通过习惯制定法律的传统理论的不一致和矛盾之处。然而，在这一特定领域，在涉及各国参与的漫长过程中，国际法委员会毫无争议地得出了明确的结论，因为这些国家在日常交往的实践中运用习惯法，并由此发展了习惯法。

2000年，一位经验丰富的政府法律顾问说道："国际交往的日常事务大体上运行顺利，而国际法在支持这些事务运行方面则低调地发挥了至关重要的作用。国际社会在存在秩序（未言明的）的假设下继续运转。毫无疑问，国际社会中约95%甚至更多的情况都是这样运行的。"❸ 该法律顾问的继任者之一，还曾担任国际法委员会负责前述习惯法结论的特别报告员；他也表达了这样一种观点，即"习惯国际法可能从未如此完善过"。❹ 同样地，一位在此问题上极具见地的作者也指出，对于那些从事国际法实践的人来说，除了一些边缘性案件和模棱两可的情况，"国际法似乎行之有效，并呼吁人们回

---

❷ 这一"发现"曾被认为出自航空业先驱伊戈尔·西科斯基（Igor Sikorsky, 1889—1972年），但这种说法似乎没有什么真正的权威性。

❸ Sir A. Watts, 'The Importance of International Law', in M. Byers (ed.), *The Role of Law in International Politics: Essays in International Relations and International Law* (Oxford: Oxford University Press, 2000), 5 at 9. 更为人熟知的是路易斯·亨金在1979年发表的观点，即"可能几乎所有国家都始终遵守几乎所有的国际法原则和义务"。参见 Louis Henkin, *How Nations Behave* (New York: Columbia University Press, 1979), 47.

❹ M. Wood and O. Sender, 'Custom's Bright Future', in C. A. Bradley (ed.), *Custom's Future: International Law in a Changing World* (New York: Cambridge University Press, 2016), 360.

第 9 章 国际法渊源传统理论的替代方案

归更严格的形式主义"（或者，有人可能会补充说，甚至是需要更彻底的重新思考），"以达到一种学术上的纯粹状态"。该作者还认为："确实，与法律内容的确定性相比，国际法律规则的确定性在实践中并不是一个持续不断的争议。"❺

此外，没有一种统一的国际法渊源传统理论的替代方案得到学者们的广泛认可，更不用说普遍接受了。❻ 因此，如果没有其他原因，那么当事人和法院都坚持实证主义的渊源体系。如前所述，《国际法院规约》第 38 条只适用于国际法院，甚至不一定适用于其他法庭，更不用说适用于国家间的关系，但此条规定影响深远；众所周知，其含义相当清楚（根据多年的运用），并容易被引用。

因此，为了解决传统法律思想中法律渊源理论遇到的问题，任何提出替代性制度的提倡者都面临一个困难，即该理论已在国家和国际法庭的实践中牢固确立。❼ 我们有充分理由认为，一个国家，包括其人民代表和决策者，即便已经注意到学者们所指出的一些逻辑缺陷和矛盾之处，但是还会不假思索（没有别有用心）地充分利用基于传统理论的法律论证结构。

所以，新制度的创设者认为，新制度应以更合乎逻辑、更高效的分析取代旧制度，但他们必须考虑修正法律思维，而这种修正从逻辑上讲，只能借助现有的制度才能发挥作用。❽ 举一个简单的例子，❾ 假设有人主张在旧的法律类别之外出现了一种新的法律渊源——这是怎么发生的呢？很难想象这一主张可以自行成立而无须借助其他理论。然而，如果习惯上将某些国际组织的行为视为国际法的独立渊源，那么这些行为可能会获得这种独立的地位

---

❺ J. d'Aspremont, *Formalism and the Sources of International Law* (Oxford: Oxford University Press, 2011), 8; hereinafter 'd'Aspremont'.

❻ d'Aspremont, 34, 关于当前学术争论的"不和谐声音"或"巴别塔"（Tower of Babel）。

❼ 需要指出的是，《联合国宪章》序言提到"尊重由条约与国际法其他渊源而起之义务"，从而体现了联合国体系中渊源的理论。

❽ 达斯普勒蒙也提出了类似的观点："除了保护可以进行法律批判的环境……正式确定国际法规则的成文法……也是批判本身的一个必要条件。" d'Aspremont, 34 – 35.

❾ 笔者多年前第一次举的这个例子，参见 H. Thirlway, *International Customary Law and Codification* (Sijthoff: Leiden, 1972), 39 – 40.

229

（虽然这项原则一直被视为习惯，而非独立渊源）。

在回答"为什么这是一项具有拘束力的法律规则"这个问题时，❿ 传统理论给出了答案："因为它是通过观察公认渊源的产生和发展过程才得以形成的。如果不是这样，那还有其他途径吗？"对于一些学者来说，规则的效力是由其**质量**决定的。"该规则之所以有效，是因为它应该有效"，从而引入伦理或道德维度，或者仅仅是一个非渊源理论更高效的假定。⓫ 这种定性方法与传统的渊源理论和以渊源为基础的国际法格格不入；需要注意的是，国际法院的法官在西南非洲案中的判决意见，即"不能仅仅因为权利似乎应该存在，就假定其存在"。⓬ 特别是从人权法的发展来看，这种说法现在可能过于笼统。⓭

当然，也可以采用法律社会学的方法，不考虑过去遵循了哪些规则并因此获得"既定"的地位，也不考虑哪些个别规则本身是公正或道德的，更不考虑哪些理想规则可以有效解决国家间的利益冲突，而是只考虑各国如何看待和遵循自身的利益。这类方法借鉴了众所周知的"囚徒困境"⓮ 的观点，

---

❿ 达斯普勒蒙认为，从法律渊源中衍生出来的准则根本不应被称为"规则"，而应称为"社群主义约束"，但在一篇长篇文章中，他并未完全阐述清楚这种差异的本质或优势。参见 J. d'Aspremont, 'The Idea of "Rules" in the Sources of International Law', 84 BYIL (2014), 103.

⓫ 第一种替代理论已在第 1 章正文及其脚注 24 中提到。达斯普勒蒙分别区分了基于渊源的法律和基于影响、基于效果或基于过程的理论，参见 *Formalism and the Sources of International Law*, p. 4 n. 14；pp. 29, 122ff., 127ff.

⓬ [1966] ICJ Rep 48, para. 91. 这一判决在当时并不受欢迎，但读者不应忽视其作为一般论点的影响力。

⓭ 参见第 8 章。

⓮ 本书中，这是指一种代表国家关系的"博弈"。其中，"各方可以通过合作，最大限度地提高共同收益，但每个参与者通过背叛都会做得更好"。参见 A. T. Guzman, *How International Law Works: A Rational Choice Theory* (Oxford: Oxford University Press, 2008), 30. "囚徒困境"的名字源于这样一种情况：两名囚犯涉嫌共同犯有重大罪行，而有证据证明他们各自犯有一项轻微罪行。为了使他们招供，他们被分开讯问，且双方不被允许互相交流；每个人都被告知，如果其中一人承认了其重大罪行，指控另一个人有罪，那么他将受到轻刑，而另一个人将受到重刑；如果两名囚犯都承认犯有重大罪行，则每个人将受到适度的惩罚；如果均没有承认，则将对每个人的轻罪给予轻度的惩罚。但更复杂的情形是"共同厌恶的困境"，此处仅需解释的是：这一困境指的是参与者对**避免**某一结果有共同的利益，而非（像囚徒困境那样）对**实现**某一特定目的有共同利益。这一阐述参见 B. D. Lepard, *Customary International Law: A New Theory with Practical Applications* (Cambridge: Cambridge University Press, 2010).

以及为克服障碍而开发的社会学技术。它们无论在理论上多么有价值,也无法在国际社会中基于可取性而正常运作,而必须由国际法主体采用;这些方法同样不能仅仅因为它们似乎应该存在,就假定其存在。

另一种可能性是从实证主义的角度来处理这个问题,即探究所建议的规则是否在国家间关系中被接受,或评估遵守该规则的程度,这就是达斯普勒蒙已经引用的"基于效果"或"基于影响"的国际法概念——法律查明(law-ascertainment)。❺ 这里的重点不是法律规则的内容(也不是法律规则存在的形式),而是法律规则为鼓励遵守和阻止违反而提供的制裁措施。(人们可能会说,传统理论正是如此,并提出**为什么**某些规范非常易于接受的问题。当然,给出的答案是因为它们来自公认的渊源。)然而,这种制度主义理论的"附加价值"当然是,如有必要,它可以解释国际行为者赋予某些**并非**来自传统法律的规范的法律效力。

> 本质上讲,制度主义属于一种行为思想流派,它探究国际制度如何改变行为模式……近年来,法学学者们借用制度主义理论的观点来解释国际法律制度为何如此,以及我们何时可以期待国际法得到遵守并改变国家的行为。❻

这种方法的优点是,在法律框架内适用软法等情况的难度要小得多,因为国家行为会受到未达到惩罚或违约责任程度的制裁的影响(或走向动荡或保持稳定)。

在粗略分类的基础上,现简要介绍一些现代理论。但需要强调的是,首

---

❺ d'Aspremont, 122ff. 然而,"是"和"应当"的区分往往是不完整的。因为正如弗兰克指出的那样:"规则的公平性或公正性会鼓励受其约束的人遵守规则,这一点是无可争议的——这也是现代自然法理论的核心论点……" d'Aspremont, 126. 引自 T. Franck, *The Power of Legitimacy among Nations* (Oxford: Oxford University Press, 1990), 25.

❻ T. L. Meyer, 'Towards a Communicative Theory of International Law', University of Georgia School of Law, Research Paper No. 2013-05 (February 2013), 网址为:http://digitalcommons.law.uga.edu/fac_artchop/905, 2013 年 11 月访问。

先，本书的主要目的是传达对传统实证主义方法的理解；其次，在此提供的只是**部分**最新理论的概述：只不过是几口皮埃里亚泉水而已！[17] 此处不适合详细或深刻地评论，更不用说驳斥了（如果有可能的话）。对于那些希望继续研究这些理论的人而言，本书正文及相关脚注中提供的参考资料可能有所帮助。

本书可供选择的材料并不少。之前（第 5 章第 5.3 节）已提到现代学术著作过于泛滥，并与科学研究领域的情况进行了类比。这种类比具有启发性，但可能并不恰当。在科学界，关于我们周围世界的新发现几乎是无穷的，因此有无数富有成效（或可能富有成效）的研究主题；在法律（包括国际法）领域，抛开历史研究不谈，学者们想要研究的可能不是新发现的事实，而是新形成的理论。这些理论或者说至少是有用或令人信服的理论是相对匮乏的。通常关于法律研究主题的新理论、新观点或新方法可能只是换了一种说法。在笔者看来，有关习惯法的理论更是如此，如前所述，在这方面已存在一种长期确立并获得广泛认可的方法。

前面已经提到了学者们之间的区别：一类学者呼吁在法律渊源等方面改变思维方式；另一类学者则倾向于在整个法哲学背景下提出一个体系，而这种体系的支持者认为，该体系是对法律现实的更真实或更准确的反映。然而，这种观点的危险在于，只有专业人士和法律学者（甚至是有倾向性的法律学者）才能理解它。在日常生活中，各国及其政治家们会认为他们仍在传统制度下运作，但实际上他们正在不知不觉中按照新理论的现实情况运行。[18]

对国际法（尤其是关于国际法渊源的问题）提出一种新的或不同的方法，意味着在目前情况下，例如在教学和实践中，国际法还存在一些不足或令人不满意之处。因此，敦促或建议改变国际法思维是明确且合理的。顺便提请注意的是，达马托教授在其著作《国际法：作为一种信仰体系》（*International*

---

[17] 参见亚历山大·蒲柏（Alexander Pope）的《论批评》（*Essay on Criticism*）中的著名诗句。

[18] 参见莫里哀（Molière）的《贵人迷》（*Le Bourgeois Gentilhomme*）第二幕第四场："天哪！我原来说了四十多年的散文，自己一点儿都不知道呢，您今天把这个告诉了我，我对您真是万分的感激。"

Law as a Belief System）中的研究，好像有点奇怪。尽管这项研究似乎被视为一种思维实验，而非一种更"准确"或更适当的观察国际法运作的方式，但其或许提供了一种与传统法律渊源学说与众不同的思维方式。达马托教授希望国际法学人将国际法视为一种"信仰体系"，然后"暂时搁置"这一体系，"并忘却一些关于他们曾被训练去改进和反馈关于基本原则的知识和情感"。[19]其中，"暂时"一词意义重大：如果国际法学人因此被期望或允许重启这一体系，并恢复到原来的状态，那么这些方式肯定具有持续的价值？显然，这是一种学习过程：他们将以新的视角去看待那些旧的方法。有人指出，这种将国际法"简化"为信仰体系的分析是对"自由主义范式"确立的现行法律观的回应，也就是说，其被简化为"法律技术"问题而非伦理政治问题。据此，规则在形式、客观和内容上都是独立且明确的，其与治理方案或一系列的道德价值观也截然不同。[20]此外，由于篇幅有限，本书无法详细研究这一主张（以及它与下面提到的达斯普勒蒙关于形式主义观点的结合或兼容性）。

在此提到的关于改革的实践，即便不是全部，也是大部分来自以下出发点中的一个或多个，或它们的结合：

第一，国际法的创制（或发现）不能再被视为从一系列公认渊源中产生的过程；或者说，不再被视为来自其他由于公认渊源不完整或不充足并在实践中未得到认可的渊源。

第二，由公认渊源产生的国际法没有充分考虑伦理或道德的要求，**很显然**这涉及与国家利益截然不同的几乎是绝对意义上的个人利益。正如在第 8 章讨论中所承认的那样，国际法的发展方式，至少在人权被纳入国际法之前，已经不可避免地出现了这种情况。

第三，具体到习惯国际法这一主要法律渊源而言，确立已久的"双要素

---

[19] J. d'Aspremont, *International Law as a Belief System* (Cambridge University Press, 2017), 1.

[20] *International Law as a Belief System*, p. 11. 这种区别似乎是治理结构中普遍接受的"权力分立"理想的基础，因此不宜轻易被搁置。

理论"是不充分、不现实或不能令人满意的。

9.1 公认渊源的不足或非相关性

前述已指出，针对传统法律渊源体系的批评可能有一定的合理性，即认为该体系无法轻易理解影响各国（以及国际和国家层面的其他参与者）权利及利益的各类法律文件。这些法律文件存在于在这些层面运作的机构的复杂框架中，而不是直接的国家间的关系或国家与国际公共组织间的关系。[21] 这在最近出现的国际法的专门领域中体现得尤为明显，例如国际贸易法、国际人权法和国际刑法。即便不是大多数情况，也可以说在许多情况下，这些文件最终可以和条约或公约处在同样的层级结构中，同时也可以说是以条约或公约为基础的传统渊源。但在某些情况下，这是不现实的。[22] 因此，合乎逻辑的解决办法是，承认这些法律文件与传统的三种渊源一样都是法律渊源。

可以说，从另一个角度来看，同样的问题是：现有的法律渊源是否可以"接管"那些几乎孤立的准法律渊源？例如，如果这些适用的事项在许多层面已日益成为司法裁决的对象，那么这些裁决本身是否也属于第38条所认可的传统形式的渊源？这一观点（以及其他发人深省的观点）源自 K. J. 阿尔特（K. J. Alter）教授在其著作《国际法的新领域》（*The New Terrain of International Law*）[23] 中对国际司法裁决问题的阐述。在更广泛的考量范围内，达斯普勒蒙教授的观点是，制定国际法或其他类似领域的法律的技术越来越

---

[21] 参见 Decaux, 'Déclarations et conventions en droit international', Cahiers du conseil constitutionel 21 (January 2007), 1 – 2. 该文作者指出："国际社会将呈现'关系法'与'组织法'并驾齐驱之势：'关系法'是指植根于'国家'这类国际法一级主体之间的法律关系；'组织法'则以'国际组织'这类新的日益活跃的次级主体为特征。"

[22] 戈德曼认为："国际组织行使相当大的公共权力，而这些权力与国家同意的关系相距甚远。"参见 M. Goldman, 'Inside Relative Normativity: From Sources to Standard Instrumentsfor the Exercise of International Public Authority', 11 German LJ (2008), 1865 – 908 at 1874.

[23] 普林斯顿大学出版，2104年（原文如此），笔者认为大概是2014年出版的。

广泛和多样化,针对这一现象,学术研究倾向于将这些技术放在传统渊源的背景下进行研究,但结果是"规范制定过程的非形式化"导致了不必要的"法律确定的非形式化",而这本身就是"国际规范制定多元化"的结果。[24] 尽管如此,达斯普勒蒙教授也明确指出,他所建议的方法——回归到一种新的更令人满意的形式主义方法——"与任何旨在恢复或捍卫国际法渊源主流理论而做出的努力格格不入"。[25] 国际法渊源主流理论的不足之处在于,其要求一种"复兴"的形式主义来保留法律与非法律之间的区别——事实上,形式主义"因其在区分法律与非法律以及确定法律规则方面的优势而受到拥护"。[26] 但一个关键问题似乎是,造法性文件的作用是作为形式要素还是作为实质要素来表达各方的主观意图。

> 关于确定书面法律文件性质的决定性标准(如当事人的意思表示)的主流观点显然改变了法律行为认定的性质……有什么能比基于意图的法律识别标准更与形式法律识别相冲突,这样的标准并不要求以语言或者物理符号的形式表现出来。[27]

与此相反,达斯普勒蒙教授援引了哈特提出的"社会论",即所有的"次级法律规则都以法律实施当局的社会实践为基础"。[28] 就研究目的而言,同时考虑到文章的篇幅,本书在此仅介绍达斯普勒蒙教授的观点与本书所述观点之间的差异。

也有人认为,以现实的眼光看待国家之间的关系可能导致评论者将公认的法律渊源边缘化,认为它们不如国家所表现出的行为那么重要,尤其是前面提到的国家确实(大多数时候)都遵循国际法。典型例子是古兹曼教授的

---

[24] *Formalism and the Sources of International Law*, in particular p. 22.
[25] 参见本章脚注24。
[26] 参见本章脚注24,第5页。
[27] 参见本章脚注24,第179-180页。
[28] 参见本章脚注24,其中第3章内容,特别是第53页的论述。

"理性选择"理论,[29] 近年来,该理论正以各种形式被频繁地用来分析国际法。该理论借鉴了"囚徒困境"的经典思想实验,强调国际法的作用并不在于确保遵守国际规则,而在于改变国家的行为(毫无疑问,这种改变在评论员看来——人们希望有关国家也这样认为——是有益的)[30] 当然,与传统方法相比,这种理论对决策者(尤其是国际法院的法官或国际争端的参与者)的作用更小:[31] 与"国际法如何发挥作用"相比,它更强调"国际法应该如何发挥作用"。

在同一范畴内,我们可以考虑由乔尔·特拉希曼(Joel Trachtmann)教授提出的全球政府的概念。[32] 古兹曼关注各国在其所处的全球结构和组织背景下所作出的选择,而特拉希曼更强调由国家创造并作为其运作领域的背景本身。正如他所观察到的那样,"国际法不会取代国家,但会作为联邦或分权意义上的政府形式对国家进行补充"。[33] 与其说这是通过制定新的法律来应对新的局势,还不如说这是全球化加深带来的巨变并将创造新的国际法。我们可以期待"国际法的应用会日益增多,随着个人要求政府更好地解决跨境争议,对国际法的需求也会随之变多。在特定领域对国际法的需求将提高制定国际法的能力。国家政治与国际法之间的界限将变得越来越模糊"。[34] 特拉希曼教授提出的不仅仅是一种妙方,更是一种预言,因此不能与此处提到的相同条件下关于新国际法的各种提议相提并论。

---

[29] A. Guzman, 'A Compliance-based Theory of International Law', 90 California Law Review (2002); A. Guzman, *How International Law Works* (Oxford University Press, 2008). 后者正如其标题所展示的那样,其是以一种不同的方式看待目前正在运行的国际法,而不是一个关于国际法改革或革新的提议。

[30] 参见第3章脚注38。在美国法引入习惯法的背景下,有关建议的解决方案,参见 J. D. Ohlin, *The Assault om International Law* (Oxford University Press, 2015), Chapter 4.

[31] 这种方法的一个例子是由莱帕德教授提出的,特别是关于习惯国际法在人权领域发挥的作用(参见本章第9.2节)。

[32] J. Trachtmann, *The Future of International Law: Global Government* (Cambridge University Press, 2013).

[33] 参见本章脚注32,第41页。

[34] 参见本章脚注32,第288页。

9.2 道德原则的作用

在考察国际法现状时，人们往往会有意无意地从思考法律是什么转为阐述法律应该是什么。显然，只要这两种路径不混淆，这样的转换是有其可取之处的，因为即便乐观的国际主义者也不能断言我们现在的体系就是最好的。国际法的大多数规则被公认为以法律形式存在，这与其内容在道德上是否值得称赞无关，因为规则是否成立并不取决于诸如其是否有助于促成道德原则或实现人道主义目标。然而，我们也应注意到，这一特点并不一定意味着道德原则在规则的制定中不会发挥作用。《防止及惩治灭绝种族罪公约》规定的义务是各方作为该公约缔约方应承担的义务，而不是道德标准，但这并不妨碍该公约因表达道德价值观念而被广泛接受。不过，国际法官并不被允许这么做，而且他们确实在国际法院的裁决中避免这样做，尽管近年来在个别影响深远的单独意见和反对意见中并非如此。[35] 因此，法律规定和司法实践之间存在产生矛盾的风险。

在当前考虑的背景下，同样被批评的是在道德方面有不足之处的法律规则，且通常是习惯国际法规则。如今，道德考量通常仅与习惯法有关；条约法并不考虑与条约有效性或效果有关的道德因素，除非条约不与强行法相冲突。[36] 众所周知，这个概念的含义是不明确的，"人们普遍认为，条约中可能会涉及高标准的道德规范"（包括种族灭绝公约)[37]，但到目前为止，还没有一个条约因违反道德规范而被指控为无效。（公平地说，如果存在这样的条

---

[35] 在两国的日常关系中，在遇到疑难案件时，对各自的法律顾问而言，可能关心的不是"法律应该是什么"，而是"何种法律才能适合我的客户"。这种方法可能会通过"博弈论"设想的方式加以调整。参见本章脚注14及正文部分。

[36] 相比之下，H. 惠顿（H. Wheaton）对18世纪通过条约瓜分波兰事件的评论中，认为这是对"自然正义和国际法最公然的违反"。参见 H. Wheaton, *History of the Law of Nations in Europe and America* (New York: Gould, Banks & Co. 1845), 269. 在20世纪，可参见的文章有 A. Verdross, 'Forbidden Treaties in International Law', 31 AJIL (1937), 575–7.

[37] J. Klabbers, 'The Validity and Invalidity of Treaties', in D. B. Hollis (ed.), *Treaties* (Oxford University Press, 2012), 551 at 571. 另见国际法委员会2015—2018年关于强行法的工作报告。

约,那么它们也很可能采取秘密谅解的形式,非内部人员和学者无从得知。)至于一般法律原则,只要其普遍性允许进行这种价值判断,那么这些原则就其定义而言即值得称赞。

如果可以这样分类,那么大多数立法提案将被归入应然法这一类别。因为如前所述,该分类针对的不仅仅是"尚未成为法律的事项",还有"虽然尚未成为法律但**应该**成为法律的事项";之所以说"应该",可能是"因为这将使该内容体系更为协调一致或可行",但更有可能是因为其属于道德范畴。

正是在习惯背景下,莱帕德教授经过深思熟虑,提出将道德考量纳入国际法的观点。与持中立立场的国际法委员会的意见不同,莱帕德教授认为道德考量是确定习惯规则存在的重要因素。当考虑到可能存在有利于某一特定规范的法律确信时,"如果该规范客观上对基本道德原则产生直接和重大的影响,无论是积极的还是消极的,这种影响都可能会成为国家支持或反对该规范实施的理由"。[38] 他从其他"逻辑上可行"的道德原则中,确定了其认为的"基本道德原则",[39] 即"多样统一"(unity in diversity)原则。这一原则本身并不是习惯国际法的一部分,而是源于"国家和个人之间充满活力和互惠互利的共同体的愿景"。莱帕德主张"所有人在伦理上都是人类大家庭的成员,而人类大家庭在道德上应当团结一致",同时他也认识到"种族、国籍、文化、宗教甚至观点的差异都应受到珍惜和重视"。[40]

这一方法显然与人权法高度相关,莱帕德教授在其编著的《重新审视习惯国际法》(*Reexamining Customary International Law*)一书中(题为"迈向国际习惯人权法的新理论")对这一问题进行了探讨。[41] 首先,他指出,"现实情况是,国家在实践中的一贯做法似乎是经常侵犯权利而不是尊重权利"。[42]

---

[38] Lepard, *Customary International Law: A New Theory with Practical Applications*, ASIL Studies in International Legal Theory (Cambridge University Press, 2010), 140.

[39] 同本章脚注38,第140页。

[40] 同本章脚注38,第78页。

[41] Lepard (ed.) *Reexamining Customary International Law*, ASIL Studies in International Legal Theory (Cambridge University Press, 2017), 233-65.

[42] 同本章脚注41,第249页。

由此，隐含的问题是"国家一贯做法"的需求是如何得到满足的？其次，"随处可见的侵犯人权的行为也使人们对传统界定的法律确信的存在产生了怀疑。各国似乎并不认为它们有义务要遵守某些人权规范，而是认为这些规范仍在形成过程中，因此它们可以随心所欲地遵守或不遵守这些规范……"[13] 除非所有被主张或者建议为人权的事物都能得到自动保护，否则这样的法律确信是站不住脚的，但这个观点仍有一定的影响力。

莱帕德正是通过援引"基本道德原则"来回应这一双重问题的，这些原则已在他对一般习惯国际法的重塑中体现出来。[14] 这种做法显然具有效力，如第 3 章所述，[15] 如果一般习惯发展的背景是主权国家间通过利益衡量而相互做出妥协，那么当尊重个人（无论是否属于该国的公民）利益会阻碍国家利益的发展时，情况就会有所不同了。人们可能会认为，道德原则会一直存在，但在这种情况下，国家可以自由地推翻它。然而，若承认人权已纳入习惯法，则意味着情况不再如此。

9.3　习惯国际法理论的不足

研究和批评习惯国际法应用的学者并不总是明确地指出其目的，或者只是用一些深奥的术语来进行隐晦的表达。至少可以说，其目的实际上是设计一种习惯国际法理论，且此理论较为有序和完整，以至于在所有情况下，两个有能力的观察者在相同情况下对习惯是否存在均能达成一致意见。如果情况真是这样，那么它所规定或授权的内容又是什么？人们非常强调传统理论的不连贯性，而提出的新理论则与之形成鲜明对比。

由此，引发这样一个问题：如此目的是否真的可以实现？人类社会本就是这样，加之接受审查的各国际参与者的做法不同，这种"完美状态"难道

---

[13] 同本章脚注 41，第 249–250 页。
[14] 同本章脚注 41，第 255–256 页。
[15] 参见本书第 3 章的相关阐述。

不是根本不可能实现吗？除了国际法院不得不宣布法律不明的罕见情况外，[16]凡是有关习惯问题的争端，法院均可作出答复；但这几乎是法院特有的权衡过程的产物。对于同一案件，不同的法庭很可能会作出不同的裁决，学者之间的分歧几乎是不可避免的。这可能不是一个完全令人满意的情况，但任何习惯的系统化是否会导致更大程度的一致回应？这个问题值得怀疑。当然，这一评论并不意味否认此类学术研究的价值，但这的确表明他们试图展示的制度可能不切实际，且对现有理论或习惯形成理论（甚至对传统渊源理论）的批评可能没有什么依据，因为不成体系是试图展示的制度的内在特征。[17]此外，针对某些现代理论所依据的微妙而复杂的论据，人们可能想知道其对处理国际争端的法律顾问到底有何益处。如果不能以积极的态度看待国际法世界，这些人可能会觉得目前的制度还不是最有效的，而国际法委员会最近的成果就支持了这一结论。

尽管如此，人们仍然十分关注如何改进传统的习惯法创制（或发现）的机制。为此，莱帕德教授专门研究了这一领域，且著述颇丰。[18]但在适用公认的习惯理论时，经常出现的一个问题是：法律确信和国家实践之间的关系一直比较紧张，人们总是试图排除一方，让另一方（在被排除的一方的影响下）承担繁重的工作。这种情况可能出现在特定案件（甚至是司法裁决）中，[19]但本书

---

[16] 关于这一问题的讨论，参见本书第 4 章第 4.3 节的内容。

[17] 然而，在 J. 帕特里克·凯利（J. Patrick Kelly）看来，这并不意味着习惯法容易受制于相互冲突和特殊的解释以至于不能发挥作用，它仅仅是一个"偏好问题"而已。在此意义上，参见 J. Patrick Kelly, 'The Twilight of Customary International Law', 40 Virginia JIL (2000), 449 at 451.

[18] 具体参见 B. D. Lepard, *Customary International Law: A New Theory with Practical Applications*, ASIL Studies in International Legal Theory (Cambridge University Press, 2010); B. D. Lepard, *Customary International Law as a Dynamic Process*, in C. Bradley (ed.), Custom's Future (Cambridge University Press, 2016); and contributions to Lepard (ed.), *Reexamining Customary International Law*, ASIL Studies in International Legal Theory (Cambridge University Press, 2017).

[19] 参见在尼加拉瓜境内和针对其的军事与准军事活动案的判决，在该案中，国际法院处理了禁止使用武力的问题，同时对二元论理论给予了得体的口头陈述并引用了大量法律确信。为了支持该判决，国际法院回避了国家实践存在的问题，参见 [1986] ICJ Rep 100 - 3, paras. 189 - 92. 当然，还有其他一些例子。事实上，国际法院被指责其判决是基于一种"程度较轻的"习惯，这种习惯很难被认为符合国际法委员会重申的传统要求。例如，参见 F. R. Tesón, 'Fake Custom', in Lepard (ed.), *Reexamining Customary International Law* (Cambridge University Press, 2017), 86, 96 - 7.

也将其作为一种值得推荐的新理论。[50] 莱帕德教授提出：

- 法律确信应解释为这样一种要求，即各国普遍认为现在或在不久的将来，最好有一项权威的法律原则或规则来规定允许或禁止特定的国家行为……
- 国家实践要求应被（仅仅）视为需要各国提供适当的**证据**，以表明各国认为某项特定的权威原则在现在或不久的将来是可取的，这种证据不一定是传统意义上的"实践"。[51]

这与国际法委员会关于习惯国际法识别问题的报告结论中所表述的传统观点形成鲜明对比，即法律确信意味着"有关实践必须围绕法律权利或义务来展开"，也就是说，这是一种**现有的**法律权利或义务，而不仅仅是"可取的"权利或义务。针对国际法委员会对传统方法的持续主张，莱帕德教授在2016—2017年撰写的论著中仍坚持自己的观点。[52] 因此，本书在第一版中提到的批判性观点可予以保留。

另一位对其所称的"现代"习惯的讨论作出显著贡献的作者是罗伯茨教授。[53] 罗伯茨教授以一种简短而正统的方式定义了传统习惯，并提及了其产生的原因：它"源于各国出于法律义务感而遵循的普遍一致的实践"。[54] 然而，在她看来，"现代"习惯"是通过一种**演绎**过程得出的，这种演绎过程

---

[50] 当然，其他一些学者也提出了类似的观点。例如，参见 M. Mendelson, 'The Formation of Customary International Law', 272 Recueil des cours (1998), 292; A. T. Guzman, 'Saving Customary International Law', 27 Michigan JIL (2005), 115; N. Petersen, 'Customary Law without Custom? —Rules, Principles, and the Role of State Practice in International Norm Creation', 23 AmULR (2008), 275.

[51] *Customary International Law*, 97–8.

[52] 参见本章脚注49中的参考文献。

[53] 参见 A. Roberts, 'Traditional and Modern Approaches to Customary International Law: A Reconciliation', 95 AJIL (2001), 757. 同时，该文补充了埃文斯（Evans）编著的《国际法》（第5版，2018年）中关于"国际法渊源的理论与现实"的章节，该部分由罗伯茨教授和桑德什·西瓦库马兰（Sandesh Sivakumaran）教授撰写（已在第1章脚注24中引用）。后一篇文章涉及的范围更广，解决的是一般法律渊源的问题，但将其与先前关于习惯的文章结合起来讨论会更方便。

[54] Roberts AJIL, 758.

始于对规则的一般陈述,而非实践中的特定实例"。[55] 该推论是"根据多边条约和诸如联合国大会等国际论坛的声明得出的,这些论坛可以宣布现有习惯、明确新兴习惯并创制新习惯"。但是,"这些文件能否成为习惯取决于多种因素,例如它们是否以声明的形式表达,是否得到广泛且具有代表性的国家机构的支持,以及是否得到国家实践的确认等"。[56] 同样地,国际法院的可能作用之一是(秘密地)主动宣布一项习惯规则,而不是等待和寻找国家实践的证据,即"习惯规则通常由国际法院和法庭来确定,如果国家和其他参与者不提出异议,特别是在其他实体批准援引的情况下,那么这类习惯规则通常都能被接受"。[57]

---

[55] Roberts AJIL, 758.
[56] Roberts AJIL, 758.
[57] Roberts in Evans, *International Law*, 112.

第 10 章　小结

在本书中，笔者试图介绍一种确立已久的国际法渊源理论，该理论将每一项规范直接或最终归因于《国际法院规约》第 38 条所规定的渊源之一。笔者对一些针对渊源理论的批评进行了驳斥，从某种程度上来说，这种驳斥本身就是一种辩护。另外，笔者也致力于让公众了解当代学者如何通过各自的方法来解决国际层面现存的法律问题。然而，国际法的运行模式表明，一个完美整合和连贯的理论系统可能并不存在，因为现实中总会存在一些难题，例如习惯的产生与发展，不论是为了让人们相信习惯的存在，还是它确实存在，习惯都必须存在。本书在第 8 章提到，各类法律的整合还不够完善（尽管笔者认为，这个问题不是通过确定一些新的法律渊源或进行新的法律创造就能补救的）。

当前，所有关于国际法或国际关系的著作都强调国际法和国际关系变化的迅速和加速，那么法律渊源理论会被废除吗？只要《国际法院规约》第 38 条未被修订（这在政治上极不可能发生），国际上主要的司法机构就必须以与 1920 年（常设国际法院）设想的基本相同的方式确立和适用法律。法院的实践工作已经表明，尊重法律文本并非阻碍了法律的发展，而是为了规制——也许更确切地说，是为了引导——寻找和审视这种发展的方式。令人震惊的是，正如本书第 3 章所强调的那样，国际法委员会花了 6 年时间来研究习惯国际法的识别问题（这应该是《国际法院规约》第 38 条规定的在适用方面最具争议的传统渊源），并充分吸收权威学者以及各国在实践中所表达的观点，最终在其结论中基本阐明了自起草规约以来的"主流"法律思想。国际法委员会越来越重视研究国际法运行的各个方面，其报告不只是记录国际法运行的基本情况，其他内容也赢得了广泛的赞誉。如前所述，尽管国际法委员会作为一个非国家主体尚未获得造法的地位，但不可否认的是，国际法委员会的运作已经改变了国际法的格局，并引导国际法朝着更有秩序的方向发展。由此看来，习惯国际法似乎不需要改革，也不需要激进的重新编排，而只需要有序地重新表述。

有人可能会认为，《国际法院规约》第38条是一条幸存条款，其犹如一根孤立的岩石支柱，周围大部分的景观已经被侵蚀；或者更好的一个比喻是，这块岩石不仅未被国际发展的巨浪破坏或冲走，而且在地质和结构上依旧稳固。

有人建议，任何关于国际法的重新思考都必须与《国际法院规约》第38条相一致，但这并不是将渊源理论作为一种可靠的法律查明方法的唯一原因。即便在全球化或制度化的世界里，国际法最终也会成为受其约束的主体（主要是国家）所希望的样子。它们必须相信，目前的国际法体系不仅没有理想状态下的完美（或者说没有法学家设计的其他方案那样完美），而且对现有的国际关系已经造成了阻碍。但事实显然并非如此，以传统渊源理论为基础的国际法体系具有不可否认的优势，即它是存在且有效的。

索 引

G. 阿比－萨博(Abi-Saab, G.), 189–90

私法行为(*Acta jure gestionis*), 94–95

法律行为(*Acte juridique*), 192–93

国家和跨国公司之间的协定(Agreements between States and international enterprises), 28–29

P. 奥尔斯顿(Alston, P.), 76–78

替代或附加的法律渊源(Alternative or additional sources)

 公平(equity), 119–20

 人权(human rights), 47

 强行法(*jus cogens*), 173–74

 现代理论及其出发点(modern theories and their points of departure)

  未能考虑道德要求(failure to take account of ethical requirements), 229

  从公认渊源中产生国际法(generation of IL from recognized list of sources), 229

  "双要素"理论的不充分性(inadequacy of 'two-element' theory), 230

 概述(overview), 227–29

 国家责任(State responsibility), 111

 贸易和投资法(trade and investment law), 216

 条约法(treaty law), 49–50

类比，在造法中的作用(Analogy, role in law creation), 29–30

庇护，外交(Asylum, diplomatic), 103, 148–49

伯利劳规则(*Bellilos* rule), 47

A. 比安奇(Bianchi, A.), 223–24

法律的约束力规则(Binding rules of law), 226

举证责任(Burden of proof), 117

---

* 索引页码为原英文版页码。

245

A. 卡赛斯(Cassese, A.), 178–79

通信保密(Conffdentiality of communications), 117–18

同意(Consent)

  又见**有约必守**(see also *Pacta sunt servanda*)

  渊源体系的基础(basis of system of sources), 14–17

  国际组织的决议(decisions of international organizations), 26–28

  排除单边行为(exclusion from unilateral acts), 57

  一般法律原则(general principles of law), 109–10

  国际习惯作为一种默示协定的形式(international custom as a form of tacit agreement), 61–62

  法律确信的主观因素(subjective element of *opinio juris*), 85–86

"宪法化"('Constitutionalization'), 40

法律抵触(*Contra legem*), 120–21

公约参见条约和公约(Conventions *see* Treaties and conventions)

公司(Corporations)

  作为法律渊源的协定(agreements with as source of law), 28–29

  被公认为非国家主体(recognized non-State actors), 22

  国家豁免(State immunity), 94–95

国际法主体(subjects of international law), 199

法院和法庭(Courts and tribunals)

  缺乏公共法院系统(absence of public system of courts), 2–3

  司法判例的渊源(source of judicial decisions)

    国际法庭(international tribunals), 134–39

    国内法院(municipal courts), 140–43

刑法参见国际刑法(Criminal law *see* International criminal law)

"国际法批判"('Critical international law'), 15

国家实践的"结晶"('Crystallization' of State practice), 76–78, 149–51

习惯参见国际习惯(Custom *see* International custom)

J. 达斯普勒蒙(d'Aspremont, J.), 189–90, 193–94, 231

马顿斯条款(*De Martens* clause), 210, 212–13

外交庇护(Diplomatic asylum), 148–49

外交保护(Diplomatic protection)

  国内法院的判决(decisions of municipal courts), 140–42

  习惯法的发展(development of customary law), 65–66, 76

索引

一般法律原则(general principles of law),122–23

渊源的位阶(hierarchy of sources),148–49

法律不明裁决(non liquet findings),130

对世义务(obligations erga omnes),167

衡平法的作用(role of equity),122–23

"自足制度"('self-contained regime'),195–96

特别习惯(special custom),103–4

国际法主体(subjects of international law),20–21

C. 多米尼克(Dominicé, C.),118–19

R. 德沃金(Dworkin, R.),107

J. 埃利斯(Ellis, J.),109–10

环境法 参见 国际环境法(Environmental law see International environmental law)

当事方平等(Equality of the parties),117

公平(Equity)

在海洋法中的应用(application to law of the sea),13–14

"代际公平"('intergenerational equity'),110–11, 218–19

在早期国际法中的渊源(origins in earliest international law),90

与一般法律原则的关系(relationship with general principles of law),119–25

对世义务 参见 对世义务(Erga omnes see Obligations erga omnes)

道德原则(Ethical principles)

法律的约束力规则(binding rules of law),34–35, 226

当前的作用(current role),232–35

习惯法的形成(establishment of customary law),90, 97, 212

对一般法律原则的影响(impact on general principles of law),112, 118–19

源自国际裁决(from international adjudication),136–37

现代理论及其出发点(modern theories and their points of departure),229

强行法渊源(source of jus cogens),182

公允及善良(Ex aequo et bono),119

未履约之抗辩(Exceptio non adimpleti contractus),114–15

法律事实与法律行为(Fait juridique and acte juridique),192–93

J. 菲尼斯(Finnis, J.),62–63

G. 菲茨莫里斯爵士(Fitzmaurice, Sir G.),100

形式渊源(Formal sources)

与实质渊源的区别(material sources distinguished),6–8

可能的替代渊源(possible alternative sources)

国家和跨国公司之间的协定(agree-

247

ments between States and international enterprises), 28 – 29

国际组织的决议(decisions of international organizations), 26 – 28

更牵强的提议(more tenuous proposals), 29 – 30

国际法院的作用(role of ICJ), 24 – 25

单边行为(unilateral acts), 25 – 26

形式主义(Formalism)

达斯普勒蒙的建议(recommendations by d'Aspremont), 230 – 31

法律与非法律之间的区别(distinction between law and non-law), 230 – 31

呼吁回归到(invitation for a return to), 224 – 25

法律识别过程(law-identiffcation process), 146

国际法的"碎片化"('Fragmentation' of international law)

特别制度的存在(existence of special regimes), 195 – 96

渊源的位阶(hierarchy of sources), 155

传统渊源理论的不足(inadequacy of traditional theory of sources), 12 – 13, 35 – 36

T. 弗兰克(Franck, T.), 58

一般法律原则(General principles of law)

环境法(environmental law), 218 – 19

渊源的位阶(hierarchy of sources), 155 – 56

人权法(human rights law), 203 – 4

人道主义法(humanitarian law), 208 – 9

强行法(*jus cogens*), 185 – 86

意义和范围(meaning and scope)

第 38 条的背景(background to Art 38), 106

通信保密(conffdentiality of communications), 117 – 18

从国内法中推导(derivation from municipal law), 111 – 12

当事方平等(equality of the parties), 117

未履约之抗辩(*exceptio non adimpleti contractus*), 114 – 15

善意(good faith), 113 – 14

人权(human rights), 118

逻辑必要性的重要性(importance of logical necessity), 113 – 14

诉讼合并(joinder of proceedings), 117

实证主义方法的限制(limits imposed by positivist approach), 112

货币黄金案原则(*Monetary Gold* principle), 117

"原则"的性质(nature of 'principles'), 107 – 9

合同不损害第三者利益(*pacta tertiis nec nocet nec prodest*), 113

证据(proof), 117

定案即视为事实(*res judicata pro veritate*

habetur),113,117

国际法院判例法的匮乏(scarcity of ICJ case law),115–16

司法程序中的范围问题(scope in judicial proceedings),116–17

"公正司法"('sound administration of justice'),117

法律不明裁决(*non liquet* findings),125–30

"为文明各国所承认"('recognized by civilized nations'),19–20

衡平法的作用(role of equity),119–25

对世义务的渊源(source of obligations *erga omnes*),169

第38条规定的渊源(stated source in Art 38),11–12

M. 戈德曼(Goldmann, M.),29–30,187–88

善意(Good faith),113–14,118–19

A. T. 古兹曼(Guzman, A. T.),231–32

渊源的位阶(Hierarchy of sources)

理解多元化合意文本的困难(difficulties of comprehending multifarious instruments),230

一般法律原则(general principles of law),155–56

第38条中的列举(listing in Art 38),152–53

意义和范围(meaning and scope),152

概述(overview),147

规范之间的关系(relationship between norms)

硬法与软法之间的区别(hard and soft law distinguished),161

来自同一渊源的规范(norms emanating from same source),160–61

一个规范构成另一个规范的例外(one norm as exception to another),160

条约与习惯法(treaty and customary law),157–60

条约与习惯法(treaty and customary law)

条约通过后,国家实践的"结晶"('crystallization' of State practice after adoption of treaty),149–51

习惯法的重新制定(re-enactments of customary law),156–57

规范之间的关系(relationship between norms),157–60

条约之前就已存在的习惯实践(where customary practice exists prior to treaty),149

在条约旨在制定义务时(where treaty intended to codify obligations),148–49

潜在问题(underlying problem),10

R. 希金斯(Higgins, R.),107

人权法(Human rights law)

不同国家的不同习惯(different customs in

249

different States),78-79

一般法律原则(general principles of law),118

与环境法的关系(relationship with environmental law),155-56

与伊斯兰法的关系(relationship with *Shari' ah*),32-33

对条约的保留意见(reservations to treaties),46-48

道德原则的作用(role of ethical principles),234

作为自足制度(as self-contained regime)

 习惯法(customary law),199-201

 一般法律原则(general principles of law),203-4

 与伊斯兰法的关系(relationship with *Shari' ah*),204-7

 法律渊源(source of law),197-98

 条约和公约(treaties and conventions),198-99

单边行为作为条约雏形(unilateral acts as inchoate treaties),54-55

人道主义法(Humanitarian law)

习惯法的变化(changes in customary law),96

一般原则(general principles),116

渊源的位阶(hierarchy of sources),152-53

法律不明裁决(*non liquet* findings),127-30

对世义务(obligations *erga omnes*),179-81,183-84

"一贯反对者"('persistent objectors'),100-1

习惯法的作用(role of customary law),68-69

联合国大会决议的作用(role of General Assembly resolutions),93

作为自足制度(as self-contained regime)

 习惯法(customary law),208-13

 条约和公约(treaties and conventions),208

国家实践(State practice),65-6,78-79

《国际法院规约》(第38条)[ICJ Statute (Art 38)]

结论(concluding remarks),238-39

一般法律原则(general principles of law)

起草时的关注点(concerns during drafting),106

表述条款(express provisions),12

渊源的位阶(hierarchy of sources)

 按顺序列举(listing in order),152-53

 潜在问题(underlying problem),10

解释(interpretation),8

可能的替代渊源(possible alternative sources),24-25

对衡平法的借鉴(references to equity),119

国际法的法律渊源(stated sources of international law)

　　一般法律原则(general principles of law), 11-12

　　国际习惯(international custom), 11

　　司法判例和公法学家的学说(judicial decisions and teachings of publicists), 12

　　条约和公约(treaties and conventions), 10-11

豁免, 管辖权(Immunities, jurisdictional), 31

对不守约者无须践约(*Inadimplementit non est adimplendum*), 125

法律矫正(*Infra legem*), 120-21, 125

制度主义(Institutionalism), 227

"代际公平"('Intergenerational equity'), 110-11, 218-19

国际刑法(International criminal law)

　　政府机构的立法(legislation by bureaucracy), 30

　　司法判例的作用(role of decisions), 135-36

　　非国家主体的作用(role of non-State actors), 20-24

　　作为自足制度(as self-contained regime), 220-22

　　国际法的子体系(subsystem of international law), 196

国际习惯(International custom), 234-35

同意的基本原则(basic principle of consent), 14-17

习惯的构成要素(constituent elements of custom)

　　法律确信(*opinio juris*), 84-91

　　概述(overview), 64-71

　　联合国大会决议的作用(role of General Assembly resolutions), 92-96

　　国家实践(State practice), 71-85

刑法(criminal law), 220-21

"一贯反对者"的影响(effect of 'persistent objectors'), 99-102

作为权威性规则出现(emergence as authoritarian rule), 63

默示协定的形式(form of tacit agreement), 61-63

一般习惯法与地方习惯法的区别(general and local customary law distinguished), 103-5

"硬法"或"软法"('hard law' or 'soft law'), 193-94

历史与起源(history and origins), 60-61

人权法(human rights law), 199-201

人道主义法(humanitarian law), 208-13

当前理论的不足(insufficiencies of current theory), 235-37

强行法作为……的一部分(*jus cogens* as part of), 155-58

随时间变化而引发的问题(problems ari-

251

sing from changes over time），94－96

正常运作（properly functioning），224－25

与条约和公约的关系（relationship with treaties and conventions）

 规范冲突（conflict of norms），160－61

 条约通过后，国家实践的"结晶"（'crystallization' of State practice after adoption of treaty），149－51

 习惯法的重新制定（re-enactments of customary law），156－57

 条约之前就已存在的习惯实践（where customary practice exists prior to treaty），149

 在条约旨在制定义务时（where treaty intended to codify obligations），148－49

道德原则的相关性（relevance of ethical principles）

 法律确信（*opinio juris*），97－99

 国家实践（State practice），97

道德原则的作用（role of ethical principles），233－34

对世义务的渊源（source of obligations *erga omnes*），167－69

第 38 条规定的渊源（stated source in Art 38），11

与条约法的区别（treaty law distinguished），63

国际环境法（International environmental law）

 渊源的位阶（hierarchy of sources），155－56

 非国家主体（non-State actors），23－24

 与人权的关系（relationship with human rights），155－56

 作为自足制度（as self-contained regime），218－19

 单边行为作为条约雏形（unilateral acts as inchoate treaties），52－55

国际法（International law）

又见**渊源理论**（*see also* **Theory of sources**）

 影响不同渊源的变化和发展（changes and developments affecting different sources），13

 传统法律渊源理论的不足（inadequacy of traditional theory of sources），35－36

 与国内法的关系（relationship with domestic law），32－34

 国际法主体（subjects of international law）

  经典的威斯特伐利亚体系（classic Westphalian system），20－21

  非国家主体（non-State actors），20－24

 "法律渊源体系"的方法（'system of sources' approach），12－13

国际法协会〔International Law Association（ILA）〕

 联合国大会决议作为习惯法渊源（General Assembly resolutions as source of customary law 93）

 法律确信（*opinio juris*），79－80

"一贯反对者"('persistent objectors'), 99

伊斯兰法和人权法之间的关系(relationship between *Shari'ah* and human rights law), 204–5

软法(soft law), 189–90

国家实践(State practice), 72–73

地位(status), 64

国际法委员会[International Law Commission(ILC)]

习惯的形成(formation of custom), 72–73

国际习惯的不足(insufficiencies of international custom), 237

对世义务(obligations *erga omnes*), 166

对条约的保留意见(reservations to treaties), 48

道德原则的作用(role of ethical principles), 234

联合国的特殊案例(special case within UN), 23

单边行为(unilateral acts), 25–26

单边行为作为条约雏形(unilateral acts as inchoate treaties), 55–56

"国际立法"('International legislation'), 40

国际组织(International organizations)

软法的创制(creation of soft law), 190

习惯形成的实践(custom-creating practice), 67–68

司法判例作为法律渊源(decisions as sources of law), 26–28

国际法主体(subjects of international law), 20–24

协定的"国际化"('Internationalization' of agreements), 28–29

投资法参见贸易和投资法(Investment law *see* Trade and investment law)

伊斯兰法参见伊斯兰法(Islamic law *see* Shari'ah)

自然法参见自然法(*Jus naturale see* Natural law)

R. 詹尼斯爵士(Jennings, Sir R.), 131–32

诉讼合并(Joinder of proceedings), 117

司法判例(Judicial decisions)

国际法庭(international tribunals), 134–39

国内法院(municipal courts), 140–43

重点转移(shift in emphasis), 133–34

软法(soft law), 190–91

第38条规定的法律渊源(stated source in Art 38), 12

传统方法(traditional approach), 137

世界贸易组织法(WTO law), 214

法官知法(*Jura novit curia*), 133–34

管辖权豁免(Jurisdictional immunities), 31

强行法(*Jus cogens*)

253

尽管有相反的协议仍在适用(applicability in spite of agreement to contrary), 163-64

有自主性的法律渊源(autonomous source of law), 173-74

不同渊源之间的冲突(conflicts between different sources)

 硬法与软法的区别(hard and soft law distinguished), 161

 来自同一渊源的规范(norms emanating from same source), 160-61

 一个规范构成另一个规范的例外(one norm as exception to another), 160

 条约与习惯法(treaty and customary law), 160

一般法律原则(general principles of law), 185-86

人权法(human rights law), 203-4

限制国家缔约权(limitations on power of States to make treaty law), 42

需要独立渊源(need for separate source), 182-83

作为"宪法性法律"运作(operation as 'constitutional law'), 40

作为习惯法的一部分(as part of customary law), 178-79

"一贯反对者"('persistent objectors'), 181-82

与对世义务的关系(relationship with obligations *erga omnes*), 166

"相对规范性"('relative normativity'), 162

衡平法的作用(role of equity), 123

作为超级规范(as super-norms), 179-81

条约与公约(treaties and conventions)

 与……的关系(relationship with), 183-85

 国际法的变化(variations of international law), 39

任意法(*Jus dispositivum*), 42, 164-65

自然法参见自然法(*Jus naturale see* Natural law)

F. L. 基尔吉斯(Kirgis, F. L.), 71

J. 克莱伯(Klabbers, J.), 188-89

R. 科尔布(Kolb, R.), 182

海洋法(Law of the sea)

 对条约义务的承诺(commitment to treaty obligations), 44

 一般原则(general principles), 112, 115-16

 渊源的位阶(hierarchy of sources), 149, 157, 160

 对世义务(obligations *erga omnes*), 183-84, 185

 法律确信(*opinio juris*), 75-6

 "一贯反对者"('persistent objectors'), 100

 实证主义方法(positivist approach), 13-14

国家实践与法律确信的关系(relationship between State practice and *opinio juris*),66

衡平法的作用(role of equity),121,122-25

国家实践(State practice),79-80

单边行为作为条约雏形(unilateral acts as inchoate treaties),55-56

法律实证主义(Legal positivism),14-15,112,118

B. D. 莱帕德(Lepard, B. D.),171,98,212,234-35,236

应然法(*Lex ferenda*),12,109-10,187-88,233-34

实质渊源(Material sources)

与形式渊源的区别(formal sources distinguished),6-8

重点转移(shift in emphasis),133-34

特殊的权威性(special degree of authority),131-32

传统方法(traditional approach),131-32

M. M. 姆本格(Mbengue, M. M.),215-16,217

"元法律"('Meta-law'),3-4

R. 摩纳哥(Monaco, R.),182

货币黄金案原则(*Monetary Gold* principle),117

自然法(Natural law)

与基督教结合(coupling with Christian religion),132

当前影响(current impact),118

早期占主导地位的哲学观(early dominant philosophy),19

法律学者所述的形式(form as stated by legal authors),132

客观法律观念(objective idea of law),109

可能的法律渊源(possible source of law),20

与人权的关系(relationship with human rights),203

"一般法律原则"的同义词(synonym for 'general principles of law'),28-29

影响削弱(weakening of influence),61

非政府组织[Non-governmental organizations(NGOs)],22-23

法律不明裁决(*Non liquet* findings),11-12,107,125-30

非国家主体(Non-State actors)

又见**联合国**(*see also* United Nations)

人权法的发展(development of human rights law),199

国际组织(international organizations)

软法的创制(creation of soft law),190

习惯形成的实践(custom-creating practice),67-68

作为法律渊源的判例(decisions as sources of law),26-28

国际法主体(subjects of international

255

law),20–24

非政府组织(non-governmental organizations),22–23

联合国国际法委员会的特别案例(special case of UNILC),23

规范性(Normativity),8,20,40,6–78,128n98

附带意见(*Obiter dicta*),16,66,135,166–67,179–80

对世义务(Obligations *erga omnes*)

在国际法中的承认(recognition in international law),165–66

与强行法的关系(relationship with *jus cogens*),166

"相对规范性"('relative normativity'),162–63

义务的来源(sources of obligations)

习惯法(customary law),167–69

一般法律原则(general principles of law),169

国际法委员会的国家责任条款(ILC Articles on State Responsibility),166–67

条约和公约(treaties and conventions),169–73

普遍义务或权利(Obligations or rights *omnium*),171

经济合作与发展组织宣言(OECD Declarations),28–29

法律必要确信(*Opinio juris sive necessitatis*)

习惯的构成要素(constituent element of custom)

一般要求(general requirements),71–82

概述(overview),64–71

归因的困难(difficulties of attribution),82

习惯规则的产生和承认(emergence and recognition of customary rules),62–63

人权法(human rights law),201

人道主义法(humanitarian law),212–13

国际习惯的不足(insufficiencies of international custom),236

强行法(*jus cogens*),181–82

随时间变化而引发的问题(problems arising from changes over time),95–96

道德原则的相关性(relevance of ethical principles),97–99

渊源的理论(theory of sources),16–17

非法律确信(*Opinio non juris*),87

A. 奥拉克赫什维利(Orakhelashvili, A.),176–77,179

有约必守(*Pacta sunt servanda*)

又见同意(*see also* Consent)

国家和跨国公司之间的协定(agreements between States and international enterprises),28–29

条约的拘束力(binding force of treaties),
10 – 11

作为一般法律原则(as general principle of law),113 – 14,118 – 19

 条约和公约(treaties and conventions)

  对接受行为的承诺(commitment to accepted behaviour),39

  当前的相关性(current relevance),
40 – 41

  习惯法原则(customary law principle),
38

  同意理论的基础(foundation of doctrine of consent),37

  "国际立法"的渊源(source of 'international legislation'),40

  义务渊源(source of obligation),38 – 39

  单边行为作为条约雏形(unilateral acts as inchoate treaties),58

合同不损害第三者利益(*Pacta tertiis nec nocet nec prodest*),113

平等者之间无管辖(*Par in parem non habet imperium*),94 – 95

强制性规范参见强行法(Peremptory norms *see Jus cogens*)

"一贯反对者"('Persistent objectors')

 对习惯法发展的影响(effect on development of customary law),99 – 102

 与强行法的关系(relationship with *jus cogens*),181 – 82

法律实证主义(legal positivism),14 – 15,
112,118,225

国家实践参见国际习惯(Practice of States *see* International custom)

法律补充(*Praeter legem*),120 – 21,125

囚徒困境(Prisoner's dilemma),226 – 27

证据(Proof),117

公法学家参见公法学家的学说(Publicists *see* Teachings of publicists)

判决理由(*Ratio decidendi*),135

理性选择理论(Rational choice theory),
113

条约原则的相对效力(relative effect of treaty principle),41 – 44

相对效力原则(Relative effect principle),
41 – 44

"相对规范性"('Relative normativity'),
162 – 63

宗教法(Religious law)

 与自然法的结合(coupling with natural law),132

 伊斯兰法和人权法的关系(relationship between *Shari'ah* and human rights law),
204 – 7

 渊源理论(theory of sources),31 – 34

条约不对第三人产生不利(*Res inter alios acta*),43 – 44

定案即视为事实(*Res judicata pro veritate*

habetur),113,117

对条约的保留意见(Reservations to treaties)

 人权(human rights),46–48

 国际法委员会的报告(ILC report),48

 性质和影响(nature and effect),45–46

A. 罗伯茨(Roberts, A.),237

O. 沙克特(Schachter, O.),201

自足制度(Self-contained regimes)

 定义(defined),195–96

 人权法(human rights law)

  习惯法(customary law),199–201

  一般法律原则(general principles of law),203–4

  与伊斯兰法的关系(relationship with *Shari'ah*),204–7

  作为法律渊源(as source of law),197–98

  条约与公约(treaties and conventions),198–99

 人道主义法(humanitarian law)

  习惯法(customary law),208–13

  条约和公约(treaties and conventions),208

 国际刑法(international criminal law),220–22

 国际环境法(international environmental law),218–19

假定的国际法分支(presumed branches of international law),196–97

 范围(scope),196

 贸易和投资法(trade and investment law),215–17

"必须遵守的事项"('*servandum*'),58

M. 沙哈布德恩(Shahabuddeen, M.),9

伊斯兰法(*Shari'ah*)

 与人权法的关系(relationship with human rights law),204–7

 法律体系(system of law),32–34

B. 西玛(Simma, B.),76–78

软法(Soft law)

 概念的可接受性(acceptance of concept),186–87

 制度主义的困境(difficulties with institutionalism),227

 习惯法的形成(formation of customary law),190

 渊源的位阶(hierarchy of sources),161

 传统渊源理论的不足(inadequacy of traditional theory of sources),34

 司法判例(judicial decisions),190–91

 法律行为与法律事实的区别(legal acts and legal facts distinguished),192–93

 谈判内容与合意文本的区别(*negotium* and *instrumentum* distinguished),189–90

 与习惯法的关系(relationship with customary law),193–94

相对规范性('relative normativity'),162-63

渊源(sources),187

条约和公约(treaties and conventions),38-39

正在运用的定义(working definition),187-88

"公正司法"('Sound administration of justice'),117

国际法的渊源参见渊源理论(Sources of international law *see* Theory of sources)

主权(Sovereignty)

习惯法的变化(changes in customary law),94-95

"宪法化"('constitutionalization'),40

渊源的位阶(hierarchy of sources),160

传统渊源理论的不足(inadequacy of traditional theory of sources),34-35

对世义务(obligations *erga omnes*),180-81

道德原则的作用(role of ethical principles),234-35

国家责任(State responsibility),164-65

证明标准(Standard of proof),**117**

遵循先例(*Stare decisis*),134-35

国家实践(State practice)

渊源体系的基础(basis of system of sources),20

习惯的构成要素(constituent element of custom)

一般要求(general requirements),71-82

概述(overview),64-71

条约的相关性(relevance of treaties),82-62

国际组织的决议(decisions of international organizations),26-27

人权法(human rights law),201

国际习惯的不足(insufficiencies of international custom),236-37

与学者的关系(relationship with scholars),224

道德原则的相关性(relevance of ethical principles),97

对世义务的渊源(source of obligations *erga omnes*),168-69

国际法主体(Subjects of international law)

经典的威斯特伐利亚体系(classic Westphalian system),20-21

传统渊源理论的不足(inadequacy of traditional theory of sources),33-34

国际习惯与条约法的区别(international custom and treaty law distinguished),63

非国家主体(non-State actors),22

辅助渊源(Subsidiary sources)

司法判例(judicial decisions)

国际法庭(international tribunals),134-39

259

国内法院(municipal courts),140-43

第 38 条规定的渊源(stated source in Art 38),12

重点转移(shift in emphasis),133-34

公法学家的学说(teachings of publicists)

 作为法律渊源的当前价值(current value as source of law),143-44

 法律发展中的一般价值(general value in development of law),144-46

 《常设国际法院规约》的最初背景(original context in Permanent Court PCIJ Statute),143

 第 38 条规定的渊源(stated source in Art 38),12

 传统方法(traditional approach),131-32

国际法的子体系参见自足制度(Subsystems of international law see Self-contained regimes)

"日落条款"('Sunset clauses'),15

"渊源体系"的方法('System of sources' approach),12-13

公法学家的学说(Teachings of publicists)

 法律渊源的当前价值(current value as source of law),143-44

 法律发展中的一般价值(general value in development of law),144-46

 《常设国际法院规约》的最初背景(original context in PCIJ Statute),143

重点转移(shift in emphasis),133-34

第 38 条规定的渊源(stated source in Art 38),12

传统方法(traditional approach),131-32

条约的终止(Termination of treaties),49-50

渊源理论(Theory of sources)

 绝对概念和相对概念的区别(absolute and relative concepts distinguished),162

 替代方案(alternative approaches),223-24

  法律的约束力规则(binding rules of law),226

  制度主义(institutionalism),227

  基于实用主义的方法(pragmatic based approach),227

  "囚徒困境"('prisoner's dilemma'),226-27

  任何新体系的问题(problems with any new system),225-26

 与法律实证主义的联系(association with legal positivism),14-15

 影响不同渊源的变化和发展(changes and developments affecting different sources),13

 基于国家实践的经典概念(classic concept based upon State practice),20

 结论(concluding remarks),238-39

 对传统概念的充分性产生怀疑(doubts upon adequacy of traditional concepts),34-36

功能(functions),17-19

一般法律原则(general principles of law),112

公认渊源的不足或无关性(inadequacy or irrelevance of recognized sources),230

 理解多元化合意文本的困难(difficulties of comprehending multifarious instruments),230-31

 全球政府作为运作领域(global government as filed of operation),232

 公认渊源的边缘化(marginalization of recognized sources),231-32

国际习惯的不足(insufficiencies of international custom),235-37

任意法(jus dispositivum),164-65

"元法律"('meta-law'),3-4

现代理论及其出发点(modern theories and their points of departure)

 未能考虑道德要求(failure to take account of ethical requirements),229

 从公认渊源中产生国际法(generation of IL from recognized list of sources),229

 "双要素"理论的不足(inadequacy of 'two-element' theory),230

 概述(overview),227-29

没有连贯性的替代方案(no single coherent alternative),225

可能的替代渊源(possible alternative sources)

国家与跨国公司之间的协定(agreements between States and international enterprises),28-29

国际组织的决议(decisions of international organizations),26-4

更牵强的提议(more tenuous proposals),29-30

国际法院的作用(role of ICJ),24-25

单边行为(unilateral acts),25-26

承认"中立"行为(recognition of 'neutral' acts),18

宗教法(religious law),31-34

自足制度(self-contained regimes)

 定义(defined),195-96

 人权法(human rights law),198-207

 人道主义法(humanitarian law),208-9

 国际刑法(international criminal law),220-22

 国际环境法(international environmental law),218-19

 假定的国际法分支(presumed branches of international law),196-97

 范围(scope),196

 贸易和投资法(trade and investment law),215-17

"渊源体系"的方法('system of sources' approach),12-13

潜在问题(underlying problems),1-6

J. 特拉赫特曼(Trachtman, J.),232

261

贸易和投资法(Trade and investment law)

司法判例(judicial decisions), 136-37

习惯规范的法律性质(juridical nature of customary norms), 62-63

法律不明裁决(non liquet findings), 125-26

对世义务(obligations erga omnes), 166-67, 169

衡平法的作用(role of equity), 119, 122-23

作为自足制度(as self-contained regime), 215-17

条约和公约(Treaties and conventions)

同意的基本原则(basic principle of consent), 14-17

习惯的构成要素(constituent element of custom), 82-84

刑法(criminal law), 220-22

环境法(environmental law), 218

人权法(human rights law), 198-99

人道主义法(humanitarian law), 208

传统渊源理论的不足(inadequacy of traditional theory of sources), 34

与国际习惯的区别(international custom distinguished), 63

任意法原则(jus dispositivum principle), 164-65

国际组织的立法权(law-making powers for international organizations), 27-28

国家立法权的限制(limitations on power of States to make law)

强行法(jus cogens), 42

相对效力原则(relative effect principle), 41-44

有约必守(pacta sunt servanda)

对接受行为的承诺(commitment to accepted behaviour), 39

当前的相关性(current relevance), 40-41

国际法原则(customary law principle), 38

同意理论的基础(foundation of doctrine of consent), 37

"国际立法"的渊源(source of 'international legislation'), 40

义务的渊源(source of obligation), 38-39

"生效"条款(provisions 'in force'), 44-45

与习惯法的关系(relationship with customary law)

规范冲突(conflict of norms), 160-61

条约通过后,国家实践的"结晶"('crystallization' of State practice after adoption of treaty), 149-51

习惯法的重新制定(re-enactments of customary law), 156-57

条约之前就已存在的习惯实践(where

customary practice exists prior to treaty),
149

在条约旨在制定义务时(where treaty intended to codify obligations),148-49

保留意见(reservations)

 人权(human rights),46-48

 国际法委员会的报告(ILC report),48

 性质和影响(nature and effect),45-46

道德原则的作用(role of ethical principles),233

对世义务的渊源(source of obligations *erga omnes*),169-73

第38条规定的渊源(stated source in Art 38),10-11

后续修改(subsequent modification),13

条约终止(termination of the treaty),49-50

贸易和投资法(trade and investment law),215

单边行为作为条约雏形(unilateral acts as inchoate treaties),51-59

法庭参见法院和法庭(Tribunals *see* Courts and tribunals)

"双要素理论"('Two-element theory'),65-66,73-74,230,236

单边行为(Unilateral acts)

 国际法的替代渊源(alternative source of international law),25-26

 作为条约雏形(as inchoate treaties),51-59

 贸易和投资法(trade and investment law),

215-16

联合国(United Nations)

软法的创制(creation of soft law),190

刑法(criminal law),220-21

联合国大会决议作为习惯法渊源(General Assembly resolutions as source of customary law),92-96

人权法(human rights law)

 宪章条款(Charter provisions),201-2

 条约和公约(treaties and conventions),198-99

人道主义法(humanitarian law),211-12

"造法性"条约('lawmaking' treaties),39-40

国际法委员会的特殊案例(special case of ILC),23

"渊源体系"的方法('system of sources' approach),12-13

渊源理论(theory of sources),26-27

唯意志论参见同意(Voluntarism *see* Consent)

P. 韦尔(Weil, P.),162-63

世界贸易组织[World Trade Organization (WTO)]

作为自足制度(as self-contained regime),213-14

争端解决机制(dispute settlement systems),196

263

译后记

从应对各类国际争端的过程中可以看出，国际法的论争强调以事实为依据、以法律为准绳，而精确定位这一准绳的前提和基础在于把握国际法的渊源。国际法院也总是在其判决中将国际法的渊源视为重要问题，可见国际法的渊源是国际法学领域中的一个基本问题。

认识和应用国际法，必须从国际法的渊源入手，所以国际法学者毫无例外地将这一问题作为国际法学的必修内容加以关注、讨论和研究。例如，在处理岛屿主权及周边海域争端等具体问题时，我国能够基于对国际法渊源的研究，进一步主张《联合国海洋法公约》序言所提及的"一般国际法"，提出具有说服力和对抗性的法理论据，从而为维护国家海洋权益获得规范性支持。

对《国际法的渊源》（第二版）一书的翻译，有助于我们从不同的视角深入理解国际法的基本理论问题，进一步思考国际法渊源的内涵、种类及其相互关系等具体问题。目前，虽然不同学者对国际法渊源的概念有不同理解，但都主要围绕《国际法院规约》第 38 条来研究国际法渊源的问题，并将该条的内容视为寻找国际法的起点。然而，该条款自起草至今已历经 90 余年，随着时间流逝和国际法律实践的发展，我们也应当以发展的眼光看待国际法的渊源。结合《国际法院规约》第 38 条的内容以及国际组织数量持续增加等现实情形，国际组织的决议、国家单边行为等都应在国际法渊源的主题下得到相应的讨论。同时，不同国际法渊源之间的相互关系等问题也值得关注。只有在厘清上述问题的基础上，我们才能在国际法的实践中正确适用相关国际法规则和原则。

此外，通过对本书的翻译，我们还了解到合适的法律翻译不仅架起了两种语言间相互沟通的桥梁，还为不同法律文化和背景下的读者提供了恰当的理解。以"international lawyers"为例，有学者将其译为"国际法律师"，但是这一翻译囿于文字表面且过于片面，并未考虑到律师之外的国际法院（或法庭）的法官和检察官，在国际机构从事国际法律事务工作的人员，以及从事国际法教学和研究的人员。因此，我们选择将"international lawyers"译为"国际法学人"，这一译法更能够将国际法实践从业者与国际法理论研究者紧密联系起来。此外，为了文本的简洁与明了，我们还选择将相关术语简化表达。例如，将"ubi societas, ibi jus"译为"有社会，斯有法"，而非"哪里有社会，哪里就有法律"；将"pacta sunt servanda"译为"有约必守"，而非"约定必须遵守"。

此书是我们完成的第二本译著，事非躬亲不知难，有时在想，学术著作翻译的难度不亚于自身创作，其费时费力的程度难以想象，对"信""达""雅"的追求几乎体现在每一个字词句当中。此书即将付梓，虽署名两人，但可以说本书是一个集体智慧和力量的结晶。本书在翻译过程中，得到了各方好友和同学的支持帮助，没有他们的热心帮忙和耐心沟通交流，这本译著也不可能有目前相对完美的呈现。在此，我们要特别感谢中国政法大学国际法学院的博士研究生堵一楠、蔡亚琦、刘静，厦门大学法学院的博士研究生田慧芬以及西北政法大学国际法学院的硕士研究生赵东苑、晋豆豆。这几位同学参与并协助了本书部分章节译文的校对与修订。感谢知识产权出版社秦金萍编辑等对本译著的细心编校，她们对学术译著出版事业认真负责的精神，令人感佩。

最后，希望本书对中国学者研究国际法渊源这一传统基础理论问题有一定的帮助。由于我们水平有限，疏谬之处在所难免，恳请读者朋友不吝赐教，批评指正。

译者
2024 年 11 月